TABLEAU ENCYCLOPÉDIQUE ET MÉTHODIQUE

DES TROIS RÈGNES DE LA NATURE.

TABLEAU

ENCYCLOPÉDIQUE

ET MÉTHODIQUE

DES TROIS RÈGNES DE LA NATURE,

CONTENANT

L'HELMINTHOLOGIE, *ou* LES VERS INFUSOIRES, LES VERS INTESTINS, LES VERS MOLLUSQUES, &c.

PAR M. BRUGUIERE, *Docteur en Médecine.*

SEPTIÈME LIVRAISON.

Mihi contuenti fefe perfuafit rerum natura nihil incredibile exiftimare de ea. PLIN. XI. 3.

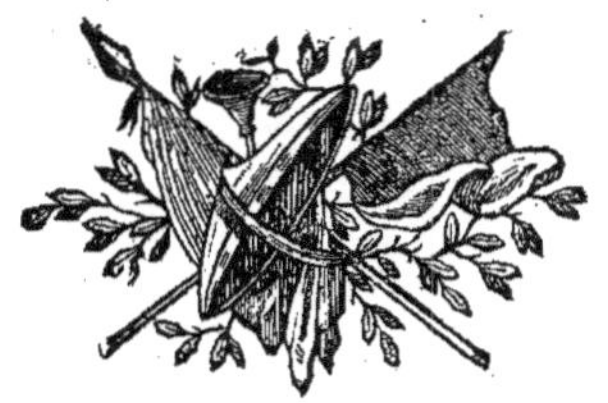

A PARIS,

Chez PANCKOUCKE, Libraire, Hôtel de Thou, rue des Poitevins.

M. DCC. XCI.

AVERTISSEMENT.

Si l'étude des Vers n'a pas présenté encore le même intérêt que celle des autres parties de l'Histoire Naturelle, ce n'est pas qu'elle réunisse moins d'attraits, qu'elle soit moins fertile en découvertes, ou qu'elle offre des rapports moins utiles que les parties de la nature qui ont été le plus observées; mais c'est la difficulté de l'observation, la pauvreté des bibliothèques, & sur-tout la privation des collections, occasionnée d'une part par les obstacles sans nombre de leur recherche, de l'autre par ceux qui s'opposent à la conservation des individus que le hasard présente si rarement, ou enfin par l'indifférence des voyageurs naturalistes, qui en sont les véritables causes.

L'Entomologie doit en grande partie la rapidité des progrès qu'elle fait de nos jours, à la grande facilité qu'il y a de conserver les insectes & de les recevoir entiers de toutes les parties de la terre; les naturalistes qui se sont le plus distingués dans cette carrière, n'ont eu aucun désavantage, en décrivant dans leur cabinet les insectes des Indes & ceux des régions les plus éloignées, sur ceux qui les avoient observés dans leur pays natal; & loin qu'aucun de leurs caractères, même les plus minutieux, leur ait échappé, ils ont encore surpassé les naturalistes voyageurs par tous les avantages de la méthode, de la critique, résultans de la réunion de tous les secours littéraires qui se trouvoient à leur portée.

Ces avantages ont été communs à ceux qui ont écrit sur toutes les parties de l'Histoire Naturelle, autres que celle des Vers; les collections nombreuses de l'Europe, & celles de la capitale, leur ont offert des ressources qui équivalent à l'observation même sur des êtres vivans, la facilité de l'étude a été le premier véhicule de la science, & enfin il est résulté de de leurs efforts réunis un degré de perfectionnement auquel on ne doit pas s'attendre de long-tems pour la partie de l'Helminthologie.

Jusqu'ici toutes les tentatives ont été vaines pour conserver les vers après leur mort d'une manière satisfaisante, & toutes les notions qui leur sont relatives n'existent que dans les ouvrages des savans, & se trouvent dispersées dans une infinité de volumes, dont les auteurs, faute d'avoir pu conserver les objets sous leurs yeux, n'ont pu exercer les uns sur les autres cette critique judicieuse qui discute & analyse les faits, & conduit tôt ou tard à la vérité. Combien n'existe-t-il pas d'espèces parmi les Vers qui n'ont été vues qu'une seule fois, d'autres qui ne l'ont été que d'une manière incomplette, dont les vrais caractères ne sont pas même soupçonnés, & qui cependant grossissent le nombre des espèces réputées connues.

Encyclop. 7ᵉ. Liv. des Pl. d'Hist. Nat. Helminthologie, ou Traité des Vers.

AVERTISSEMENT.

Ici ce font des obfervations microfcopiques dont les illufions, douteufes feulement pour ceux qui n'ont jamais obfervé, peuvent avoir mis le naturalifte le plus exercé en défaut ; là, outre ce premier obftacle, l'on a eu encore à vaincre celui de la différence de l'élément dans lequel on obferve. Les produċtions polypeufes de la mer, celles des rivières ne durent qu'un inftant fous l'œil de l'obfervateur, & combien de difficultés n'a-t-il pas fallu furmonter pour fe procurer ce moment d'obfervation, d'où dépendent cependant l'erreur ou la vérité.

Enfin, fi la privation de la vie, dans les objets foumis à fes recherches, conferve au naturalifte toute la pureté des caractères extérieurs qu'il employe pour les autres parties de l'Hiftoire Naturelle, s'il eft difficile de reconnoître que fes defcriptions n'ont été prifes que fur des individus qui en étoient privés, ou fi les différences qui peuvent s'y trouver, font effectivement peu effentielles, qui ne conviendra pas que cette reffource eft nulle pour l'Helminthologie, que la vie des individus eft indifpenfable dans l'obfervation de ces animaux, la feule vraiment effentielle, puifque les parties des Vers fur lefquelles les divifions méthodiques & les caractères des genres font fondés, telles que leurs extrémités, rentrent ou s'affaiffent, ou fe déforment complettement un inftant après qu'ils ont péri.

Dans un ouvrage général qui devoit rapprocher & claffer toutes les notions acquifes fur les Vers, & où l'obfervation de la nature étoit impoffible, il a donc fallu s'en rapporter à celles qui étoient déjà confignées dans les auteurs ; la vie de plufieurs hommes célèbres a été employée à les recueillir féparément, & c'eft aux générations fuivantes qu'il appartient de les rectifier. C'eft quelque chofe que de réunir tant de faits épars & de les raffembler fous un ordre méthodique, fur-tout quand cette réunion n'avoit encore été tentée que partiellement & comme d'une manière provifoire. Ce premier pas peut ouvrir une carrière nouvelle, qui fera défrichée à fon tour ; & s'applanira fucceffivement. L'ouvrage immortel de Linnéus, qui a réuni fous le titre de *Syft. naturæ* tous les êtres naturels qui lui étoient connus, n'eft pas encore porté, malgré les quatorze éditions fucceffives qu'il a éprouvé, & les améliorations graduelles qui leur ont donné lieu, au degré de perfectionnement où il doit atteindre, parce que loin que toutes les corrections ayent été faites, la vérification feule des efpèces n'a pas préfenté toujours la même facilité ou la même poffibilité, & c'eft fur-tout arrivé pour ce qui concerne la partie des Vers.

Ne pouvant donc confulter la nature dans l'ordre des Vers infufoires, dans ceux des Vers inteftins & mollufques, j'ai adopté le travail des auteurs les plus diftingués, qui s'étoient dévoués à l'illuftration particulière de chacun de ces ordres de l'Helminthologie ; j'ai employé le travail entier de ces Naturaliftes, quand mes obfervations ou celles des perfonnes qui méritent ma confiance m'ont affuré, autant qu'il a dépendu des circonftances, de la fidélité & de la véracité des faits qui y font rapportés. J'ai fondu les découvertes détachées & fouvent ifolées de plufieurs auteurs pour completter des parties entières qui n'avoient pas été rédigées fyftématiquement, & j'ai préfenté une méthode plus complette que celle de Linnéus dans l'ordre des échinodermes, que j'ai féparé de celui des mollufques, & dans ceux des Vers teftacés & des zoophytes, parce que dans ces trois ordres de vers, j'ai eu, en exceptant ce qui concerne le corps mou de ces animaux, les mêmes avantages que j'ai dit réfulter des collections, & qui dépendoient de la fituation où je me trouve, dans une ville qui furpaffe maintenant toutes celles de l'Europe par le nombre, la richeffe de fes cabinets d'hiftoire naturelle, comme elle les égale d'ailleurs par les facilités que les perfonnes qui travaillent éprouvent de la part de leurs propriétaires.

Après avoir prévenu le lecteur fur la nature de cet ouvrage, il me refte à le prémunir fur les erreurs qui peuvent s'y rencontrer. Ces erreurs peuvent être de deux fortes : les unes celles des auteurs auxquels il a fallu m'en rapporter, les autres celles dans lefquelles j'aurai pu tomber, dans l'emploi de tant de matériaux difperfés, lefquels ont fouvent été confidérés fous des rapports tout-à-fait difparates. Pour les premières, elles font d'une nature à ne pouvoir être évitées, & c'eft au tems feul & aux obfervations fubféquentes à les faire difparoître. Elles peuvent confifter en des doubles emplois, en de fimples variétés confidérées comme des efpèces, en des différences efpécifiques mal ou pas fuffifamment caractérifées, & enfin en des caractères faux ou très-dénaturés par le concours des circonftances dont j'ai déjà parlé. Il eft vraifemblable que dans un ouvrage fi confidérable & fi neuf dans fes détails que celui que je préfente, quelques-unes de ces erreurs puiffent s'y rencontrer & peut-être s'y trouver toutes réunies, fans cependant que fon utilité foit compromife, & qu'il ne rempliffe pas en grande partie l'objet auquel il eft deftiné. En facilitant la connoiffance des efpèces par les figures qui y font jointes, il conduira infenfiblement à leur comparaifon, & enfin l'organifation de chaque efpèce étant mieux connue dans tous fes détails, les genres feront purgés peu-à-peu des efpèces qui s'y trouvent maintenant déplacées, comme cela eft arrivé dans les autres parties de l'Hiftoire Naturelle.

Les erreurs que l'on devra m'attribuer feront celles qui dépendront de l'emploi que j'aurai fu faire des matériaux que j'ai réunis. Comme la plus fcrupuleufe attention ne fuffit pas toujours pour donner au but, là où il faut opter entre les fentimens contradictoires de deux auteurs également eftimables, ou bien quand il faut fuppléer par l'analogie de quelques parties au défaut fenfible ou à l'infuffifance des defcriptions, il peut fe faire que cette alternative foit devenue dans quelques occafions la fource de l'erreur.

En adoptant la voie de l'analogie comme la moins équivoque de toutes celles qui fe préfentoient, je ne m'en fuis pas cependant diffimulé l'infuffifance ni les exceptions qu'elle éprouve dans bien d'autres cas, & c'eſt à cette confidération que je n'ai jamais perdu de vue que l'on devra attribuer le filence que je garde fur quelques efpèces des auteurs dont les différences m'ont paru infuffifantes, ou que j'ai cru devoir placer plutôt dans le rang des variétés que dans celui des efpèces.

Si j'euffe été à même de confulter la nature, j'aurois vraifemblablement augmenté le nombre des genres dans l'ordre des Vers inteftins & dans celui des Vers mollufques où cette aug- mentation me paroiffoit néceffaire; mais les genres n'étant au fond que des divifions ou des coupures arbitraires, j'ai cru parvenir au même but en les divifant par des fections, que l'on pourra dans la fuite confidérer comme des genres, lorfque la férie des efpèces dont elles ont été compofées, aura été plus particulièrement obfervée.

En effectuant ces changemens dont j'ai néanmoins apperçu quelquefois la néceffité, j'aurois encouru le blâme de ceux qui penfent que les méthodiftes ne doivent jamais s'écarter des autorités reçues, fans appuyer les changemens qu'ils peuvent opérer fur des obfervations nou- velles, & qui ne comptent pas affez fur les reffources que procure l'enfemble d'un travail gé- néral, j'aurois encore déplu à tous ceux qui dans des vues eftimables, mais fans doute exagérées, refpectent tout dans les auteurs eftimés, & qui ne veulent qu'on y touche qu'avec un appa- reil de démonftrations qui ne pouvoit convenir à la nature de cet ouvrage.

Le dictionnaire des Vers de l'Encyclopédie réunira tous les détails relatifs aux objets dont on ne préfente ici que la partie fyftématique, on y trouvera des vues générales fur la claffe des Vers, fur les ordres dont elle eft compofée, des obfervations critiques fur les genres, & enfin les fynonymies & les defcriptions des efpèces. J'ai fuivi pour les planches de l'Hel- minthologie le plan du *Syftema naturæ* de Linnéus, comme le meilleur de tous les modèles, comme le plus favorable à l'inftruction, en ce qu'il préfente un tableau fuccinct & métho- dique des rapports les plus effentiels des êtres naturels, & que d'ailleurs c'eut été chercher à groffir inutilement un volume que de répéter ici une partie de ce qui doit fe trouver dans le dictionnaire des Vers, dont les planches forment le complément.

TABLEAU SYSTÉMATIQUE
DE LA CLASSE DES VERS.

Définition. Les Vers font des animaux à corps mou, vivans dans l'humidité, tardigrades, fufceptibles d'extenfion, très-vivaces & régénérant leurs parties tronquées; plufieurs font fans tête, d'autres fans pieds; les uns réuniffent les deux fexes, les autres n'en offrent aucun indice; ils font le plus fouvent reconnoiffables à leurs tentacules.

Ils diffèrent des infectes en ce qu'ils n'éprouvent pas de métamorphofes, & notamment de ceux de l'ordre des Aptères, en ce qu'ils font privés de ftigmates, & que leurs pieds, quand ils en ont, ne font point articulés.

Ils diffèrent de tous les autres animaux, en ce que fouvent ils font privés de la tête, des oreilles, du nez, des yeux ou des pieds, & que plus fouvent encore ils font fans os, qui nuiroient à leur contraction, d'où ils furent vraifemblablement nommés par les anciens des animaux imparfaits.

La partie de l'Hiftoire Naturelle qui a pour objet la connoiffance des Vers, a été nommée *Helminthologie*, de deux mots grecs ελμινθος, qui fignifie Vers, & λογος, qui fignifie difcours.

Nous diviferons les Vers en fix ordres, diftingués entr'eux de la manière fuivante.

ORDRE I.

Vers infufoires.

Déf. Ils font mous, très-petits, le plus fouvent imperceptibles à la vue fimple, nuds ou ciliés, privés de tentacules & aquatiques; ils fe multiplient par des œufs, & fouvent par une divifion fimple ou double, qui s'opère naturellement fur leur longueur ou fur leur largeur.

TABULA SYSTEMATICA
CLASSIS VERMIUM.

Definitio. Vermes, tardigrada, mollia, pandentia, vivaciffima, partes amiffas regenerantia, humidi animantia; multa acephala, apoda non pauca, demum androgyna vel neutra, tentaculis plurimum cognofcenda.

Vermes ab infectis differunt quod non fubeant metamorphofim & præprimis ab infectis apteris, quod ftigmatibus deftituantur, & quando pedati pedibus donentur inarticulatis.

Ab aliis animalibus fæpius difcrepant, defectu capitis, aurium, nafi, oculorum aut pedum, & fæpiffime exoffes fint ut faciliùs corripiantur, unde verofimiliter imperfecta veteribus dicta fuere animantia.

Pars Hiftoriæ Naturalis quæ tractat de Vermibus, *Helminthologia* nuncupata fuit, à nominibus græcis ελμινθος, λογος quæ tractatum de Vermibus fignificant.

Vermes in fex ordines feqüenti modo diftinctos dividimus.

ORDO I.

Infuforia.

Def. Animalcula mollia, minima, fæpiùs oculis inconfpicua, nuda aut ciliata, tentaculis deftituta, aquatica; ovis multiplicantur & fæpè partitione naturali fimplici aut duplici, in variis verticali aut tranfverfa.

ORDRE II.

Vers inteſtins.

Déf. Ils ont le corps ſimple, long, articulé, rétraɕile, & vivent dans le corps des autres animaux ou dans les eaux , ou dans la terre; ils ſont ovipares, & ont éminemment la faculté de régénérer leurs parties tronquées.

ORDRE III.

Vers molluſques.

Déf. Ils ſont mous, non articulés, polymorphes, nuds ou tentaculés, quelquefois pourvus de bras; les uns vivent dans la mer ou dans les eaux douces, les autres rampent ſur la terre, & quelques-uns s'établiſſent en paraſites dans le corps ou ſur le corps de divers animaux.

Pluſieurs ſont ovipares & hermaphrodites; tous les marins ſont plus ou moins phoſphoriques, & brillent dans la nuit comme autant de lampes ſuſpendues ſur les profondeurs ténébreuſes de l'Océan.

ORDRE IV.

Vers échinodermes.

Déf. Ils ſont recouverts d'un cuir dur, ou d'un teſt ſolide compoſé de pluſieurs pièces réunies, armés d'épines articulées, tentaculés, & pourvus ſur leur face inférieure d'une bouche orbiculaire, le plus ſouvent garnie de cinq dents. Ils ſont tous marins, & mangent des coquillages ou des varecs. Ils ſe multiplient par des œufs, & ſont peut-être hermaphrodites.

ORDRE V.

Vers teſtacés.

Déf. Ils ſont ſouvent tentaculés, & toujours renfermés dans une coquille calcaire, libre ou fixée, & compoſée d'une ou deux ou pluſieurs

ORDO II.

Inteſtina.

Def. Animalia ſimplicia, elongata, articulata; retraɕilia; intra alia animantia vivunt, aut in aquis, parciùs in terra hoſpitantur, ovis multiplicantur & partes truncatas regenerant.

ORDO III.

Molluſca.

Def. Animalia mollia, non articulata; polymorpha, nuda aut tentaculata, aliquoties brachiata; alia in mari vagantur aut in aquis dulcibus, alia ſupra terram gliſcunt, pauca paraſitica intra aut ſupra animalia varia paſcuntur.

Pleraque ovipara, hermaphrodita, marina fere cunɕa plus minuſve phoſphorea, tanquam totidem lucernis tenebricoſum illuminant abyſſum.

ORDO IV.

Echinodermata.

Def. Animalia cataphraɕa corio tenaci, aut teſta ſolida teſſellata, armata ſpinis articulatis; tentaculata, ore infero orbiculato ſæpiùs quinquedentato. Omnia in mari vivunt, teſtaceis aut fucis paſcuntur; ovis multiplicantur; forſan hermaphrodita.

ORDO V.

Teſtacea.

Def. Animalia ſæpiùs tentaculata; ſemper occluſa intra teſtam calcaream, liberam aut affixam, valvula unica, valvulis binis aut plu-

valves diverſement articulées. Ils vivent ſur la terre ou dans les eaux douces, & en très-grand nombre dans la mer; ils ſont monoïques ou hermaphrodites, & toujours ovipares.

rimis varie articulatis compoſitam. Terrena, aquatilia, magis numeroſa marina, variis veſcuntur; monoica ſunt aut hermaphrodita & ſemper ovipara.

ORDRE VI.

Vers zoophytes.

Déf. Ils ſont compoſés ou réunis en des maſſes irrégulières ou rameuſes, preſque toujours fixées par leur baſe ou enracinées comme les végétaux. Leurs animalcules connus ſont tentaculés, exſertiles & renfermés dans des cellules calcaires, cornées, coriaces ou fibreuſes. Ils habitent tous dans la mer, dont ils élèvent ſans ceſſe le fond, & ſe multiplient en grand nombre par des œufs.

ORDO VI.

Zoophyta.

Def. compoſita animalia irregulariter coacervata aut ramoſa, fere ſemper baſi radicata & ſic plantis analoga. Animalcula adhucdum obſervata, tentaculata, exſertilia, vaginata cellulis calcareis, corneis, coriaceis aut fibroſis. Omnia maris incolæ abyſſi fundum elevant & non pauca ovis multiplicantur.

Diviſion méthodique de l'ordre des Vers infuſoires.

Diviſio methodica ordinis vermium infuſoriorum.

Obſerv. Cet ordre eſt purement artificiel, & fondé eſſentiellement ſur la petiteſſe des animalcules qu'il renferme. En ſuivant les principes de la méthode naturelle, ſes genres pourroient être compris dans l'ordre des Vers inteſtins, ou dans celui des molluſques, ou dans celui des zoophytes; mais dans leur claſſification ſyſtématique on ne doit avoir égard qu'à leur exceſſive petiteſſe, qui eſt telle qu'elle les rend le plus ſouvent imperceptibles à la vue ſimple, & dont ils avoient pris le nom de Vers microſcopiques.

Obſerv. Ordo vermium infuſoriorum mere artificialis eſt & ab horum animalculorum parvitate in eſſentia conſtitutus. Secundum methodum naturalem ejuſce ordinis genera ad inteſtina ſeu ad molluſca aut ad zoophyta amandari poſſent, ſed in horum claſſificatione ſyſtematica præprimis eſt attendendum ad animalculorum nimiam exilitatem, quæ ſæpius illa nudo oculo inconſpicua reddit; unde animalia microſcopica jam dudum fuerunt nuncupata.

J'ai ſuivi la méthode du célèbre Othon Frédéric Muller, pour ce qui concerne cet ordre de Vers, comme celle de l'homme de notre ſiècle le plus inſtruit dans cette partie, & qui réuniſſant les obſervations les plus certaines de ſes prédéceſſeurs, celles de ſes contemporains, avec les découvertes nombreuſes qu'un travail aſſidu de dix années lui avoit procurées, eſt regardée maintenant avec juſtice comme fondamentale.

Secutus ſum methodum celeberrimi Othonis Frederici Mulleri, ſicuti quoad partem Vermium infuſoriorum in ævo noſtro viri peritiſſimi, dum anteceſſorum obſervatiunculis locuples, coævorum detectis cnuſta, propriis ſuis per decem annorum intervallum indefeſſis laboribus reformata, aucta, fundamentalis nunc merito prædicatur.

Parmi les auteurs, qui outre le célèbre Muller ont illustré l'histoire des Vers infusoires, on doit distinguer *Henry* Baker, *Auguſt. Jean* Roëſel, *Martin Frob.* Ledermuller, *Henry Auguſt.* Wriſberg, *Simon-Pierre* Pallas, *Jean Auguſt. Ephr.* Goeze, *M.* Terechowsky, *François de Paule* Schrank, *Jean Conrard* Eichhorn, *Jean Her*mann, & quelques autres qui ont éclairci pluſieurs points intéreſſans de leur hiſtoire phyſiologique.

Inter auctores qui, demto celeberrimo Mullero, hiſtoriam Vermium infuſoriorum illuſtraverunt, glorioſe eminent *Henr.* Baker, *Aug. Joh.* Roeſel, *Mart. Frob.* Ledermuller, *Henr. Aug.* Wrisberg, *Sim. Petr.* Pallas, *Joh. Aug. Ephr.* Goeze, *M.* Terechowsky, *Franc. Paula* Schrank, *Joh. Conr.* Eichhorn, *Joh.* Hermann, & alii, qui puncta obſcuriora illorum hiſtoriæ phyſiologicæ dilucidavere.

ORDRE I.

SECTION PREMIÈRE.

Vers infuſoires ſans organes extérieurs.

Corps épais.

Genre 1. *Monade* ..Corps ſemblable à un point.
Genre 2. *Protée* ....variable.
Genre 3. *Volvoce* ....ſphérique.
Genre 4. *Enchelide* ......cylindracé.
Genre 5. *Vibrion* ....prolongé.

Corps membraneux.

Genre 6. *Cyclide* ....ovale.
Genre 7. *Paramécie.*,....oblong.
Genre 8. *Kolpode* ....ſinueux.
Genre 9. *Gone* ....anguleux.
Genre 10. *Burſaire*.......concave.

SECTION DEUXIÈME,

Vers infuſoires avec des organes extérieurs.

Corps nud,

Genre 11. *Cercaire* ....caudé,
Genre 12. *Tricode* ....velu.
Genre 13. *Kerone* ....corniculé.
Genre 14. *Himantope* .....cirreux.
Genre 15. *Lucophre*,......cilié par-tout,
Genre 16. *Vorticelle*.,....cilié en avant.

Corps recouvert d'un teſt.

Genre 17. *Brachion*,.....cilié en avant.

ORDO I.

SECTIO PRIMA.

Infuſoria, organis externis nullis.

Craſſiuſcula.

Genus 1. *Monas* ..Corpus punctiforme.
Genus 2. *Proteus* ....mutabile.
Genus 3. *Volvox* ....ſphæricum.
Genus 4. *Enchelis* ....cylindraceum.
Genus 5. *Vibrio* ....elongatum.

Membranacea.

Genus 6. *Cyclidium* ......ovale.
Genus 7. *Paramæcium* .....oblongum.
Genus 8. *Kolpoda* ....ſinuatum.
Genus 9. *Gonium* ....angulatum.
Genus 10. *Burſaria* ....cavum.

SECTIO SECUNDA.

Infuſoria, organis externis conſpicuis.

Nuda.

Genus 11. *Cercaria* ....caudatum.
Genus 12. *Trichoda* ....crinitum.
Genus 13. *Kerona*,........corniculatum.
Genus 14. *Himantopus* ......cirratum.
Genus 15. *Leucophra* ....ciliatum undique.
Genus 16. *Vorticella*,.......ciliatum apice.

Teſta tecta.

Genus 17. *Brachionus*.......ciliatum apice.

VERS

VERS INFUSOIRES.

ORDRE PREMIER.

1. MONADE.

Caractère du genre.

Ver microscopique très-simple, transparent, en forme de point.

ESPECES.

1. MONADE *terme*. Dict.

M. corps gélatineux, pl. 1. fig. 1.
Se trouve dans les infusions végétales & animales.

Explication des figures.

Cette figure représente une goutte d'eau considérablement grossie, & remplie de *Monades termes*.

2. MONADE *atôme*. Dict.

M. corps blanc, marqué d'un point variable; pl. 1, fig. 2.
Trouvée dans de l'eau de mer, conservée sans corruption pendant tout un hiver.

(*a*) MONADES *atôme*, grossies & sans points ; (*b*) encore plus grossies avec un ou deux points.

3. MONADE *point*. Dict.

M. corps cylindrique & noir ; pl. 1, fig. 3.
Trouvée dans l'infusion fétide de la pulpe de poire.

Cette figure représente la *Monade point* grossie.

4. MONADE *œil*. Dict.

M. corps diaphane, marqué d'un point au centre; pl. 1, fig. 4.
Se trouve fréquemment dans l'eau des fossés où croît la *conferve*.

(*a*) MONADE *œil* grossie; (*b*) beaucoup plus grossie.

5. MONADE *lente*. Dict.

M. le corps ovoïde, diaphane ; pl. 1. fig. 5.
Se trouve dans toute sorte d'eau.

(*a*) *Monades lentes* grossies ; (*b*) considérablement grossies; (*c*) réunies en séries ou en pelotons.

ORDO PRIMUS.

1. MONAS.

Character generis.

Vermis inconspicuus simplicissimus, pellucidus punctiformis.

SPECIES.

1. MONAS *termo*.

M. gelatinosa, tab. 1. fig. 1.
Reperitur in infusione vegetabilium & animalium.

Explicatio iconum.

Figura reproefentat guttulam aquæ fluvialis *Monada termone* scatentem, valde auctam.

2. MONAS *atomus*.

M. albida, puncto variabili instructa ; tab. 1, fig. 2.
In aqua marina totam hyemem servata, non fœtente, copiose reperta.

(*a*) MONADES *atomi*, aucta magnitudine absque puncto ; (*b*) magis auctæ puncto unico aut duplici variantes.

3. MONAS *punctum*.

M. Teres nigra; tab. 1, fig. 3.
In infusione fœtida pulpæ piri, reperta.

Monadem punctum aucta magnitudine offert.

4. MONAS *ocellus*.

M. hyalina, puncto centrali notata ; tab. 1, fig. 4.
In fossis *conferva* obtectis frequenter reperitur.

(*a*) MONAS *ocellus* aucta magnitudine ; (*b*) valde aucta.

5. MONAS *lens*.

M. Ovoidea, hyalina; tab. 1, fig. 5.
In omni aqua reperitur.

(*a*) *Monades lentes* aucta magnitudine ; (*b*) magnitudine magis aucta ; (*c*) in series & acervos congregatas exhibet.

Parmi les auteurs, qui outre le célèbre Muller ont illuftré l'hiftoire des Vers infufoires, on doit diftinguer *Henry* Baker, *Auguft. Jean* Roëfel, *Martin Frob.* Ledermuller, *Henry Auguft.* Wrifberg, *Simon-Pierre* Pallas, *Jean Auguft. Ephr.* Goeze, *M.* Terechowsky, *François de Paule* Schrank, *Jean Conrard* Eichhorn, *Jean Hermann*, & quelques autres qui ont éclaitci plufieurs points intéreffans de leur hiftoire phyfiologique.

Inter auctores qui, demto celeberrimo Mullero, hiftoriam Vermium infuforiorum illuftraverunt, gloriofe eminent *Henr.* Baker, *Aug. Joh.* Roefel, *Mart. Frob.* Ledermuller, *Henr. Aug.* Wrisberg, *Sim. Petr.* Pallas, *Joh. Aug. Ephr.* Goeze, *M.* Terechowsky, *Franc. Paula* Schrank, *Joh. Conr.* Eichhorn, *Joh.* Hermann, & alii, qui puncta obfcuriora illorum hiftoriæ phyfiologicæ dilucidavere.

ORDRE I.

SECTION PREMIÈRE.

Vers infufoires fans organes extérieurs.

Corps épais.

Genre 1. *Monade*..Corps femblable à un point.
Genre 2. *Protée*.......variable.
Genre 3. *Volvoce*........fphérique.
Genre 4. *Enchelide*......cylindracé.
Genre 5. *Vibrion*.......prolongé.

Corps membraneux.

Genre 6. *Cyclide*......ovale.
Genre 7. *Paramécie*......oblong.
Genre 8. *Kolpode*.......finueux.
Genre 9. *Gone*........anguleux.
Genre 10. *Burfaire*.......concave.

SECTION DEUXIÈME.

Vers infufoires avec des organes extérieurs.

Corps nud.

Genre 11. *Cercaire*......caudé.
Genre 11. *Tricode*.......velu.
Genre 13. *Kerone*........corniculé.
Genre 14. *Himantope*.....cirreux.
Genre 15. *Lucophre*.......cilié par-tout.
Genre 16. *Vorticelle*......cilié en avant.

Corps recouvert d'un teft.

Genre 17. *Brachion*......cilié en avant.

ORDO I.

SECTIO PRIMA.

Infuforia, organis externis nullis.

Craffiufcula.

Genus 1. *Monas*..Corpus punctiforme.
Genus 2. *Proteus*........mutabile.
Genus 3. *Volvox*........fphæricum.
Genus 4. *Enchelis*........cylindraceum.
Genus 5. *Vibrio*........elongatum.

Membranacea.

Genus 6. *Cyclidium*......ovale.
Genus 7. *Paramæcium*.....oblongum.
Genus 8. *Kolpoda*........finuatum.
Genus 9. *Gonium*........angulatum.
Genus 10. *Burfaria*.......cavum.

SECTIO SECUNDA.

Infuforia, organis externis confpicuis.

Nuda.

Genus 11. *Cercaria*.......caudatum.
Genus 12. *Trichoda*.......crinitum.
Genus 13. *Kerona*.........corniculatum.
Genus 14. *Himantopus*......cirratum.
Genus 15. *Leucophra*.......ciliatum undique.
Genus 16. *Vorticella*.......ciliatum apice.

Tefta tecta.

Genus 17. *Brachionus*.......ciliatum apice.

VERS

VERS INFUSOIRES.

1. MONADE.

Caractère du genre.

Ver microscopique très-simple, transparent, en forme de point.

ESPECES.

1. MONADE *terme.* Dict.

M. corps gélatineux, pl. 1. fig. 1.
Se trouve dans les infusions végétales & animales.

Explication des figures.

Cette figure représente une goutte d'eau considérablement grossie, & remplie de *Monades termes*.

2. MONADE *atôme.* Dict.

M. corps blanc, marqué d'un point variable; pl. 1, fig. 2.
Trouvée dans de l'eau de mer, conservée sans corruption pendant tout un hiver.

(*a*) MONADES *atôme*, grossies & sans points; (*b*) encore plus grossies avec un ou deux points.

3. MONADE *point.* Dict.

M. corps cylindrique & noir; pl. 1, fig. 3.
Trouvée dans l'infusion fétide de la pulpe de poire.

Cette figure représente la *Monade point* grossie.

4. MONADE *œil.* Dict.

M. corps diaphane, marqué d'un point au centre; pl. 1, fig. 4.
Se trouve fréquemment dans l'eau des fossés où croît la *conferve*.

(*a*) MONADE *œil* grossie; (*b*) beaucoup plus grossie.

5. MONADE *lente.* Dict.

M. le corps ovoïde, diaphane; pl. 1, fig. 5.
Se trouve dans toute sorte d'eau.

(*a*) *Monades lentes* grossies; (*b*) considérablement grossies; (*c*) réunies en séries ou en pelotons.

1. MONAS.

Character generis.

Vermis inconspicuus simplicissimus, pellucidus punctiformis.

SPECIES.

1. MONAS *termo.*

M. gelatinosa, tab. 1. fig. 1.
Reperitur in infusione vegetabilium & animalium.

Explicatio iconum.

Figura reprœsentat guttulam aquæ fluvialis *Monada termone* scatentem, valde auctam.

2. MONAS *atomus.*

M. albida, puncto variabili instructa; tab. 1, fig. 2.
In aqua marina totam hyemem servata, non fœtente, copiose reperta.

(*a*) MONADES *atomi*, aucta magnitudine absque puncto; (*b*) magis auctæ puncto unico aut duplici variantes.

3. MONAS *punctum.*

M. Teres nigra; tab. 1, fig. 3.
In infusione fœtida pulpæ piri, reperta.

Monadem punctum aucta magnitudine offert.

4. MONAS *ocellus.*

M. hyalina, puncto centrali notata; tab. 1. fig. 4.
In fossis *conferva* obtectis frequenter reperitur.

(*a*) MONAS *ocellus* aucta magnitudine; (*b*) valde aucta.

5. MONAS *lens.*

M. Ovoïdea, hyalina; tab. 1. fig. 5.
In omni aqua reperitur.

(*a*) *Monades lentes* aucta magnitudine; (*b*) magnitudine magis aucta; (*c*) in series & acervos congregatas exhibet.

A

6. MONADE *lifante*. Dict.

M. corps marqué d'un cercle; pl. 1 , fig. 6.
Se trouve dans les eaux les plus pures.

(*a*) Ces animalcules groffis ; (*b*) plus groffis.

7. MONADE *tranquille*. Dict.

M. corps ovoïde, diaphane, bordé de noir ;
pl. 1. , fig. 7.
Trouvée dans de l'urine gardée une femaine.

La figure repréfente ces animalcules groffis.

8. MONADE *lamellule*. Dict.

M. corps comprimé, diaphane ; pl. 1, fig. 8.
Se trouve dans l'eau de mer.

(*a*) Animalcules groffis; (*b*) confidérablement groffis.

9. MONADE *pouffiere*. Dict.

M. corps diaphane bordé de verdâtre ; pl.
1 , fig. 9.
Se trouve au commencement du printems
dans l'eau des marais.

(*a*) Animalcules groffis ; (*b*) confidérablement groffis , quelques-uns marqués d'une ligne tranfverfe ; (*c*) plufieurs réunis en peloton.

10. MONADE *grappe*. Dict.

M. animal diaphane , plufieurs réunis en
un globule; pl. 1, fig. 10.
Se trouve dans des infufions diverfes, même
fétides.

(*a*) Anima'cules réunis ; (*b*) animalcules féparés , confidérablement groffis.

2. PROTÉE.

Caract. du genre.

Ver microfcopique très fimple, tranfparent, de forme changeante.

1. PROTÉE *rameux*. Dict.

P. corps fe divifant en rameaux ; pl. 1 , fig. 1.
Se trouve dans l'eau des marais.

(*a, b, c, d, e, f, g, h, i, k, l, m*) Ces figures le repréfentent confidérablement groffi, & fous les formes différentes qu'il eft fujet à prendre.

2. PROTÉE *tenace*. Dict.

P. Une extrémité du corps terminée en pointe; pl. 1, fig. 2.

---

6. MONAS *mica*.

M. circulo notata ; tab. 1. fig. 6.
In aquis purioribus paffim reperitur.

(*a*) Monad. *micas* auctas ; (*b*) valde auctas fiftunt.

7. MONAS *tranquilla*.

M. ovata, hyalina, margine nigra; tab. 1,
fig. 7.
In urina feptimanam fervata, reperta.

Figura *Monades tranquillas* auctas fiftit.

8. MONAS *lamellula*.

M. Hyalina, compreffa; tab. 1 , fig. 8.
In aquâ marinâ reperitur.

(*a*) Animalcula aucta ; (*b*) valdè aucta.

9. MONAS *pulvifculus*.

M. Hyalina , margine virente ; tab. 1 ;
fig. 9.
In aquâ paluftri paffim primo vere reperitur.

(*a*) Animalcula aucta magnitudine ; (*b*) magis aucta reproefentat inter quæ funt linea tranfverfa notata ; (*c*) plurima coacervata exhibet.

10. MONAS *uva*.

M. Hyalina , gregaria ; tab. 1 , fig. 10.
In infufionibus variis , fœtentibus quoque reperitur.

(*a*) Animalcula coacervata reproefentat ; (*b*) folitaria aucta magnitudine refert.

2. PROTEUS.

Charact. generis.

Vermis inconfpicuus, fimpliciffimus , pellucidus , variabilis.

1. PROTEUS *diffluens*.

P. In ramulos diffluens ; tab. 1 , fig. 1.

Reperitur in aquâ paluftri.

(*a, b, c, d, e, f, g, h, i, k, l, m*) Figuræ citatæ aucta valdè magnitudine hunc proteum diverfi mode diffluentem oftendunt.

2. PROTEUS *tenax*.

P. Extremitate altera in fpeculum diffluente ; tab. 1 , fig. 2.

On le trouve dans l'eau de riviere, & dans l'eau de mer.

(a, b, c, d, e, f) Ces figures repréfentent cet animalcule confidérablement groffi, & fous les différentes formes qu'il prend fucceffivement pour paffer de celle marquée (a) à celle marquée (f).

(g) repréfente fon extrémité pointue ; (h) cette extrémité un peu arrondie au bout ; (i) fa bafe; (k) un bourrelet ventru qui s'abbaiffe fucceffivement depuis une de fes extrémités jufqu'à l'autre.

Reperitur in aquâ fluviali, & quoque marina.

(a, b, c, d, e, f) Figuræ hæ *Proteum tenacem* valdè auĉta magnitudine oftendunt, has varias formas affumentem uno progreffu ordinario, incipiendo à figura (a) et definendo ad figuram (f).

(g) Spiculum repræfentat ; (h) extremitatem fpiculi in formam globofam retraĉtam; (i) bafim; (k) orbiculum gibbum fenfim defcendentem indicat.

3. VOLVOCE.

Caraĉt. du genre.

Ver microfcopique très-fimple, fphérique, tranfparent.

1. VOLVOCE *point.* D.ĉt.

V. Sphérique noirâtre, le centre marqué d'un point clair; pl. 1, fig. 1.
Trouvé dans de l'eau de mer fétide.

(a) Animalcules groffis ; (b) très-fortement groffis.

2. VOLVOCE *grain.* Diĉt.

V. Sphérique, verd, diaphane à fa circonférence; pl. 1, fig. 2.
Se trouve dans l'eau des marais. Il eft repréfenté confidérablement groffi.

3. VOLVOCE *globule.* Diĉt.

V. Globuleux & rembruni en arrière ; pl. 1, fig. 3.
Se trouve dans l'infufion des végétaux.

(a) Le bord antérieur de l'animalcule confidérablement groffi ; (b) fon bord poftérieur rembruni.

4. VOLVOCE *pilule.* Diĉt.

V. Sphérique, entrailles immobiles verdâtres; pl. 1, fig. 4.
Habite dans les eaux douces les plus pures.

Il eft repréfenté extrêmement groffi dans deux pofitions différentes.

5. VOLVOCE *gréfil.* D.ĉt.

V. Sphérique opaque, entrailles immobiles; pl. 1, fig. 7.
Habite dans les eaux douces.

(a) Animalcules groffis; (b) confidérablement groffis.

3. VOLVOX.

Charaĉt. generis.

Vermis inconfpicuus, fimpliciffimus, pellucidus, fphæricus.

1. VOLVOX *punĉtum.*

V. Sphæricus nigricans, centro punĉto lucido; tab. 1, fig. 1.
Repertus in aquâ marinâ fœtente.

(a) Animalcula auĉta ; (b) Valdè auĉta.

2. VOLVOX *granulum.*

V. Sphæricus viridis, pœripheria hyalina; tab. 1, fig. 2.
Reperitur in aquâ paluftri. Valdè auĉtus in figura repræfentatur.

3. VOLVOX *globulus.*

V. Globofus poftice fubobfcurus; tab. 1, fig. 3.
Reperitur in infufione vegetabilium.

(a) Animalculi valdè auĉti pars antica ; (b) pars poftica obfcurata.

4. VOLVOX *pilula.*

V. Sphæricus, interaneis immobilibus virefcentibus; tab. 1, fig. 4.
Habitat in aquis purioribus.

Duplici fitu *Volvocés pilulas* auĉta magnitudine repræfentat.

5. VOLVOX *grandinella.*

V. Sphæricus opacus, interaneis immobilibus; tab. 1, fig. 7.
Hab. in aquis dulcibus.

(a) Animalcula auĉta ; (b) valdè auĉta.

A 2

4

6. VOLVOCE *social*. Dict.

V. Sphérique, composé de molécules cristallines, égales, écartées; pl. 1, fig. 8.
Habite dans l'eau des rivieres.

(*a*) VOLVOCE *social* grossi; (*b*) considérablement grossi, avec un point noirâtre sur chaque molécule.

7. VOLVOCE *sphérule*. Dict.

V. Sphérique composé de molécules similaires rondes; pl. 1, fig. 5.
Se trouve dans l'eau des étangs, pendant l'automne.

Figure très-grossie.

8. VOLVOCE *lunule*. Dict.

V. Hémisphérique, composé de molécules similaires en forme de croissant; pl. 1, fig. 6.
Habite dans les marais, vers le commencement du printemps.

Figure considérablement grossie.

9. VOLVOCE *globuleux*. Dict.

V. Sphérique membraneux, parsemé de globules; pl. 1, fig. 9.
Habite dans les eaux tranquilles stagnantes.

(*a*) Animalcules de grandeur naturelle; (*b*) vus grossis.

10. VOLVOCE *mûre*. Dict.

V. Orbiculaire membraneux, le disque parsemé de molécules sphériques vertes; pl. 1, fig. 10.
Habite dans les marais depuis octobre jusqu'à décembre.

(*a*) VOLVOCE *mûre* grossi; (*b*) plus grossi; (*c*) considérablement grossi, montrant chaque molécule développée en embryon.

11. VOLVOCE *raisin*. Dict.

V. Globuleux, composé de molécules sphériques verdâtres nues; pl. 2, fig. 11--15.
Se trouve dans l'eau des fossés & dans les ruisseaux.

(11) VOLV. *raisin*, de forme sphérique grossi (12) de forme ovale; (13) deux de ces animalcules réunis. (14) Animalcule plus petit; (15) molécules sphériques grossies.

12. VOLVOCE *végétant*. Dict.

V. Divisé en rameaux simples ou dicoto-

---

6. VOLVOX *socialis*.

V. Sphæricus, moleculis crystallinis æqualibus distantibus; tab. 1, fig. 8.
Hab. in aquâ fluviatili.

(*a*) VOLVOX *socialis* auctus; (*b*) magis auctus cum punctis suis nigricantibus.

7. VOLVOX *sphærula*.

V. Sphæricus, moleculis similaribus rotundis; tab. 1, fig. 5.
Hab. in stagnis autumno.

Figura valdè aucta.

8. VOLVOX *lunula*.

V. Hemisphæricus, moleculis similaribus lunatis; tab. 1, fig. 6.

Hab. primo vere in aquâ palustri.

Figura magnoperè aucta.

9. VOLVOX *globator*.

V. Sphæricus membranaceus, globulis sparsis; tab. 1, fig. 9.
Hab. in aquis quietis stagnantibus.

(*a*) Animalcula magnitudine naturali, (*b*) aucta.

10. VOLVOX *morum*.

V. Orbicularis membranaceus, disco moleculis sphæricis viridibus; tab. 1, fig. 10.

Hab. in stagnis à mense octobri ad decembrim.

(*a*) VOLVOX *morum* auctus, (*b*) magis auctus, (*c*) maximè auctus, ut appareant moleculæ in pullos sese evolventes.

11. VOLVOX *uva*.

V. Globosus, moleculis sphæricis virescentibus nudis; tab. 2, fig. 11--15.
Hab. in fossis inundatis et rivulis.

(11) VOLV. *uva*, sphæricus auctus, (12) ovatus; (13) duo cohærentes æqualiter aucti; (14) minor; (15) globulos solitarios aucta magnitudine exhibet.

12. VOLVOX *vegetans*.

V. ramulis simplicibus & dichotomis, rosula

mes; terminés par une tête globuleuse; pl. 2, fig. 16--19.
Habite dans les rivieres.

(16) VOLVOCE *végétant* grossi,(17)considérablement grossi; (18) un rameau terminé par une tête, & d'autres abandonnés; (19) têtes détachées des rameaux & grossies.

4. ENCHELIDE.

Caract. du genre.

Ver microscopique, cylindracée; très-simple.

1. ENCHELIDE *verte.* Dict.

E. presque cylindrique, extrémité antérieure tronquée obliquement; pl. 2, fig. 1.
Se trouve dans l'eau gardée plusieurs semaines.

Figure considérablement grossie; (*a*) extrémité antérieure, (*b*) extrémité postérieure.

2. ENCHELIDE *ponctuée.* Dict.

E. presque cylindrique, verte, obtuse en avant, pointue en arrière; pl. 2, fig. 2.
Habite dans les marais.

(*a*) Légère échancrure de l'extrémité antérieure; (*b*) les deux points noirs; (*c*) les fascies transverses; (*d*) l'extrémité postérieure; figures très-grossies.

3. ENCHELIDE *ovule.* Dict.

E cylindrique - ovoïde, diaphane, plissée longitudinalement; pl. 2, fig. 3.
Trouvée dans de l'eau gardée pendant quelques jours.

(*a* (ENCHELIDE *ovule* grossie, sans plis sensibles; (*b*, *c*) deux plus grossies, marquées de plis, & renfermant des œufs.

4. ENCHELIDE *paresseuse.* Dict.

E. cylindrique, gelatineuse, verte, légérement rétrécie en arrière; pl. 2, fig. 4.
Trouvée dans l'infusion de la *lenticule.*

Figures grossies; (*a*) extrémité antérieure, (*b*) postérieure.

5. ENCHELIDE *anneau.* Dict.

E. obverse-ovale, opaque, transparente sur le bord, visceres mobiles; pl. 2, fig. 5.

---

globulari terminatis; tab. 2, fig. 16--19.

Hab. in fluviis.

(16) VOLVOX *vegetans* aucta magnitudine; (19) valdè aucta; (18) alius cum ramulo rosula terminato cæteris derelictis; (19) rosulæ ramulis separatæ auctæ.

4. ENCHELIS.

Charact. generis.

Vermis inconspicuus, simplicissimus, cylindraceus.

1. ENCHELIS *viridis.*

E. sub-cylindrica, antice obliquè truncata; tab. 2, fig. 1.
Reperitur in aquâ per plurimas septimanas servata.

Figura magnoperè aucta; (*a*) Pars antica, (*b*) pars postica.

2. ENCHELIS *punctifera.*

E. sub-cylindrica viridis antice obtusa, postice acuminata; tab. 2, fig. 2.
Hab. in paludosis.

(*a*) Incisura apicis; (*b*) puncta bina nigra; (*c*) fasciæ transversæ; (*d*) extremitas postica acuminata; figuræ valdè auctæ.

3. ENCHELIS *ovulum.*

E. cylindrico-ovata, longitudinaliter plicata, diaphana; tab. 2, fig. 3.
Reperta in aquâ aliquot dies servata.

(*a*) ENCHELIS *ovulum* aucta absque plicis; (*b*, *c*) plicas cutis & ovula valdè aucta magnitudine exhibent.

4. ENCHELIS *defes.*

E. cylindrica, gelatinosa, viridis, postice sub-acuminata; tab. 2, fig. 4.
In infuso *lemnæ* reperta.

Figuræ auctæ; (*a*) extremitas antica; (*b*) postica.

5. ENCHELIS *similis.*

E. obovata, opaca, margine pellucida, interaneis mobilibus; tab. 2, fig. 5.

Trouvée dans de l'eau conservée plusieurs mois.

Figure très-grossie ; (*a*) extrémité antérieure ; (*b*) postérieure.

6. ENCHELIDE *tardive*. Dict.

E. ovale-cylindracée, viscères immobiles ; pl. 2, fig. 6.
Trouvée dans de l'eau de marais gardée plusieurs mois.

Figure très-grossie ; (*a*) extrémité antérieure ; (*b*) postérieure.

7. ENCHELIDE *nebuleuse*. Dict.

E. ovale-cylindracée, viscères distincts & mobiles ; pl. 2, fig. 7.
Trouvée dans de l'eau gardée pendant six mois d'hyver, dans un vaisseau ouvert.

Figure très-grossie ; (*a*) extrémité antérieure, (*b*) postérieure.

8. ENCHELIDE *semence*. Dict.

E. cylindracée, extrémités égales ; pl. 2, fig. 8.
Trouvée dans de l'eau conservée quelques jours.

(*a*) Figure très-grossie ; (*b*) deux de ces animalcules réunis par une extrémité.

9. ENCHELIDE *cornet*. Dict.

E. en forme de tasse, l'extrémité antérieure tronquée ; pl. 2, fig. 9.
Se trouve dans l'infusion ancienne du foin.

(*a*) Partie antérieure tronquée ; (*b*) postérieure, convexe.

10. ENCHELIDE *intermédiaire*. Dict.

E. cylindracée diaphane, le bord noirâtre ; pl. 2, fig. 10.
Se trouve dans l'infusion du *Leucajon fluviatile* ?

(*a*) Figures grossies, simples ; (*b*) animalcules qui commencent à se diviser.

11. ENCHELIDE *poire*. Dict.

E. en forme de cône renversé, l'extrémité postérieure diaphane ; pl. 2, fig. 11.
Se trouve quelquefois dans l'eau gardée long-temps.

(*a*) Extrémité antérieure.

Reperta in aquâ per menses aliquot servata.

Figura valdè aucta ; (*a*) extremitas antica ; (*b*) postica.

6. ENCHELIS *serotina*.

E. ovato-cylindracea, interaneis immobilibus ; tab. 2, fig. 6.
Reperta in aquâ palustri plures menses servata.

Figura maximè aucta ; (*a*) extremitas anterior ; (*b*) posterior.

7. ENCHELIS *nebulosa*.

E. ovato-cylindricea, interaneis manifestis mobilibus ; tab. 2, fig. 7.
Reperta in aquâ per sex menses hyemales in vasculo aperto servata.

Figura valdè aucta ; (*a*) extremitas antica ; (*b*) postica.

8. ENCHELIS *feminulum*.

E. cylindracea, utrinque æqualis ; tab. 2, fig. 8.
In aquâ dies aliquot servata, reperta.

(*a*) Figura magnoperè aucta ; (*b*) animalcula bina apice cohærentia.

9. ENCHELIS *fritillus*.

E. cyathiformis, antice truncata ; tab. 2, fig. 9.
Reperitur in servato infuso fœni.

(*a*) Pars antica truncata ; (*b*) postica, convexa.

10. ENCHELIS *intermedia*.

E. cylindracea, hyalina, margine nigricante ; tab. 2, fig. 10.
In infusione *leucajon fluviatilis* reperitur.

(*a*) Animalcula aucta simplicia ; (*b*) partitionem incipientia.

11. ENCHELIS *pirum*.

E. inverse conica, postice hyalina ; tab. 2, fig. 11.
In aquâ diù servata non frequens reperitur.

(*a*) Extremitas antica.

12. ENCHELIDE *trembleuse*. Dict.

E. ovale - cylindracée, gelatineufe; pl. 2, fig. 12.
Se trouve dans l'infufion de végétaux, faite avec l'eau de rivière.

Figures très-groffies; (*a*) animalcules commençant à fe divifer.

12 ENCHELIS *tremula*.

E. ovato - cylindracea, gelatina; tab. 2, fig. 12.
In infufo vegetabili aquæ fluvialis reperitur.

Figuræ maxime auctæ; (*a*) animalcula in partitione occupata.

13. ENCHELIDE *étranglée*. Dict.

E. obverfe-ovale, cryftalline, étranglée au milieu; pl. 2, fig. 13.
Se trouve dans l'eau de mer.

(*a*) Fig. groffies; (*b*) encore plus groffies; (*c*) étranglées au milieu; (*d*) marquées d'une ligne longitudinale.

13. ENCHELIS *conftricta*.

E. obovata, cryftallina, medio coarctata; tab. 2, fig. 13.
Hab. in aquâ marina.

(*a*) Figuræ auctæ; (*b*) valdè auctæ; (*c*) medio coarctatæ; (*d*) linea longitudinali notatæ.

14. ENCHELIDE *pouffier*. Dict.

E. elliptique, marquée au milieu d'une tache verte; pl. 2, fig. 14.
Habite dans les eaux douces.

(*a*) ENCHELIDES *pouffier* vivantes groffies; (*b*) mortes groffies.

14. ENCHELIS *pulvifculus*.

E. elliptica, interaneorum congerie viridi; tab. 2, fig. 14.
Hab. in aquis dulcibus.

(*a*) ENCHELIDES *pulvifculi* vivæ auctæ; (*b*) mortuæ auctæ.

15. ENCHELIDE *fufeau*. Dict.

E. cylindracée, les extrémités rétrécies, tronquées; pl. 2, fig. 15.
Habite dans les eaux les plus pures.

Figures très-groffies.

15. ENCHELIS *fufus*.

E. cylindracea, utraque extremitate auguftiore truncata; tab. 2, fig. 15.
Hab. in aquis purioribus.

Figuræ valdè auctæ.

16. ENCHELIDE *caudée*. Dict.

E. alongée, obtufe en avant, terminée en arriere par une queue diaphane; pl. 2, fig. 16.
Habite dans l'eau des marais.

Figures extrêmement groffies; (*a*) l'extrémité antérieure; (*b*) la queue diaphane.

16. ENCHELIS *caudata*.

E. elongata, antice obtufa, poftice in caudam hyalinam attenuata; tab. 2, fig. 16.

Hab. in aquâ paluftri.

Figuræ maximè auctæ; (*a*) extremitas antica; (*b*) cauda hyalina.

17. ENCHELIDE *cheville*. Dict.

E. cylindrique oblongue, extrémité antérieure grefle, terminée par un globule; pl. 2, fig. 17.
Se trouve quelquefois dans l'eau fétide.

Figures très-groffies. (*a*) Globule de l'extrémité antérieure; (*b*) point luifant de l'extrémité poftérieure; (*c*) l'inteftin.

17. ENCHELIS *epiftomium*.

E. cylindrico - elongata, apice gracili fubglobofo; tab. 2, fig. 17.

In aquâ fœtente paffim reperitur.

Figuræ valdè auctæ: (*a*) partis anticæ globulus; (*b*) punctum pellucens partis pofticæ; (*c*) inteftinum.

18. ENCHELIDE *ornée*. Dict.

E. cylindracée, garnie de deux féries de globules, & terminée par un col grefle diaphane; pl. 2, fig. 18.

18. ENCHELIS *gemmata*.

E. cylindracea, ferie globulorum duplici, in collum hyalinum producta; tab. 2, fig. 18.

Habite dans les foſſés où croît la *lenticule*.

Figures très-groſſies. (*a*) Le col diaphane; (*b*) le tronc.

19. ENCHELIDE *rétrograde*. Dict.

E. diaphane, extrémité antérieure rétrécie, terminée par un globule; pl. 1, fig. 19.
Se trouve dans les infuſions vegétales de l'eau de mer.

Figures très-groſſies, l'une repréſente ce ver étendu, l'autre dans l'état de contraction. (*a*) Partie antérieure; (*b*) poſtérieure; (*c*) point luiſant.

20. ENCHELIDE *hative*. Dict.

E. cylindrique oblongue, extrémités obtuſes, antérieure diaphane; pl. 2, fig. 20.
Se trouve dans l'infuſion marine de l'*ulve linze*.

Figure très-groſſie. (*a*) Véſicule de la partie antérieure; (*b*) globules de l'extrémité oppoſée.

21. ENCHELIDE *index*. Dict.

E. en forme de cône renverſé, un des angles de l'extrémité antérieure prolongé; pl. 2, fig. 21--26.
Habite dans les ruiſſeaux où croît la *lenticule commune*.

(21, 22, 23) L'ENCHELIDE *index* très-groſſie; (24, 25, 26) groſſie, mais dans divers états de contraction. (*a*) Prolongement de l'extrémité antérieure; (*b*) papille de l'angle oppoſé; (*c*) extrémité poſtérieure échancrée.

22. ENCHELIDE *ſpatule*. Dict.

E. cylindrique, extrémité antérieure applatie en forme de ſpatule, diaphane; pl. 2, fig. 27, 28.
Se trouve quelquefois dans les mares où croît la *lenticule*.

(27) Figure très-groſſie, avec l'extrémité antérieure développée. (*a*) Véſicule du milieu; (*b*) véſicule de l'extrémité poſtérieure; (*c*) amas de globules.

(28) Figure très-groſſie, avec ſon extrémité antérieure contractée.

23. ENCHELIDE *boudin*. Dict.

E. cylindracée courbe, les extrémités tronquées; pl. 2, fig. 29.
Se trouve rarement dans l'eau long-temps gardée.

Figures très-groſſies.

24. ENCHELIDE *papille*. Dict.

E. en forme de cône renverſée; la face antérieure terminée par une papille; pl. 2, fig. 30.

Hab. in aquâ foſſarum ubi *lemna* adeſt.

Figuræ valdè auctæ. (*a*) Collum hyalinum; (*b*) truncus.

19. ENCHELIS *retrograda*.

E. hyalina, antice anguſtata, apice globulari; tab. 2, fig. 19.
Reperitur in infuſo vegetabili aquæ marinæ.

Figuræ valdè auctæ, alia animalculum extenſum repræſentat, alia retractum. (*a*) Pars antica; (*b*) poſtica; (*c*) punctum pellucens.

20. ENCHELIS *feſtinans*.

E. cylindrica, oblonga, utrinque obtuſa, antice hyalina; tab. 2, fig. 20.
In infuſo marino *ulvæ linzæ* reperitur.

Figura valdè aucta. (*a*) Veſicula partis anticæ; (*b*) globuli poſtici.

21. ENCHELIS *index*.

E. inverſè conica, apicis altero angulo producto; tab. 2, fig. 21--26.

Hab. in rivulis ubi creſcit *lemna minor*.

(21, 22, 23) ENCHELIS *index* valdè aucta; (24, 25, 26) aucta ſed variè contracta. (*a*) Productio digitiformis; (*b*) angulus papillaris; (*c*) extremitas poſtica emarginata.

22. ENCHELIS *ſpathula*.

E. cylindrica, apice hyalina ſpathulata; tab. 2, fig. 27, 28.

In aquis ubi *lemna* vegetat, raro reperitur.

(27) Figura valdè aucta, cum ſpathula exſerta. (*a*) Veſicula media, (*b*) veſicula poſtica, (*c*) congeries globulorum.

(28) Figura æqualiter aucta, extremitate antica contracta.

23. ENCHELIS *farcimen*.

E. cylindracea curvata, utrinque truncata; tab. 2, fig. 29.
In aquâ diù ſervata raro occurrit.

Figuræ valdè auctæ.

24. ENCHELIS *pupula*.

E. inverſè conica, apice papillari; tab. 2, fig. 30.

Se

Trouvée dans l'eau qui découle du fumier.

Figure très-grossie; (a) papille antérieure; (b) vésicule postérieure.

25. ENCHELIDE *poupée*. Dict.

E. cylindrique ventrue, face antérieure rétrécie en forme de mamelon; pl. 2, fig. 31. Se trouve rarement dans l'eau des marais.

Figure grossie; (a) extrémité antérieure; (b) postérieure.

26. ENCHELIDE *larve*. Dict.

E. oblongue, milieu du corps garni de chaque côté d'un mamelon; pl. 2, fig. 32. Trouvée très rarement dans l'eau des marais.

Figure très-grossie; (a) partie antérieure; (b) papilles latérales; (c) partie postérieure.

27. ENCHELIDE *tronc*. Dict.

E. cylindrique, terminée en avant par un renflement en forme de tête; pl. 2, fig. 33-35. Habite dans les ruisseaux.

Figures très-grossies; (33) animalcule lisse; (34) animalcule dentelé; (35) animalcule contracté.

(a) Trois dents latérales; (b) extrémité antérieure globuleuse.

5. VIBRION.

Caract. du genre.

Ver microscopique, très-simple, cylindrique-prolongé.

1. VIBRION *linéole*. Dict.

V. linéaire, extrêmement petit; pl. 3. fig. 2. Se trouve dans les infusions végétales.

Figure grossie représentant un nombre infini de ces animalcules réunies en une masse globuleuse.

2. VIBRION *ridé*. Dict.

V. linéaire, tortueux; pl. 3. fig. 3. Trouvé dans l'infusion des mouches.

Figures très-grossies; (a) animalcules tortueux ou tordus en spirale; (b) animalcules étendus.

3. VIBRION *baguette*. Dict.

V. linéaire égal, les extrémités tronquées; pl. 3, fig. 4. Trouvé dans de l'eau gardée un mois.

In fimetis inundatis reperta.

Figura valdè aucta; (a) papilla anterior; (b) vesicula posterior.

25. ENCHELIS *pupa*.

E. ventricoso-cylindrica, apice in papillam producta; tab. 2, fig. 31. In aqua palustri rarò reperitur.

Figura ampliata; (a) extremitas antica, (b) postica.

26. ENCHELIS *larva*.

E. elongata, medio papillula utrinque notato; tab. 2, fig. 32. In aqua palustri rarissime reperta.

Figura valdè aucta; (a) pars antica; (b) papillulæ laterales, (c) pars postica.

27. ENCHELIS *truncus*.

E. cylindrica, subcapitata; tab. 2, fig. 33—35. Hab. in rivulis.

Figuræ valdè auctæ; (33) animalculum muticum; (34) dentatum; (35) contractum.

(a) Dentes tres laterales; (b) extremitas antica globosa.

5. VIBRIO.

Charact. generis.

Vermis inconspicuus, simplicissimus, teres, elongatus.

1. VIBRIO *lineola*.

V. linearis minutissimus; tab. 3, fig. 2. Reperitur in infusione vegetabili.

Figura valdè aucta *Vibr. lineolas* in massam coacervatos repræsentat.

2. VIBRIO *rugula*.

V. linearis flexuosus; tab. 3. fig. 3. Repertus in infusione muscarum.

Figuræ valdè auctæ; (a) animalcula in spiram torta; (b) animalcula recte extensa.

3. VIBRIO *bacillus*.

V. linearis æqualis, utrinque truncatus; tab. 3, fig. 4. Repertus in aqua mensem servata.

Figures confidérablement groffies ; (*a*) animalcules dans le repos ; (*b*) animalcules nageans.

4. VIBRION *ondoyant*. Dict.

V. filiforme, ondoyant ; pl. 3 , fig. 5-7.
Trouvé dans une infufion de *lenticule* gardée une femaine.

(5) Animalcules très-groffis ; (*a*) nageans ; (*b*) pendant le repos ; (6) réunis en peloton fur un rameau de *conferve* ; (7) un de ces pelotons fe divifant en un fecond plus petit.

5. VIBRION *spiral*. Dict.

V. filiforme, tourné en fpirales aiguës ; pl. 3 , fig. 8.
Trouvé dans l'infufion du *laitron des champs*.

Figure confidérablement groffie.

6. VIBRION *serpent*. Dict.

V. filiforme, tourné en fpirales obtufes ; pl. 3 , fig. 9.
Se trouve dans l'eau des rivieres

(*a*) Animalcule groffi ; (*b*) fragment de l'animalcule confidérablement groffi ; (*c*) canal inteftinal.

7. VIBRION *vermet*. Dict.

V. cylindracée, gelatineux, tortueux, extrémité poftérieure rétrécie ; pl. 3 , fig. 1.
Trouvé dans l'eau des marais.

Figures très-groffies ; (*a*) partie antérieure ; (*b*) poftérieure ; (*c*) ligne noire interrompue ; eft-ce l'inteftin ?

8. VIBRION *inteftin*. Dict.

V. cylindrique gelatineux, extrémité antérieure rétrécie ; pl. 3 , fig. 10-13.
Trouvé dans l'eau des marais.

(10) VIBRION *inteftin* très-groffi ; (*a*) extrémité antérieure étendue ; (*b*) extrémité poftérieure. (11) Animalcule groffi, raccourci. (12) Ver femblable avec l'extrémité antérieure (*a*) élargie. (13) L'extrémité antérieure (*a*) prolongée en forme de fpatule.

9. VIBRION *biponctuée*. Dict.

V. linéaire égal, marqué vers le milieu de deux globules, extrémités tronquées ; pl. 3 , fig. 14.
Trouvé dans de l'eau de mer après quatre femaines de garde.

Figures très-groffies.

Figuræ magnoperè auctæ ; (*a*) animalcula quiefcentia ; (*b*) natantia.

4. VIBRIO *undula*.

V. filiformis flexuofus ; tab. 3 , fig. 5--7.
Repertus in infufione *lemnæ* per feptimanam fervata.

(5) Animalcula valdè aucta ; (*a*) natantia ; (*b*) quiefcentia ; (6) congregata in acervum circa filamentum *confervæ* ; (5) acervus alium minorem emittens.

5. VIBRIO *spirillum*.

V. filiformis ambagibus in angulum acutum tornatis : tab. 3 , fig. 8.
Repertus in infufione *fonchi arvenfis*.

Figura magnoperè aucta.

6. VIBRIO *serpens*.

V. filiformis, ambagibus in angulum obtufum tornatis ; tab. 3 , fig. 9. An gordius ?
Reperitur in aqua fluviali.

(*a*) Animalculum auctum ; (*b*) animalculi pars valdè ampliata ; (*c*) inteftinum.

7. VIBRIO *vermiculus*.

V. cylindraceus gelatinus tortuofus, poftice anguftatus : tab. 3 , fig. 1.
Repertus in aqua paluftris.

Figuræ valdè auctæ ; (*a*) pars antica ; (*b*) poftica ; (*c*) linea nigra interrupta ; an inteftinum ?

8. VIBRIO *inteftinum*.

V. teres gelatinofus, antice anguftatus. pl. 3 , fig. 10-13.
Repertus in aquis paludofis.

(10) VIBRIO *inteftinum* valdè auctus ; (*a*) pars antica extenfa ; (*b*) poftica. (11) Animalculum contractum auctum ; (*a*) antice dilatatum. (13) Extremitas antica (*a*) in formam fpathulæ dilatata.

9. VIBRIO *bipunctatus*.

V. linearis æqualis, globulis binis mediis, utrinque truncatus ; tab. 3 , fig. 14.

Repertus in aqua marina poft quatuor feptimanas.

Figuræ valdè auctæ.

10. VIBRION *triponctué*. Dict.

V. linéaire rétréci aux deux bouts, marqué de trois globules inégaux; pl. 3, fig. 15.
Se trouve en novembre et en décembre dans les foffés inondés où croît la *lenticule*.

Figures très-groffies; (*a*) animalcules diaphanes; (*b*) remplis d'une matière verdâtre; (*c*) autre ftrié tranf-verfalement; (*d*) autres n'ayant que deux globules fitués à leur partie moyenne.

11. VIBRION *portepieu*. Dict.

V. jaunâtre linéaire, formant diverfes figures par leur réunion; pl. 3, fig. 16-20.
Se trouve en grand nombre dans *l'ulve dilatée*.

Figures très-groffies; (16) animalcules réunis parallèlement, préfentant une figure arquée. (17) Formant une ligne droite comme la *conferve*. (18) Difpofés en zig-zag. (19) En forme de carré avec deux branches inégales étendues. (20) En deux féries parallèles réunies par une chaîne fimple.

12. VIBRION *lunule*. Dict.

V. arqué, les deux extrémités égales; pl. 3, fig. 21-27.
Se trouve dans les eaux où croît la *lenticule*.

Figures très-groffies. (21) Petits animalcules diaphanes. (22) Plus grands de couleur verte. (23) Une des extrémités féparée; (*a*) partie diaphane fans grains; (*b*) Partie remplie de grains; (*c*) membrane extérieure. (24) Commencement de la divifion; (*a*) partie granuleufe; (*b*) partie fans grains. (25) Animalcule mort. (26) Divifion en deux parties également granuleufes. (27) Animalcule préfentant un rang de globules & une bande tranfverfe pâle.

13. VIBRION *vermine*. Dict.

V. linéaire comprimé, plus rétréci devant que derriere; pl. 4, fig. 1-6.
Trouvé dans de l'eau de mer fétide.

Figures très-groffies. (1, 2, 3) *V. vermines* fimples; (*a*) Partie antérieure; (*b*) poftérieure. (4, 5, 6) *V. vermines* doubles.

14. VIBRION *marteau*. Dict.

V. linéaire, terminé à la bafe par un globule, au fommet par une ligne tranfverfe; pl. 4, fig. 7.
Trouvé abondamment dans de l'eau de puits.

Ces figures font groffies & repréfentent cet animalcule dans deux différentes pofitions.

10. VIBRIO *tripunctatus*.

V. linearis utrinque attenuatus, globulis tribus, extremis minoribus; tab. 3, fig. 15.
Reperitur novembri & decembri in foffis inundatis ubi *lemna* crefcit.

Figuræ valdè auctæ; (*a*) animalcula diaphana; (*b*) viridi materia farcta; (*c*) alium tranfverfim ftriatum; (*d*) alii globulis tantum intermediis binis.

11. VIBRIO *paxillifer*.

V. flavefcens linearis, paleis gregariis multifariam ordinatis; tab. 3, fig. 16-20.
Reperitur copiofe in *ulva latiffima*.

Figuræ valdè auctæ. (16) Animalcula coalita figuram arcuatam ferentia. (17) In lineam rectam *conferva* inftar extenfa. (18) In faciem fulminis producta. (19) In quadrangulum cruribus binis inæqualiter protenfis. (20) In duas feries parallelas catena fimplici connexas.

12. VIBRIO *lunula*.

V. arcuatus, utraque extremitate æquali; tab. 3, fig. 21-27.
In aquis ubi crefcit *lemna* reperitur.

Figuræ valdè auctæ. (21) Animalcula minora cryftallina. (22) Majora viridia. (23) Extremitas altera divulfa; (*a*) pars granulorum vacua; (*b*) pars granulis repleta; (*c*) membrana exterior. (24) Partitionis initium; (*a*) pars granulis farcta; (*b*) pars vacua. (25) Animalculum mortuum. (26) Partitio in bina æqualiter granofa. (27) Animalculum ferie globulorum & area tranfverfa pallida donatum.

13. VIBRIO *verminus*.

V. linearis compreffus, antice quam poftice anguftior; tab. 4, fig. 1-6.
Repertus in aqua marina fœtente.

Figuræ valdè auctæ; (1, 2, 3) *V. vermini* fimplices; (*a*) pars anterior; (*b*) pars pofterior. (4, 5, 6) *V. vermini* duplices.

14. VIBRIO *malleus*.

V. linearis, bafi globulo, apice linea tranfverfa donatus; tab. 4, fig. 7.
In aqua putei copiofe repertus.

Figuræ *V. malleum* duplici fitu aucta magnitudine fiftunt.

15. VIBRION aiguille. Dict.

V. linéaire; extrémité antérieure obtuse, queue terminée en soye, pl. 4, fig. 8.
Trouvé dans l'eau des fossés.

Figures très-grossies; (a) extrémité antérieure; (b) point orangé du col; (c) queue terminée eu soye.

15. VITRIO acus.

V. linearis, colli apice obtuso, cauda setacea; tab. 4, fig. 8.
Repertus in aquis fossarum.

Figuræ valdè auctæ; (a) pars antica obtusa; (b) punctum colli rubens; (c) cauda setacea.

16. VIBRION fléche. Dict.

V. presque linéaire, extrémité antérieure tronquée noire, queue terminée en soye; pl. 4, fig. 9.
Se trouve dans l'eau de mer.

Figures très-grossies; (a) extrémité antérieure noire; (b) la queue terminée en soye.

16. VIBRIO sagitta.

V. sublinearis, colli apice truncato atro; cauda setacea; tab. 4, fig. 9.
Reperitur in aqua marina.

Figuræ valdè auctæ; (a) extremitas antica atra; (b) postica setacea.

17. VIBRION serpent. Dict.

V. cylindrique égal; les deux extrémités obtuses; pl. 4, fig. 10.
Se trouve dans les infusions végétales anciennes & dans les marais.

Figure considérablement grossie; (a) la tête; (b) l'œsophage; (c) un rang de globules formant ses viscères; (d) l'estomach; (e) l'intestin; (f) la pointe de la queue.

17. VIBRIO serpentulus.

V. teres æqualis, utraque extremitate obtusa; tab. 4, fig. 10.
Reperitur in infusione vegetabili non recenti & in paludibus.

Figura magnopere aucta; (a) caput; (b) œsophagus; (c) series globulorum visceralis; (d) ventriculus; (e) intestinum; (f) caudæ apex.

18. VIBRION dragoncule. Dict.

V. cylindrique égal, le bout de la queue formé en tubercule; pl. 4, fig. 11, 12.
Se trouve quelquefois dans les infusions marines.

Figures très-grossies. (11) Animalcule roulé en spirale. (12) Animalcule alongé; (a) la tête; (b) la queue.

18. VIBRIO gordius.

V. teres æqualis, caudæ apice tuberculato; tab. 4, fig. 11, 12.
In infuso marino passim reperitur.

Figuræ valdè auctæ. (11) Animalculum spiraliter involutum; (12) recta extensum; (a) caput; (b) cauda.

19. VIBRION couleuvre. Dict.

V. filiforme, la soye de la queue coudée; pl. 4, fig. 13—15.
Trouvé très-rarement dans l'eau de rivière.

Figures très-grossies. (13) Animalcule dans le repos; (a) la bouche; (b) l'œsophage; (c) la soye qui termine la queue coudée en (a). (14) Le coude de la queue plus grossi, formant un angle obtus. (15) Animalcule pendant qu'il nage.

19. VIBRIO coluber.

V. filiformis, seta caudali geniculata; tab. 4, fig. 13-15.
In aqua fluviali rarissime repertus.

Figuræ valdè auctæ. (13) Animalculum quiescens; (a) os; (b) œsophagus; (c) seta caudalis; (d) Setæ caudalis geniculum. (14) Caudæ geniculum maximè auctum in angulum obtusum inflexum. (15) Animalculum natans.

20. VIBRION anguille. Dict.

V. filiforme égal, peu flexible; l'extrémité postérieure atténuée; pl. 4, fig. 16-26.

(16) Variet. A. Anguille du vinaigre, grossie.

Se trouve quelquefois dans le vinaigre.

20. VIBRIO anguillula.

V. filiformis æqualis subrigidus, postice attenuatus; tab. 4, fig. 16-26.

(16) Variet. A. Anguillula aceti, aucta.

In aceto aliquoties reperitur.

(17, 18, 19) Variet. B. *Anguille de la colle.*

Se trouve dans les colles farineufes anciennes.

Figures très-groffies; (*a*) extrémité antérieure, (*b*) poftérieure; (*c*) œufs rangés fur deux lignes.

(20, 21, 22, 23) Variet. C. *Anguille fluviatile.*

Se trouve dans les eaux ftagnantes des rivières.

(20) Figure groffie; (21, 22, 23) figures confidérablement groffies; (*a*) extrémité antérieure; (*b*) poftérieure; (*c*) deux petits corps ovales.

(24, 25, 26) Variet. D. *Anguille marine.*

Se trouve ordinairement fur les bois qui ont été long-temps plongés dans la mer.

Figures très-groffies; (*a*) extrémité antérieure; (*b*) poftérieure; (*c*) inteftin jaune; (*d*) vifcères intérieurs fous l'apparence de molécules criftallines.

21. VIBRION *nacelle.* Dict.

V. ovale-bombé, terminé en avant par un col court & diaphane; pl. 4, fig. 27.
Se trouve fréquemment dans les eaux où croît la *lenticule.*

(*a, b, c*) Figures très-groffies; (*d*) col diaphane; (*e*) le ventre.

22. VIBRION *utricule.* Dict.

V. cylindrique, extrémité antérieure rétrécie tronquée, poftérieure ventrue; pl. 4, fig. 28.
Se trouve dans l'eau de rivière & même dans l'eau de mer, fétides.

Figure très-groffie; (*a*) le col; (*b*) le fommet tronqué; (*c*) le ventre; (*d*) un point tranfparent.

23. VIBRION *fafciolaire.* Dict.

V. rétréci en avant, élargi au milieu, aigu fur le derrière; pl. 4, fig. 29--31.
Se trouve quelquefois dans l'eau dégelée.

Figures très-groffies. (29) Animalcule feul; (*a*) extrémité antérieure; (*b*) poftérieure. (30) Deux animalcules réunis par leur extrémité antérieure. (31) Tenant par leur extrémité poftérieure.

24. VIBRION *plongeon.* Dict.

V. épais, rétréci en arrière, terminé en avant par un col légérement arqué; pl. 4; fig. 32.
Se trouve dans l'eau.

Figures très-groffies; (*a*) col légèrement arqué; (*b*) extrémité poftérieure; (*c*) les côtés faillans.

(17, 18, 19) Variet. B. *Anguillula glutinis.*

In glutine farinofo vetufto reperitur.

Figuræ valdè auctæ; (*a*) extremitas antica; (*b*) poftica; (*c*) binæ feries ovulorum in parte caudali fitæ.

(20, 21, 22, 23) Variet. C. *Anguillula fluviatilis.*

In aqua fluviatili ftagnante reperitur.

(20) Figura aucta; (21, 22, 23) figuræ magnopere auctæ; (*a*) extremitas antica; (*b*) poftica; (*c*) corpufcula bina ovata.

(24, 25, 26) Variet. D. *Anguillula marina.*

Frequentiffime reperitur fupra palos diutius in aqua marina immerfos.

Figuræ valdè auctæ; (*a*) extremitas antica; (*b*) poftica; (*c*) inteftinum flavum; (*d*) interanea molecularia cryftallina.

21. VIBRIO *linter.*

V. ventricofo-ovatus, collo breviffimo hyalino; tab. 4, fig. 27.
Frequentiffime reperitur in aquis ubi *lemna* crefcit.

(*a, b, c*) Figuræ valdè auctæ; (*d*) collum diaphanum; (*e*) abdomen.

22. VIBRIO *utriculus.*

V. teres, antice anguftatus truncatus, poftice ventricofus; tab. 4, fig. 28.
Reperitur in aquâ fluviali, etiam in aquâ marina, putridis.

Figura valdè aucta; (*a*) collum; (*b*) apex truncatus; (*c*) venter; (*d*) punctum pellucidum.

23. VIBRIO *fafciolaris.*

V. antice attenuatus, medio latiusculus; poftice acutus; tab. 4, fig. 29——31.
Aliquoties reperitur in aquâ gelu foluta.

Figuræ valdè auctæ. (29) Animalculum folitarium; (*a*) extremitas antica; (*b*) poftica. (30) Animalcula bina antice coalita. (31) Totidem extremitate poftica adhærentia.

24. VIBRIO *colymbus.*

V. craffus, poftice acuminatus, collo fub falcato; tab. 4, fig. 32.
In aquis reperitur.

Figuræ valdè auctæ; (*a*) collum fubfalcatum; (*b*) extremitas poftica; (*c*) latera prominula.

25. VIBRION *rétréci.* Dict.

V. linéaire très-allongé, extrémité antérieure filiforme terminée par un renflement; pl. 5, fig. 1, 2.
Trouvé dans l'eau des rivages.

(1) Animalcule très-grossi prolongé en forme de fil; (a) partie antérieure filiforme; (b) partie postérieure épaissie; (a) renflement antérieur. (2) Animalcule contracté grossi; (a) partie antérieure contractée.

26. VIBRION *canard.* Dict.

V. oblong, les deux extrémités rétrécies, le col plus long que la queue; pl. 5, fig. 3- 5.
Se trouve dans l'eau de mer.

Figures très-grossies; (a) le col; (b) le tronc; (c) la queue; (d) les œufs.

27. VIBRION *cygne.* Dict.

V. tronc ventru, col crochu, queue aigue; pl. 5, fig. 6.
Se trouve dans les eaux stagnantes.

Figure très-grossie; (a) le col; (b) le tronc ventru; (c) la queue aiguë.

28. VIBRION *jars.* Dict.

V. elliptique, col long, un tubercule sur le dos; pl. 5, fig. 7.-11.
Vit dans les eaux où croît la *lenticule.*

(7, 8, 9, 10, 11) Animalcules diversement courbés, très-grossis; (a) le col; (b) tubercule simple; (c) tubercule double; (d) le tronc; (e) la queue; (g) Animalcule prêt à se diviser.

29. VIBRION *long col.* Dict.

V. elliptique, col très-long, terminé par un tubercule; pl. 5, fig. 12.--15.
Vit dans les marais où croit la *lenticule.*

(12, 13, 14, 15) Animalcules très-grossis, avec le col diversement alongé, contracté ou dirigé; (a) col alongé; (b) légèrement raccourci; (c) extrêmement alongé; (d) onduleux; (e) tubercule du sommet; (f) tache noirâtre du tubercule.

30. VIBRION *faux.* Dict.

V. ventru, extrémité postérieure obtuse, le col courbé en faux; pl. 5, fig. 16.--18
Se trouve avec le précédent.

(16, 17, 18.) Animalcules très-grossis; (a) le col courbé en faux; (b) le dos applati; (c) le ventre bombé.

25. VIBRIO *strictus.*

V. linearis elongatus; anticam versus attenuatus, apice obtuso; tab. 5 fig, 1, 2.
Repertus in aquâ littorali.

Animalculum valdè auctum in filum productum; (a) pars antica filiformis; (b) pars postica incrassata; (d) apex globularis. (2) Animalculum correptum auctum; (d) pars antica in correptione.

26. VIBRIO *anas.*

V. oblongus, utraque extremitate attenuatus; collo cauda longiore; tab. 5, fig. 3--5.

Reperitur in aquâ marina.

Figuræ valdè auctæ; (a) collum; (b) truncus; (c) cauda; (d) ovula.

27. VIBRIO *cygnus.*

V. ventricosus, collo adunco, cauda acuta; tab. 5, fig. 6.
Reperitur in aquâ stagnante.

Figura valdè aucta; (a) collum; (b) truncus ventricosus; (c) cauda acuta.

28. VIBRIO *anser.*

V. ellipticus, collo longo, tuberculo dorsali; tab. 5, fig. 7--11.
In aquis ubi *lemna* crescit hospitatur.

(7, 8, 9, 10, 11.) Animalcula diversimode inflexa valdè aucta; (a) collum; (b) tuberculum simplex; (c) tuberculum duplex; (d) truncus; (e) cauda; (g) animalculi instans divisio.

29. VIBRIO *olor.*

V. ellipticus, collo longissimo, apice nodoso; tab. 5, fig. 12.--15.
Reperitur in aquâ palustri, ubi *lemna.*

(12, 13, 14, 15) Animalcula valdè aucta, collo varie exserto, contracto aut protento; (a) collum elongatum; (b) aliquantulum correptum; (c) longissime productum; (d) undatum; (e) nodus apicis; (f) macula nigricans tuberculi.

30. VIBRIO *falx.*

V. gibbosus postice obtusus, collo falcato; tab. 5, fig. 16.--18.
Cum præcedenti reperitur.

(16, 17, 18) Animalcula magnopere aucta; (a) collum falcatum; (b) dorsum planum; (c) venter gibbus.

31. VIBRION *intermédiaire.* Dict.

V. membraneux, extrémité antérieure rétrécie, postérieure un peu aiguë; pl. 5, fig. 19, 20.
Se trouve dans l'infusion de *l'ulve linze.*

Figures très-grossies; (*a*) le col alongé & élargi; (*b*) légèrement tordu; (*c*) extrémité antérieure; (*d*) queue un peu aiguë.

31. VIBRIO *intermedius.*

V. membranaceus, antice attenuatus, postice subacutus; tab. 5, fig. 19, 20.

Reperitur in infuso *ulva linza.*

Figuræ valdé auctæ; (*a*) collum elongatum & dilatatum; (*b*) aliquantum distortum; (*c*) apex colli, (*d*) cauda subacuta.

6. CYCLIDE.

6. CYCLIDIUM.

Caract. du genre.

Ver microscopique, très-simple, transparent, comprimé, orbiculaire ou ovale.

Charact. generis.

Vermis inconspicuus, simplicissimus, pellucidus, complanatus, orbicularis vel ovatus.

1. CYCLIDE *bulle.* Dict.

C. orbiculaire diaphane; pl. 5, fig. 1.
Se trouve dans l'infusion du foin.

Six de ces animalcules très-grossis.

1. CYCLIDIUM *bulla.*

C. orbiculare, hyalinum; tab 5, fig. 1.
Reperitur iu infusione fœni.

Sex animalcula valdè aucta.

2. CYCLIDE *millet.* Dict.

C. elliptique, cristallin; pl. 5, fig. 2, 3.
Se trouve dans l'infusion de diverses plantes.

(2) Amas de ces animalcules grossi. (3) Quatre animalcules séparés très-grossis; (*a*) point antérieur. (*b*) point postérieur; (*c*) ligne longitudinale.

2. CYCLIDIUM *millum.*

C. ellipticum crystallinum; tab. 5, fig. 2, 3.
Reperitur in infusione variarum stirpium.

(2) Acervus animalcu orum aucta magnitudine. (3) Quatuor animalcula solitaria maximè aucta; (*a*) punctum anticum; (*b*) posticum; (*c*) linea longitudinalis.

3. CYCLIDE *flottant.* Dict.

C. ovale cristallin; pl. 5, fig. 4, 5.
Se trouve dans l'eau de mer corrompue.

(4) Animalcule vivant très-grossi; (*a*) deux canaux placés sur les bords. (5) Animalcule mort; (*b*) ligne noirâtre.

3. CYCLIDIUM *fluitans.*

C. ovale crystallinum; tab. 5, fig. 4, 5.
Reperitur in aquâ marina fœtidissima.

(4) Animalculum vivum valdè auctum; (*a*) canales duo marginales. (5) Animalculum mortuum; (*b*) linea nigricans.

4. CYCLIDE *glaucome.* Dict.

C. ovoïde, parties internes difficiles à appercevoir; pl. 5, fig. 6–8.
Trouvé dans de l'eau gardée plus de six mois d'hiver, sans aucun mélange de végétaux.

(6) Figures très-grossies; (*a*) animalcules vuides; (*b*) remplis de molécules. (7) Animalcule seul plus grossi; (*c*) parties internes bleuâtres; (*d*) point très-luisant; (*e*) l'intestin situé en arrière. (8) Deux animalcules adhérents très-grossis.

4. CYCLIDIUM *glaucoma.*

C. ovatum, interaneis ægre conspicuis; tab. 5, fig. 6–8.
Repertum in aquâ ultra sex menses hyemales absque omni vegetabili servata.

(6) Figuræ valdè auctæ; (*a*) animalcula vacua; (*b*) moleculis repleta. (7) Animalculum solitarium magis auctum; (*c*) interanea cærulescentia; (*d*) punctum pellucidissimum; (*e*) intestinum posticum. (8) Animalcula duo cohœrentia valdè aucta.

5. CYCLIDE *noirâtre*. Dict.

C. ovale-oblong, noirâtre sur les bords;
pl. 5, fig. 9, 10.
Trouvé dans l'infusion de la *lenticule*.

(9) Figures grossies. (10) Beaucoup plus grossies.

6. CYCLIDE *rostré*. Dict.

C. ovale très-luisant, terminé en avant par
une pointe obtuse; pl. 5, fig. 11, 12.
Trouvé dans une infusion de végétaux.

11) CYCLIDE *rostré*, rempli de vésicules, très-
grossi; (*a*) pointe antérieure; (*b*) extrémité postérieure.
(12) Animalcule également grossi, avec des viscères
sensibles; (*c*) canal divisé en deux branches; (*d*)
petites ligues transversales.

7. CYCLIDE *pepin*. Dict.

C. ovale vesiculeux, pointu en arrière; pl. 5,
fig. 13.
Se trouve, mais rarement, dans les infusions
végétales.

Figure très-grossie; (*a*) partie antérieure; (*b*) postérieure.

8. CYCLIDE *diaphane*. Dict.

C. ovoïde diaphane, aigu en arrière, pl. 5,
fig. 14.
Se trouve dans l'infusion de la *clavaire co-
ralloïde*.

(*a*, *b*) Amas de *Cyclid. diaphanes* grossis.

9. CYCLIDE *pou*. Dict.

C. ovale, convexe en dessus, plat au dessous;
pl. 5, fig. 15.
Se trouve ordinairement sur le corps de l'*hydre
pale*.

Animalcules grossis dans différentes positions; (*a*)
extrémité fendue. Est-ce l'ouverture de sa bouche?

10. CYCLIDE *douteux*. Dict.

C. ovale, convexe en dessus, concave au-
dessous; pl. 5, fig. 16--19.
Se trouve dans l'eau où croît la *lenticule*.

(16, 17, 18, 19. Quatre animalcules très-grossis
sous différens aspects; (*a*) dos convexe; (*b*) ventre
concave; (*c*) parties internes paroissant figurées en ré-
seau quand l'eau commence à se dessécher.

5. CYCLIDIUM *nigricans*.

C. oblongo-ovatum, margine nigricante;
tab. 5, fig. 9, 10.
Repertum in infuso *lemnæ*.

Figuræ auctæ. (10) Multo magis auctæ.

6. CYCLIDIUM *rostratum*.

C. ovale pellucidissimum, rostro obtuse mucronato; tab. 5, fig. 11, 12.
Repertum in infusione vegetabili.

(11) CYCLID. *rostratum* cum interaneis vesicularibus
maximè auctum; (*a*) rostrum; (*b*) pars postica. (12)
Animalculum æqualiter auctum interaneis visibilibus:
(*c*) canalis in crura divisus; (*d*) lineolæ transversæ.

7. CYCLIDIUM *nucleus*.

C. ovale vesiculare postice acuminatum;
tab. 5, fig. 13.

In infuso vegetabili sed raro reperitur.

Figura aucta; (*a*) pars antica; (*b*) postica.

8. CYCLIDIUM *hyalinum*.

C. ovatum hyalinum, postice acutum; tab. 5,
fig. 14.

Reperitur in infusione *clavariæ coralloidis*.

(*a*, *b*) CYCLID. *hyalina* coacervata, aucta.

9. CYCLIDIUM *pediculus*.

C. ovale, suprà convexum, subtus planum;
tab. 5, fig. 15.
Sæpius occurrit supra *hydram pallidam*.

Animalcula aucta diverso situ; (*a*) extremitas fissa,
an apertura oris?

10. CYCLIDIUM *dubium*.

C. ovale, supra convexum, subtus cavum;
tab. 5, fig. 16--19.
Reperitur in aquâ ubi *lemna*.

(16, 17, 18, 19.) Animalcula quatuor valdè aucta
vario situ posita; (*a*) dorsum convexum; (*b*) venter
concavus; (*c*) interanea aqua deficiente reticulum effin-
gentia.

7. PARAMÉCIE.

Caract. du genre.

Ver microfcopique, fimple, membraneux, tranfparent, oblong.

1. PARAMÉCIE *aurelie.* Dict.

P. comprimée, un pli longitudinal fur fa moitié antérieure, l'extrémité oppofée aigue; pl. 5, fig. 1--12.
Se trouve dans l'eau des foffes où croît la *lenticule.*

(1, 2, 3, 4) PARAMÉCIES *aurélies* très-groffies, tranfparentes, fous divers afpects. (5) Animalcule adulte d'une teinte plus foncée. (6) Animalcule ovale-oblong, comme il fe préfente quand l'eau manque. (7) Autre également groffi, bordé de cils. (8, 9, 10.) Animalcules vus dans trois diverfes pofitions de leur adhérence. (11) Un animalcule quand fa divifion eft déja très-avancée. (12) Un autre lorfque fa divifion ne fait que commencer; (*a*) extrémité antérieure; (*b*) extrémité poftérieure; (*c*) pli longitudinal.

2. PARAMÉCIE *chryfalide.* Dict.

P. cylindracée, un repli longitudinal fur fa moitié antérieure, l'extrémité poftérieure obtufe; pl. 6, fig. 1--5.
Trouvée en automne dans l'eau de mer.

Figures très-groffies. (1, 2, 3) *Paramécies chryfalides* en diverfes pofitions, ayant leur pli plus ou moins vifible. (4) Animalcule qui ne montre pas de pli. (5) Autre bordé de cils; (*a*) partie antérieure; (*b*) partie poftérieure; (*c*) pli.

3. PARAMÉCIE *rufée.* Dict.

P. cylindracée, un peu renflée en arrière, les deux extrémités obtufes; pl. 6., fig. 6--9.
Se trouve dans les foffés marécageux.

Figures très-groffies. (6, 7, 8) Animalcules vus dans différentes fituations; (*a*) partie antérieure; (*b*) poftérieure. (9) Animalcule occupé à opérer fa divifion tranfverfale.

4. PARAMÉCIE *œuvé.* Dict.

P. aplatie, remplie de bulles ovales; pl. 6, fig. 10--11.
Habite dans les marais.

7. PARAMÆCIUM.

Charact. generis.

Vermis inconfpicuus, fimplex, membranaceus, pellucidus, oblongus.

1. PARAMÆCIUM *aurelia.*

P. compreffum, à medio ad apicem uniplicatum poftice acutum; tab. 5, fig. 1 12.

Reperitur in foffis inundatis *lemna* plenis.

(1, 2, 3, 4) PARAMÆCIA *aurelia* valdè aucta pellucentia vario fitu. (5) Animalculum adultum magis obfcurum. (6) Animalculum ovato-oblongum utut deficiente aqua confpici folet. (7) Alium æqualiter auctum ciliis cinctum. (8, 9, 10) Bina animalcula in vario fitu cohæfionis collateralis. (11) Animalculum adultum in divifione fere peracta. (12) Alium divifione tantum incepta; (*a*) extremitas antica; (*b*) extremitas poftica; (*c*) plica longitudinalis.

2. PARAMÆCIUM *chryfalis.*

P. cylindraceum, verfus antica uniplicatum poftice obtufum; tab. 6, fig. 1--5.
In aquâ marina tempore autumnali repertum.

Figuræ valdè auctæ. (1, 2, 3) *Paramæcia chryfalides* vario fitu, plica magis minufve confpicua. (4) Animalculum plica occultata. (5) Alterum ciliis cinctum; (*a*) pars anterior; (*b*) pars pofterior; (*c*) plica.

3. PARAMÆCIUM *verfutum.*

P. cylindraceum, poftice incraffatum, utraque extremitate obtufum; tab. 6, fig. 6--9.
Reperitur in aquis foffarum paluftrium.

Figuræ valdè auctæ. (6, 7, 8) Animalcula vario fitu confpecta; (*a*) pars antica; (*b*) poftica. (9) Animalculum in partitione tranfverfali occupatum.

4. PARAMÆCIUM *oviferum.*

P. depreffum, intus bullis ovalibus; tab. 6, fig. 10 -12.
Habitat in paludibus.

(10 , 11 , 12) Ces figures, diverfement groffies, préfentent ces animalcules dans des pofitions différentes ; (a) bulles ovales ; (b) petits grains.

(10 , 11 , 12) Figuræ animalculum hoc diverfo fitus augmentationisque gradu offerunt ; (a) bullæ ovales ; (b) granula.

5. PARAMÉCIE bordé. Dict.

P. applatie grifâtre, circonférence diaphane ; pl. 6, fig. 13, 14.
Trouvée, mais rarement, dans l'eau des marais.

Figures très-groffies ; (a) extrémité antérieure ; (b) véficule poftérieure ; (c) apparence fpirale de l'inteftin.

5. PARAMÆCIUM marginatum.

P. depreffum grifeum , peripheria hyalina marginatum ; tab. 6, fig. 13, 14.
In aqua paluftri raro repertum.

Figuræ valdè auctæ ; (a) extremitas anterior ; (b) veficula poftica ; (c) luor inteftini fpiralis.

8. KOLPODE.

Caract. du genre.

Ver microfcopique très-fimple , applati, finueux, tranfparent.

1. KOLPODE lame. Dict.

K. oblongue membraneufe, extrémité antérieure rétrécie courbée ; pl. 6. fig. 1—3.
Trouvée dans l'eau.

(1) Deux animalcules groffis dans deux pofitions différentes. (2 , 3) Deux autres animalcules extrêmement groffis ; (a) extrémité antérieure ; (b) poftérieure ; (c) plis qu'ils offrent en nageant.

2. KOLPODE poulette. Dict.

K. oblongue, partie antérieure du dos membraneufe diaphane ; pl. 6 , fig. 4.
Trouvée dans de l'eau de mer corrompue.

Figure très-groffie ; (a) le bec courbé ; (b) la partie antérieure du dos diaphane ; (c) le ventre ftrié.

3. KOLPODE bec. Dict.

K. oblongue-ovale, extrémité antérieure crochue ; pl. 6, fig. 5, 6.
Trouvée dans les eaux où croît la *lenticule*.

Figures extrêmement groffies ; (a) fommet crochu ; (b) courbure triangulaire de l'extrémité antérieure.

4. KOLPODE botte. Dict.

K. prolongée membraneufe , rétrécie en avant, terminé en arrière par un angle droit, pl. 6, fig. 7, 8.
Se trouve dans l'eau ftagnante des rivières.

8. KOLPODA.

Charact. generis.

Vermis inconfpicuus fimpliciffimus , complanatus, finuofus, pellucidus.

1. KOLPODA lamella.

K. elongata membranacea , antice curvata ; anguftior ; tab. 6, fig. 1--3.
In aquis reperta.

(1) Animalcula bina vario fitu pofita , aucta ; (2 , 3) bina alia magnopere aucta ; (a) extremitas anterior ; (b) pofterior ; (c) flexura partis anticæ in motu obvia.

2. KOLPODA gallinula.

K. oblonga , dorfo antico membranaceo hyalino ; tab. 6 , fig. 4.
Reperta in aquâ marina fœtidiffima.

Figura valdè aucta ; (a) roftrum curvatum ; (b) pars antica dorfi hyalina ; (c) venter ftriatus.

3. KOLPODA roftrum.

K. oblongo-ovata, antice uncinata ; tab. 6, fig. 5, 6.
Reperta in aquis ubi crefcit lemna. Quænam fpecies lemnæ non dixit mullerus.

Figuræ magnopere auctæ ; (a) apex uncinatus ; (b) retufio triangularis partis anterioris.

4. KOLPODA ocrea.

K. elongata membranacea, apice attenuata, bafi in angulum rectum producta ; tab. 6, fig. 7, 8.
Reperitur in aquis foffarum fluviatilium.

Figures très-groffies. (7) Animalcule pendant le repos. (8) Animalcule nageant; (*a*) partie antérieure diaphane; (*b*) bafe anguleufe.

Figuræ valdè auctæ. (7) Animalculum quiefcens. (8) Animalculum natans; (*a*) pars antica hyalina; (*b*) bafis angulata.

5. KOLPODE mucronée. Dict.

K. large, membraneufe, réttécie en avant, un des côtés échancré; pl. 6. fig. 9, 10.
Trouvée dans l'infufion de l'*ulve linze.*

Figures très-groffies; (*a*) extrémité antérieure; (*b*) bafe; (*c*) échancrure latérale; (*d*) difque charnu fe terminant en un petit canal (*e*).

5. KOLPODA mucronata.

K. dilatata membranacea, antice anguftata, altero margine incifa; tab. 6, fig. 9, 10.
Reperta in infufo *ulvæ linze.*

Figuræ valdè auctæ; (*a*) extremitas antica; (*b*) bafis; (*c*) incifio lateralis; (*d*) difcus carnofus in canaliculum (*e*) productus.

6. KOLPODE triquetre.

K. obverfe - ovale comprimée, un des bords recourbé; pl. 6, fig. 11—13.
Trouvée rarement dans l'eau de mer.

(11, 12) Animalcules très-groffis vus fur leur face applatie. (13) Animalcule égalemeat groffi vu fur fa face oppofée, convexe; (*a*) extrémité antérieure obtufe; (*b*) finuofité; (*c*) petite lame du bord recourbée; (*d*) bord aigu; (*e*) tourbillon qu'on diftingue au moyen d'une forte loupe à fon extrémité antérieure.

6. KOLPODA triquetra.

K. obovata depreffa, altero margine retufo; tab. 6, fig. 11–13.
In aquâ marina raro reperta.

(11, 12) Animalcula valdè aucta in paginam depreffam confpecta. (13) Animalculum æqualiter auctum obverfum pagina convexa; (*a*) extremitas antica obtufa; (*b*) finus; (*c*) lamellula retufa; (*d*) margo acutus; (*e*) nitor fluctuans maximo augmentationis gradu antice confpicuus.

7. KOLPODE ftriée. Dict.

K. oblongue, légérement arquée, comprimée blanche, extrémité antérieure pointue, poftérieure arrondie; pl. 6, fig. 14, 15.
Trouvée abondamment dans l'eau de mer.

(14) Trois *Kolpodes ftriées* groffies. (15) Deux autres plus groffies; (*a*) bout antérieur; (*b*) véficule diaphane; (*c*) bout poftérieur conterant des molécules globuleufes.

7. KOLPODA ftriata.

K. oblonga fubarcuata depreffa candida, antice acuminata, poftice rotundata; tab. 6, fig. 14, 15.
Reperta copiofe in aquâ marina.

(14) *Kolpodæ ftriata* tres auctæ. (15) Duo aliæ valdè auctæ; (*a*) pars anterior; (*b*) veficula hyalina; (*c*) extremitas poftica cum moleculis globofis.

8. KOLPODE noyau. Dict.

K. ovoïde, extrémité antérieure aigue, dos convexe; pl. 6, fig. 16.
Se trouve dans l'infufion des femences du *chanvre.*

Figure groffie; (*a*) extrémité antérieure.

8. KOLPODA nucleus

K. ovata, vertice acuto, dorfo convexo; tab. 6, fig. 16.
Reperitur in infufione feminis *cannabis fativæ.*

Figura aucta; (*a*) vertex.

9. KOLPODE pintade. Dict.

K. membraneufe plicatile, bec crochu, bord antérieur crénelé, extrémité poftérieure obtufe; pl. 6, fig. 17--27.
Trouvée rarement dans les eaux où croît la *lenticule.*

Var. A. Figures très-groffies. (17, 18) Animalcules élargis, diverfement dentés & pliffés. (19, 20, 21, 22) Animalcules très-alongés, crénelés, moins pliffés.

9. KOLPODA meleagris.

K. membranacea plicatilis, apice uncinata, margine antico crenulata, poftice obtufa; tab. 6, fig. 17--27.
In aquis ubi *lemna* crefcit, fed raro obvia.

Var. A. Figuræ valdè auctæ. (17, 18) Animalcula dilatata varie denticulata & plicata. (19, 20, 21, 22) Animalcula maxime elongata, crenulata, minufque plicata.

Variété B. Figures également grossies. (23, 24) Animalcules dont le corps est marqué de stries longitudinales. (25) Bec encore vivace, dont la partie postérieure s'étoit dissoute en molécules.

Variété C. Figures également grossies. (26, 27) Animalcules dont l'extrémité postérieure est figurée en forme de maillet.

(*a*) bec crochu ; (*b*) bord antérieur denticulé ; (*c*) bord crénelé ; (*d*) plis des bords ; (*e*) un ou deux rangs de globules ; (*f*) deux globules plus gros que les premiers ; (*g*) stries longitudinales ; (*h*) partie postérieure en forme de maillet.

10. KOLPODE *crénelée*. Dict.

K. membraneuse non plicatile, bec crochu, moitié antérieure crénelée sur un côté, extrémité postérieure pointue ; pl. *6*, fig. 28.

Trouvée dans l'eau de mer.

Figure grossie ; (*a*) bec crochu ; (*b*) bord crénelé; (*c*) masse elliptique.

11. KOLPODE *coucou*. Dict.

K. ovoïde ventrue, échancré au-dessous du sommet; pl. 7, fig. 1--7.
Se trouve dans les infusions végétales & dans celle du foin fétide.

Figures très-grossies. (1) Quatre de ces animalcules jeunes. (2) Variété ventrue de couleur jaunâtre. (3, 4) Animalcules adultes remplis de vésicules. (5, 6, 7) Trois animalcules dont le ventre présente divers enfoncemens ; (*a*) bec arrondi ; (*b*) sinuosité profonde ; (*c*) le ventre ; (*d*) lame ventrale ; (*e*) divers enfoncemens du ventre.

12. KOLPODE *cornemuse*. Dict.

K. oblongue ovale, échancrée obliquement au-dessous de l'extrémité antérieure ; pl. 7, fig. 8--12.
Se trouve dans l'infusion du *laitron des champs*.

Figures très-grossies. (8, 9, 10) KOLPODES *cornemuses*, nageant sur le dos. (11) Autre glissant sur le côté. (12) Deux réunies ensemble par le dos ; (*a*) le bec; (*b*) carène antérieure ; (*c*) sinuosité ; (*d*) partie postérieure arrondie ; (*e*) globules transparens.

13. KOLPODE *languette*. Dict.

K. oblongue comprimée, foiblement échancrée au-dessous de l'extrémité antérieure ; pl. 7, fig 13--19.
Se trouve dans les fossés où croît la *lenticule* avec la *paramécie aurélie* & la *vorticelle rotifère*.

Varietas B. Figuræ æqualiter auctæ. (23, 24) Animalcula in superficie longitudinaliter striata. (25,) Rostrum anterius adhuc vivax, posteriore corporis parte in moleculas dissoluta.

Varietas C. Figuræ æqualiter auctæ. (26, 27) Animalcula quorum pars postica in formam mallei terminatur.

(*a*) Rostrum uncinatum ; (*b*) margo anticus denticulatus ; (*c*) margo crenulatus ; (*d*) plicæ marginales ; (*e*) series globulorum ; (*f*) globuli bini majores, ; (*g*) striæ longitudinales ; (*h*) pars posterior in formam mallei terminata.

10. KOLPODA *affimilis*.

K. membranacea, non plicatilis, apice uncinata, margine antico laterali ad medium usque crenulato, postice acutiuscula ; tab. *6*, fig. 28.
Reperta in aquâ marina.

Figura aucta ; (*a*) rostrum aduncum ; (*b*) margo crenulatus ; (*c*) massa elliptica.

11. KOLPODA *cuculus*.

K. ovata ventricosa, infra apicem incisa ; tab. 7, fig. 1--7.
Reperitur in infusione vegetabilium & in fætida feni.

Figuræ valdè auctæ. (1) Quatuor animalcula juniora. (2) Varietas ventricosa flavicans. (3, 4) Animalcula adulta vesiculis impleta. (5, 6, 7) Animalcula tria variis impressionibus supra ventrem notata ; (*a*) rostrum rotundatum ; (*b*) sinus profundus ; (*c*) venter ; (*d*) lamina ventralis ; (*e*) variæ impressiones ventris.

11. KOLPODA *cucullulus*.

K. oblongo-ovata, infra apicem oblique incisa ; tab. 7, fig. 8--12.

Reperitur in infuso *fonchi arvensis*.

Figuræ valdè auctæ. (8, 9, 10) *Kolpoda cucululi* dorso innatantes. (11) Altera latere gliscens. (12) binæ aliæ à tergo approximatæ ; (*a*) rostrum ; (*b*) carina antica ; (*c*) sinus ; (*d*) pars postica globosa; (*e*) globuli pellucidi.

13. KOLPODA *cucullio*.

K. oblonga depressa, infra apicem tantillum sinuata ; tab. 7, fig. 13--19.

In fossis inundatis *lemna obtectis*, cum *paramœcio aurelia* & *vorticilla rotatoria* reperitur.

Figures très-groffies. (13) Animalcule dans le repos. (14) Animalcule nageant. (15) Animalcule rampant fur des grains de pouffière. (16) Jeunes animalcules à l'inftant de leur naiffance.

(17, 18, 19) Variété de cette efpèce dont l'extrémité antérieure eft membraneufe, prolongée & pliée.

(a) Extrémité antérieure; (b) légère finuofité; (c) Extrémité poftérieure; (d) boffe du dos; (e) grains de pouffière fur lefquels l'animalcule eft vu rampant; (f) extrémité antérieure prolongée; (g) la même pliée.

14. KOLPODE rein. Dict.

K, épaiffe, échancrée vers le milieu, extrémités prefqu'égales; pl. 7, fig. 20-22.
Se préfente en moins de dix heures dans l'infufion du foin.

Figures très-groffies. (20) KOLPODE rein dans fa fituation naturelle. (21) Autre plus alongée, telle qu'on la voit après l'évaporation de l'eau. (22) Deux *Kolpodes* réunies par leur extrémité poftérieure.

15. KOLPODE poire. Dict.

K. convexe - ovale, extrémité antérieure prolongée en forme de bec; pl. 7, fig. 23-27.
Se trouve quelquefois dans les marais.

Figures très-groffies. (23) KOLPODE poire dans fon état naturel. (24) Autre fe divifant. (25) Animalcule poftérieur détaché. (26) Le même alongeant fon bec. (27) Autre ayant fon bec plus alongé.

(a) Le bec; (b) l'extrémité poftérieure; (c) endroit où fe fait la divifion.

16. KOLPODE coin. Dict.

K. cylindrique en forme de maffue, extrémité antérieure dentée; pl. 7 fig. 28-30.
Trouvée dans l'eau des marais.

Figures groffies. (28, 29, 30) KOLPODES coins, vues fous différens afpects; (a) extrémité antérieure dentée; (b) puftule diaphane; (c) extrémité poftérieure; (d) la même extrémité courbée.

9. GONE.

Caract. du genre.

Ver microfcopique très-fimple, aplati, anguleux.

Figuræ valdè auctæ. (13) animaculum quiefcens. (14) animalculum natans. (15) animalculum pulvifculo incedens; (16) animalcula juniora feu pulli K. *cucullionis.*

(17, 18, 19) Varietas ejufce fpeciei, cujus pars antica producitur in membranam plicatam.

(a) extremitas antica; (b) pars parumper finuata; (c) extremitas poftica; (d) dorfum gibbofum; (e) pulvifculus fupra quem incedit animalculum; (f) extremitas antica producta; (g) eadem plicata.

14. KOLPODA ren.

K. craffa, medio finuata, antice & poftice fub æqualis; tab. 7, fig. 20--22.
In infufione feni vix decem horis elapfis occurrit.

Figuræ valdè auctæ. (20) *Kolpoda ren* in fitu naturali. (21) Alia magis elongata qualis deficiente aqua confpicitur. (22) *Kolpoda bina* extremitate poftica cohærentes.

15. KOLPODA pirum.

K. convexa, ovalis, apice in roftrum producta; tab. 7, fig. 23--27.
In aquâ paluftri paffim reperitur.

Figuræ valdè auctæ. (23) *Kolpoda pirum* in ftatu naturali. (24) Alia in partitione. (25) animalculum pofticum feparatum. (26) Idem roftrum protrudens. (27) Alium roftello magis producto.

(a) Roftrum; (b) poftica pars; (c) locus ubi partitio producitur.

16. KOLPODA cuneus.

K. teres clavata, apice dentata, tab. 7; fig. 28-30.
Reperta in aquâ paluftri.

Figuræ auctæ. (28, 29, 30) *Kolpoda cunei* vario fitu confpectæ; (a) extremitas antica dentata; (b) puftula hyalina; (c) extremitas poftica; (d) extremitas eadem inflexa.

9. GONIUM.

Charact. generis.

Vermis inconfpicuus, fimpliciffimus, complanatus, angulatus.

1. GONE *pectoral*. Dict.

G. quadrangulaire transparent, composée de seize globules; pl. 7, fig. 1--3.
Se trouve dans les eaux pures.

(1) GONE *pectoral* grossi. (2) Autre plus grossi. (3) Fœtus du *gone pectoral* grossis, à l'instant qu'ils viennent d'éclore, chaque animalcule étant composé de seize globules.

2. GONE *coussinet*. Dict.

G. quadrangulaire, opaque, charnu; pl. 7, fig. 4--7.
Se trouve dans l'eau des fumiers.

Figures grossies. (4) Animalcule aplati de chaque côté. (5) Autre divisé en trois cordons. (6) Autre divisé en compartimens applatis. (17) Deux *gones coussinets* réunis; (*a*) cordons; (*b*) compartimens aplatis; (*c*) point de réunion.

3. GONE *ridé*. Dict.

G. presque quadrangulaire blanchâtre, marqué sur un côté d'une ride longitudinale; pl. 7, fig. 8.
Se trouve dans diverses infusions, notamment dans celle de la pulpe de poire.

Figures grossies de cet animalcule, vu en diverses positions.

4. GONE *rectangulaire*. Dict.

G. une des pointes de l'extrémité postérieure formée en angle droit, le dos arqué; pl. 7, fig. 9.
Se trouve fréquemment dans les eaux pures.

Figure grossie; (*a*) angle droit de l'extrémité postérieure; (*b*) courbure du dos; (*c*) vésicule diaphane.

5. GONE *obtusangulaire*. Dict.

G. une des pointes de l'extrémité postérieure formée en angle obtus, le dos arqué; pl. 7, fig. 10.
Se trouve rarement avec le précédent.

Figure grossie; (*a*) angle obtus de l'extrémité postérieure; (*b*) dos arqué; (*c*) vésicules.

10. BURSAIRE.

Caract. du genre.

Ver très-simple, membraneux, concave.

---

1. GONIUM *pectorale*.

G. quadrangulare, pellucidum, globulis sedecim; tab. 7, fig. 1--3.
Reperitur in aquis puris.

(1) *Gonium pectorale* auctum. (2) alium valdè auctum. (3) Pulli *gonii pectoralis* in partu, quocumque sedecim globulis constante.

2. GONIUM *pulvinatum*.

G. quadrangulare, opacum, torosum; tab. 7, fig. 4--7.
Reperitur in fimetis.

Figuræ auctæ. (4) animalculum utrinque planum. (5) Alterum in tres pulvillos distinctum. (6) Alium in areolas planas divisum; (7) Bina *gonia pulvinata* juncta; (*a*) pulvilli; (*b*) areolæ planæ; (*c*) sutura junctorum.

3. GONIUM *corrugatum*.

G. sub quadrangulare, albidum, ruga longitudinali unilaterali notatum; tab. 7, fig. 8.
Reperitur in infusionibus variis, præcipue in infuso pulpæ pyri.

Figuræ auctæ hujus animalculi in vario situ conspecti.

4. GONIUM *rectangulum*.

G. altero latere extremitatis posticæ in angulum rectum partito, dorso arcuato; tab. 7, fig. 9.
Reperitur frequenter in aquis puris.

Figura aucta; (*a*) angulus rectus partis posticæ; (*b*) dorsum arcuatum; (*c*) vesicula hyalina.

5. GONIUM *obtusangulum*.

G. altero extremitatis posticæ latere in angulum obtusum producto, dorso arcuato; tab. 7, fig. 10.
Cum præcedente sed raro reperitur.

Figura aucta; (*a*) angulus obtusus posticus; (*b*) dorsum arcuatum; (*c*) vesiculæ.

10. BURSARIA.

Charact. generis.

Vermis simplicissimus, membranaceus, cavus.

1. BURSAIRE *troncatelle*. Dict. n°. 1.

B. en forme de sac , ouverture antérieure tronquée obliquement ; pl. 8, fig. 1-4.
Vit dans les eaux des fossés.

(1) BURSAIRE *troncatelle* de grandeur naturelle. (2) Grossie vue du dos. (3 , 4) Deux également grossies vues du côté du ventre avec un ou sans ovules ; (*a*) partie antérieure saillante de la membrane ; (*b*) ouverture ; (*c*) fente ; (*d*) petits œufs.

2. BURSAIRE *bullée*. Dict. n°. 2.

B. en forme de nacelle, terminée en avant par une levre ; pl. 8, fig. 5-8.
Trouvée une seule fois dans l'eau de mer.

(5) Un peu grossie (6) Plus grossie vue sur sa face concave. (7) Sur sa face convexe. (8) Une autre entièrement aplatie très-grossie.

3. BURSAIRE *hirondeau*. Dict. n°. 3.

B. divisée en quatre languettes, les deux latérales plus courtes ; pl. 8, fig. 9-11.
Se trouve dans l'eau des marais.

(9) BURSAIRES *hirondeaux* grossies. (10) Une plus grossie vue par le dos. (11) Autre grossie au même degré & dans la même position, marquée d'une double ligne transverse.

(*a*) Extrémité antérieure ; (*b*) postérieure ; (*c*) languettes latérales.

4. BURSAIRE *repliée* Dict. n°. 4.

B. elliptique , fendue en dessus , les bords repliés en dedans ; pl. 8, fig. 12, 13.
Se trouve quoique rarement dans les eaux où croît la *lenticule*.

(12) Figure grossie. (13) Beaucoup plus grossie.

5. BURSAIRE *globuleuse*. Dict. n°. 5.

B. sphérique , tachée aux deux bouts , le centre très-transparent ; pl. 8, fig. 14-16.

(14, 15) BURSAIRES *globuleuses* grossies ponctuées. (16) Autre également grossie striée ; (*a*) partie antérieure obscure ; (*b*) postérieure noirâtre ; (*c*) partie intermédiaire transparente.

---

1. BURSARIA *truncatella.*

B. follicularis, apertura antica oblique truncata ; tab. 8, fig. 1--4.
Reperitur in fossis aquosis.

(1) BURSARIA *truncatella* naturali magnitudine. (2) aucta à dorso conspecta. (3 , 4) Duo æqualiter auctæ à ventre conspicuæ cum aut sine ovulis. (*a*) Pars membranæ anticæ prominula ; (*b*) apertura ; (*c*) hiatus ; (*d*) ovula.

2. BURSARIA *bullina*.

B. cymbæformis, antice labiata ; tab. 8, fig. 5-- 8.
Semel reperta in aquâ marina.

(5) Parum aucta. (6) Magis aucta a parte concava inspecta. (7) A parte convexa ; (8) alia complanata valdè aucta.

3. BURSARIA *hyrundinella*.

B. utrinque laciniata, extremitatibus productis ; tab. 8, fig. 9--11.
Reperitur in aquis paludosis.

(9) BURSARIÆ *hyrundinellæ* auctæ. (10) Alia magis aucta à dorso conspecta. (11) Alia ejusdem situs & augmentationis gradu , linea transversa duplici notata.

(*a*) Extremitas antica ; (*b*) postica, (*c*) laciniæ laterales.

4. BURSARIA *duplella*.

B. elliptica superne fissa, marginibus inflexis ; tab. 8, fig. 12, 13.
In aquis ubi *lemna* sed raro reperitur.

(12) Figura aucta. (13) Magis aucta ;

5. BURSARIA *globina*.

B. sphærica, utrinque obscurata, medio pellucentissimo ; tab. 8 , fig. 14--16.

(14, 15) BURSARIÆ *globinæ* auctæ punctatæ. (16) Altera æqualiter aucta striata ; (*a*) antica pars obscura ; (*b*) postica nigricans ; (*c*) pars intermedia pellucentissima.

11. CERCAIRE.

Caract. du genre.

Ver microfcopique tranfparent, pourvu d'une queue.

1. CERCAIRE *tetard.* Dict. n°. 1.

C. arrondie, queue pointue; pl. 8, fig. 1. Se trouve quelquefois dans les infufions ani males.

Figures groffies.

2. CERCAIRE *boffue.* Dict. n°. 2.

C. prefque ovale, convexe, légérement poin tue en avant, queue cylindrique; pl. 8, fig. 2. Se trouve abondamment dans l'infufion de la *jungérmanne tamarifc.*

Figures groffies.

3. CERCAIRE *agitée.* Dict. n°. 3.

C. variable convexe, queue liffe; pl. 8, fig. 3--7. Trouvée une feule fois dans l'eau de mer.

(3, 4) CERCAIRES *agitées* groffies, dont la queue eft diverfement courbée; (5) la même fous la figure d'un cone renverfé; (6) la même oblongue; (7) la même très alongée; (*a*) le corps; (*b*) la queue; (*c*) la bouche; (*d*) les yeux; (*e*) veficule diaphane.

4. CERCAIRE *lenticule;* CERC. *lentille d'eau.* Dict. n°. 4.

C. variable, légérement aplatie, queue-com pofée de fegmens; pl. 8, fig. 8-12. Se trouve dans les marais.

(8 & 11) CERCAIRES *lenticules* très-groffies agitant vivement la queue; (9) autre pendant le repos; (10 & 12) deux de ces animalcules nageans lentement; (*a*) le corps; (*b*) la queue; (*c*) la queue alongée très-ridée; (*d*) l'ouverture de la bouche; (*e*) les yeux; (*f*) les vifcères; (*g*) veficule fituée à la naiffance de la queue; (*h*) veficule moindre.

5. CERCAIRE *toupie.* Dict. n°. 5.

C. globuleufe, légérement rétrécie vers le milieu, queue formée d'une foie; pl. 8, fig. 13-16.

11. CERCARIA.

Charact. generis.

Vermis inconfpicuus, pellucidus, caudatu

1. CERCARIA *gyrinus.*

C. rotundata, cauda acuminata; tab. 8 fig. 1. Raro reperitur in infufione animali.

Figuræ auctæ.

2. CERCARIA *gibba.*

C. fubovata convexa, antice fubacuta, ca da tereti; tab. 8, fig. 2. Abunde reperitur in infufione *jungermann tamarifci.*

Figuræ auctæ.

3. CERCARIA *inquieta.*

C. mutabilis convexa, cauda lævi; tab. 8 fig. 3--7. Semel reperta in aquâ marina.

(3, 4) CERCARIÆ *inquieta* auctæ, diverfa cau inflexione; (5) eadem inverfè conica; (6) eade oblonga; (7) eadem magis elongata; (*a*) corpus; (cauda; (*c*) rimula anterior feu os; (*d*) oculi; (veficula hyalina.

4. CERCARIA *lemna.*

C. mutabilis fubdepreffa, cauda annula tab. 8, fig. 8--12. Reperitur in aquis paludofis.

(8 & 11) CERCARIÆ *lemna* valdè auctæ cau velocifimè vibrantes; (9) alia quiefcens; (10 & bina animalcula lentè natantia; (*a*) corpus; (*b*) cau (*c*) cauda rugulofa producta; (*d*) apertura oris; (oculi; (*f*) vifcera; (*g*) veficula major ad radi caudæ fita; (*h*) veficula minor.

5. CERCARIA *turbo.*

C. globulofa, medio coarctata, cauda unife pl. 8, fig. 13--16.

Se trouve dans les ruiffeaux où croît la *lenticule.*

Reperitur in aquâ rivulari cum *lemna.*

(13) CERCAIRE *toupie* jeune, groffie; (14) autre adulte & groffie, ayant un point de chaque côté; (15) autre triangulaire ayant la queue étendue; (16) autre femblable ayant la queue repliée vers le haut.

(13) CERCARIA *turbo* junior aucta. (14) Alia adulta aucta, puncto ocellari utrinque notata. (15) Altera triquetra cauda extenfa. (16) Alia fimilis, cauda verfus antica inflexa.

(*a*) Rétréciffement du corps; (*b*) foye de la queue; (*c*) les yeux; (*d*) la queue repliée.

(*a*) Coarctatio corporis; (*b*) feta caudalis; (*c*) oculi; (*d*) cauda inflexa.

6. CERCAIRE *podure.* Dict. n°. 6.

C. cylindracée, retrecie en arrière, queue le plus fouvent fendue; pl. 9, fig. 1- 5.
Se trouve dans les marais où croît la *lenticule.*

6. CERCARIA *podura.*

C. cylindracea, poftice acuminata fæpius fiffa; tab. 9, fig. 1 - 5.
Reperitur in paludofis *lemna* coopertis.

Figures très-groffies dans différentes pofitions. (1) CERCAIRE *podure* à queue fimple; (2) à queue fendue; (3) dont le corps eft cilié; (4) crochue, dont l'extrémité antérieure eft très-épaiffie; (5) autre bombée en avant & étendue.

Figuræ valdè auctæ vario fitu. (1) *cercaria podura* cauda fimplici. (2) Cauda bicufpidata. (3) Corpore utrinque ciliato. (4) Curvata, antice maximè incraffata. (5) Alia extremitate antica incraffata, rectè extenfa.

(*a*) La tête; (*b*) le tronc; (*c, d*) la queue fimple; (*e*) la queue fendue; (*f*) les cils.

(*a*) Caput; (*b*) truncus; (*c, d*) cauda unicufpis; (*e*) cauda bicufpis; (*f*) cilia.

7. CERCAIRE *verte.* Dict. n°. 7.

C. cylindracée variable, extrémité poftérieure rétrécie fendue; pl. 9, fig. 6-13.
Se trouve dans les eaux ftagnantes des foffés.

7. CERCARIA *viridis.*

C. cylindracea mutabilis, poftice acuminata fiffa; tab. 9, fig. 6--13.
Reperitur in aquis foffarum ftagnantibus.

(6) Amas de *Cercaires vertes* de grandeur naturelle. (7) Une *Cercaire verte* fphérique, à extrémités contractées, groffies. (8, 12) Autres ventrues développant leurs deux extrémités. (9, 10) Autres cylindracées, étendues. (11) Autre dont le tronc eft bombé, orbiculaire, & les deux extrémités faillantes. (13) Deux de ces animalcules fphériques, réunis par un point.

(6) *Cercariarum viridium* magnitudine naturali acervus. (7) *Cercaria viridis* aucta fphærica, extremitantibus conditis. (8, 12) Aliæ gibbæ extremitates evolventes. (9, 10) Aliæ cylindraceæ recta extenfæ (11) Altera trunco in orbiculum intumefcente, extremitatibus exfertis. (13) Bina animalcula fphærica cohærentia.

(*a*) Extrémité antérieure, ou fi on veut, la tête; (*b*) la queue; (*c*) les deux pointes de la queue; (*d*) le tronc.

(*a*) Extremitas antica feu caput; (*b*) cauda; (*c*) binæ cufpides caudæ; (*d*) truncus.

8. CERCAIRE *ciliée.* Dict. n°. 8.

C. cylindracée, amincie fur le devant, pointue en arrière; pl. 9, fig. 14--16.
Trouvée dans l'eau de mer.

8. CERCARIA *fetifera.*

C. cylindracea, antice anguftior, poftice acuminata; tab. 9, fig. 14--16.
Reperta in aquâ marina.

Figures très-groffies. (14, 15) CERCAIRES *ciliées* nageant. (16) Autre ventrue; (*a*) la tête; (*b*) le tronc; (*c*) la queue; (*d*) rang longitudinal de cils.

Figuræ valdè auctæ. (14, 15) CERCARIÆ *ciliatæ* natantes. (16) Alia ventricofa; (*a*) caput; (*b*) truncus; (*c*) cauda; (*d*) feries longitudinalis ciliorum aut fetarum.

9. CERCAIRE *hériffée.* Dict. n°. 9.

C. cylindrique, prefque tronquée en avant, extrémité poftérieure arrondie, armée de deux pointes; pl. 9, fig. 17, 18.
Trouvée dans l'eau de mer.

9. CERCARIA *hirta.*

C. cylindrica, antice fubtruncata, poftice obtufa bimucronata; tab. 9, fig. 17, 18.
Reperta in aquâ marina.

Figures très-groffies. (17) CERCAIRE *hériffee* dans le repos. (18) Autre nageant ; (*a*) partie antérieure ; (*b*) extrémité poftérieure ; (*c*) les deux pointes dont elle eft armée ; (*d*) divers rangs de cils ; (*e*) molécules mobiles.

10. CERCAIRE *bourfe.* Dict. nᵒ. 10.

C. cylindracée, ventrue, tronquée obliquement fur le devant, queue terminée par deux pointes ; pl. 9, fig. 19-21.
Se trouve dans l'infufion marine de *l'ulve linze.*

Figures groffies vues en différentes pofitions ; (*a*) la tête étendue ; (*b*) la tête rentrée ; (*c*) organe de la déglutition ; (*d*) le tronc mufculeux ; (*e*) la queue linéaire ; (*f*) les deux pointes de la queue.

11. CERCAIRE *catelle.* Dict. nᵒ. 11.

C. divifée en trois parties, queue compofée de deux poils ; pl. 9, fig. 22, 23.
On la trouve dans l'eau des marais.

Figures groffies. (22) CERCAIRE *catelle* alongée. (23) La même raccourcie avec les poils de la queue divergens ; (*a*) la tête ; (*b*) le tronc ; (*c*) la queue ; (*d*) les deux poils dont elle eft compofée.

12. CERCAIRE *catelline.* Dict. nᵒ. 12.

C. divifée en trois parties, bout de la queue armé de deux pointes ; pl. 9, fig. 24, 25.
Se trouve dans l'eau des foffés où croît la *lenticule.*

Figures groffies ; (*a*) la tête ; (*b*) le tronc ; (*c*) la queue ; (*d*) les deux pointes dont elle eft armée.

13. CERCAIRE *loup.* Dict. nᵒ. 13.

C. cylindrique, oblongue, charnue, queue armée de deux épines ; pl. 9, fig. 26 - 29.
Se trouve au même endroit que la précédente.

Figures très-groffies. (26, 28) CERCAIRES *loups* alongées. (27) Autre avec la tête & la queue rentrées. (29) Autre moyennement contractée ; (*a*) la tête ; (*b*) le tronc ; (*c*) la queue ; (*d*) les deux épines de la queue ; (*e*) maffe globuleufe fituée entre la tête & le tronc ; (*f*) organe de la déglutition ; (*g*) ovaire ; (*h*) extrémité de la tête crochue.

14. CERCAIRE *vermiculaire.* Dict. nᵒ 14.

C. cylindrique, compofée de fegmens, bouche munie d'une trompe rétractile, queue armée de deux épines ; pl. 9, fig. 30-32.

Figuræ valdè auctæ. (17) CERCARIA *hirta* quiefcens. (18) Alia natans ; (*a*) pars antica ; (*b*) extremitas poftica ; (*c*) bini mucrones partis pofticæ ; (*d*) Series ciliorum aut fetularum ; (*e*) moleculæ mobiles.

10. CERCARIA *crumena.*

C. cylindraceo ventricofa, antice obliquè truncata, cauda lineari bicufpidata ; tab. 9, fig. 19--21.
Reperitur in infufo marino *ulva linza.*

Figuræ ampliatæ vario fitu exhibitæ ; (*a*) caput extenfum ; (*b*) caput contractum ; (*c*) mufculus deglutorius ; (*d*) truncus torofus ; (*e*) cauda linearis ; (*f*) binæ caudæ cufpides.

11. CERCARIA *catellus.*

C. tripartita, cauda bifcupidata ; tab. 9 ; fig. 22, 23.
Reperitur in aquâ paluftri.

Figuræ auctæ. (22) CERCARIA *catellus* elongata. (23) Eadem contracta pilis aut fetis caudalibus divergentibus ; (*a*) caput ; (*b*) truncus ; (*c*) cauda ; (*d*) fetæ binæ caudales.

12. CERCARIA *catellina.*

C. tripartita, extrema cauda bifeta ; tab. 9, fig. 24, 25.

Reperitur iu aquâ foffarum ubi *lemna.*

Figuræ auctæ ; (*a*) caput ; (*b*) truncus ; (*c*) cauda ; (*d*) cufpides quibus munitur.

13. CERCARIA *lupus.*

C. cylindrica elongata torofa, cauda fpinis duabus ; tab 9, fig. 26--29.
Cum præcedenti reperitur.

Figuræ valdè auctæ. (26, 28) CERCARIÆ *lupi* productæ. (27) Una capite & cauda conditis. (29) Altera aliquantum contracta ; (*a*) caput ; (*b*) truncus ; (*c*) cauda ; (*d*) fpinæ binæ caudales ; (*e*) maffa globofa capiti & trunco intermedia ; (*f*) mufculus deglutorius ; (*g*) ovarium ; (*h*) extremitas antica capitis uncinata.

14. CERCARIA *vermicularis.*

C. cylindrica annulata, ore probofcide exfertili, cauda fpina duplici ; tab. 9, fig. 30-32.

Se trouve dans les ruisseaux où croit la *lenticule*.

Figures très-grosses. (30) CERCAIRE *vermiculaire*, dont l'extrémité antérieure est contractée. (31) Autre dont l'extrémité antérieure est développée. (32) Autre dont l'extrémité antérieure est très-contractée & tronquée; (*a*) partie antérieure arrondie; (*e*) partie antérieure tronquée; (*c*) Partie antérieure développée; (*d*) pointes de la tête; (*e*) trompe fourchue; (*f*) épines de la queue; (*g*) tubercule de l'anus.

15. CERCAIRE *porte-pinces*. Dict. n°. 15.

C. cylindrique ridée, bouche munie de pinces rétractiles, queue armée de deux pointes; pl. 9, fig. 33-35.
Trouvée dans l'eau des marais.

Figures très-grosses. (33) Animalcule ayant l'extrémité antérieure développée. (34, 35) Autres vues différemment dont l'extrémité antérieure est contractée; (*a*) trompe saillante, armée de pinces; (*b*) dents des pinces; (*c*) pointes de l'extrémité antérieure; (*d*) vésicule de la queue; (*e*) pointes de la queue; (*f*) organe de la déglutition; (*g*) partie antérieure tronquée.

16. CERCAIRE *pleuronecte*. Dict. n°. 16.

C. orbiculaire membraneuse, queue terminée par une soie; pl. 10, fig. 1-3.
Observée dans l'eau gardée plus de six semaines.

Figures grosses. (1) CERCAIRE *pleuronecte* dans le repos. (2, 3) Les mêmes nageant; (*a*, *a*) Deux points placés sur l'extrémité antérieure; (*b*) queue terminée par une soie; (*c*) bord replié.

17. CERCAIRE. *trépied*. Dict. n°. 17.

C. presque triangulaire, bras tournés en arrière, queue droite; pl. 10, fig. 4.
Trouvée dans de l'eau de mer puisée récemment.

Figure grosse; (*a*) les bras repliés en arrière; (*b*) la queue.

18. CERCAIRE *tenace*. Dict. r°. 18.

C. membraneuse épaissie en avant tronquée, queue trois fois plus courte que le corps; pl. 10, fig. 5.
Se trouve dans l'infusion du tartre des dents.

Quatre figures de cet animalcule grosses; (*a*) face antérieure épaissie; (*b*) petite queue.

Reperitur in aquâ rivulari; ubi *lemna* crescit.

Figuræ valdè auctæ. (30) CERCARIA *vermicularis* extremitate antica retracta. (31) Alia extremitate antica exserta. (32) Altera, extremitate antica valdè retracta & truncata; (*a*) pars anterior obtusa; (*b*) pars anterior truncata; (*c*) pars anterior exserta; (*d*) capitis bini mucrones; (*e*) proboscis exserta furcata; (*f*) spinæ caudales; (*g*) tuberculum anale.

15. CERCARIA *forcipata*.

C. cilindrica rugosa, proboscide forcipata retractili, cauda bicuspidata; tab. 9, fig. 33--35.
Reperta in aquâ palustri.

Figuræ valdè auctæ; (33) Animalculum cum extremitate antica producta. (34, 35) Bina alia variè conspecta extremitate antica correpta. (*a*) proboscis forcipata exserta; (*b*) crura forcipis; (*c*) extremitatis anticæ mucrones; (*d*) vesicula caudæ; (*e*) cuspides caudales; (*f*) musculus deglutorius; (*g*) pars antica truncata.

16. CERCARIA *pleuronectes*.

C. orbicularis membranacea, cauda uniseta; tab. 10, fig. 1--3.
Observata in aquâ ultra sex septimanas in vasculo contenta.

Figuræ auctæ. (1) CERCARIA *pleuronectes* quiescens. (2, 3) Eædem natantes; (*a*, *a*) puncta bina super extremitatem anticam sita; (*b*) cauda setaria; margo inflexus.

17. CERCARIA *tripos*.

C. sub triangularis, brachiis deflexis, cauda recta; tab. 10, fig. 4.

Reperta in aquâ marina recenti.

Figura aucta; (*a*) Brachia deflexa; (*b*) cauda.

18. CERCARIA *tenax*.

C. membranacea, antice crassiuscula truncata, cauda triplo breviore; tab. 10, fig. 5.

Reperitur in infusione sordium dentium.

Figuræ quatuor ejus-ce animalculi auctæ; (*a*) facies antica crassior; (*b*) caudula.

D 2

19. CERCAIRE *cyclidoïde.* Dict. n°. 19.

C. ovale, légèrement échancrée en arrière, queue rétractile; pl. 10, fig. 6.
Se trouve fréquemment dans les eaux les plus pures.

Figures très-grossies; (a) partie antérieure; (b) postérieure échancrée; (c) petite queue retractile.

20. CERCAIRE · *disque.* Dict. n°. 20.

C. orbiculaire membraneuse, queue crochue, pl. 10, fig. 7.
Se trouve dans les eaux des marais.

Figures grossies; (a) partie antérieure; (b) petite queue.

21. CERCAIRE *orbiculaire.* Dict. n°. 21.

C. orbiculaire, queue composée de deux soies très-longues ; pl. 10, fig. 8.
Se trouve dans les eaux où croît la *len-ticule.*

Figure très-grossie ; (a) partie antérieure ; (b) petite papille située à la naissance de la queue ; (c) soyes très-longues dont elle est formée.

22. CERCAIRE *luna.* Dict. n°. 22.

C. orbiculaire, queue composée de deux épines linéaires courtes; pl. 10, fig. 9, 10.
Trouvée au même endroit que la précédente.

Figures grossies; (a) partie antérieure arrondie; (b) la même partie échancrée en croissant; (c) épines de la queue; (d) soyes courtes qui terminent les épines.

12. LUCOPHRE.

Caract. du genre.

Ver microscopique, transparent, garni de cils sur toute la superficie.

1. LUCOPHRE *conspiratrice.* Dict.

L. sphérique presque opaque, molécules internes mobiles; pl. 10, fig. 1, 2.
Se trouve dans l'eau des fumiers.

(1) LEUCOPHRE *conspiratrice* sphérique grossie, avec les molécules internes visibles. (2) Autre ovale, également grossie, avec les cils apparens & la partie postérieure formée en triangle.

---

19. CERCARIA *cyclidium.*

C. ovalis, postice subemarginata, cauda exsertili; tab. 10, fig. 6.
Frequenter reperitur in aquis purioribus.

Figuræ valdè auctæ; (a) pars antica; (b) postica emarginata; (c) caudula retractilis.

20. CERCARIA *discus.*

C. orbicularis membranacea, cauda curvata; tab. 10, fig. 7.
Reperitur in aquâ palustri.

Figuræ auctæ; (a) pars anterior; (b) caudula.

21. CERCARIA *orbis.*

C. orbicularis, seta caudali duplici longissima; tab. 10, fig. 8.
Reperitur in aquis ubi *lemna* vegetat.

Figura valdè aucta ; (a) pars anterior; (b) papillula ad originem caudæ sita; (c) setæ binæ longissimæ caudales.

22. CERCARIA *luna.*

C. orbicularis, cauda spinis binis linearibus brevibus; tab. 10, fig. 9, 10.
Reperta cum præcedenti.

Figuræ auctæ; (a) pars antica rotundata; (b) pars eadem in formam lunaem retracta; (c) spinæ caudales; (d) setulæ spinas terminantes.

12. LEUCOPHRA.

Charact. generis.

Vermis inconspicuus, pellucidus, undiquè ciliatus.

1. LEUCOPHRA *conflictor.*

L. sphærica subopaca, interaneis mobilibus; tab. 10, fig. 1, 2.
Reperitur in aquâ fimetorum.

(1) LEUCOPHRA *conflictor* sphærica aucta, moleculis internis conspicuis. (2) Alia ovata æqualiter aucta, ciliis manifestis, posticè in triangulum compressa.

2. LUCOPHRE *mamelle*. Dict.

L. fphérique opaque, pourvue d'un mamelon rétractile; pl. 10, fig. 3 - 5.
Se trouve dans l'eau des marais.

Figures groffies. (3) Animalcule avec le mamelon faillant. (4) Autre avec le mamelon plus faillant. (5) Autre dont le mamelon eft rentré.

2. LEUCOPHRA *mamilla*.

L. fphærica opaca, papilla exfertili; tab. 10, fig. 3--5.
Reperitur in aquâ paluftri.

Figuræ auctæ. (3) Animalculum papillula prominula. (4) Alium papillula magis exferta. (5) Alterum papillula condita.

3. LUCOPHRE *verdâtre*. Dict.

L. cylindracée opaque, extrémité antérieure rétrécie; pl. 10, fig. 6 -8.
Trouvée dans l'eau de mer.

Figures groffies. (6, 7, 8) LUCOPHRES *verdâtres* diverfement alongées & contractées. (*a*) Partie antérieure; (*b*) poftérieure.

3. LEUCOPHRA *viridefcens*.

L. cylindracea opaca, poftice craffior; tab. 10, fig. 6--8.
Reperta in aquâ marina.

Figuræ ampliatæ. (6, 7, 8) LEUCOPHRÆ virefcentes varie contractæ & productæ. (*a*) Pars antica; (*b*) poftica.

4. LUCOPHRE *verte*. Dict.

L. ovale, opaque; fig. 9-11.
Se trouve dans l'eau des rivages.

Figures groffies; (9) LUCOPHRE *verte* ovale, comme on la voit ordinairement. (10) Autre avec un léger étranglement (*c*) vers le milieu; (11) autre aplatie morte; (*a*) extrémité antérieure; (*b*) poftérieure.

4. LEUCOPHRA *viridis*.

L. ovalis, opaca; tab. 10, fig. 9--11.
Reperitur in aquâ littorali.

Figuræ auctæ. (9) LEUCOPHRA *viridis* ovalis, ficuti fæpius occurrit. (10) Alia medio (*c*) coarctata. (11) Altera depreffa mortua; (*a*) pars antica; (*b*) poftica.

5. LUCOPHRE *rotifere*. Dict.

L. ovale verte, extrémité antérieure tronquée ciliée; pl. 10, fig. 12.
Se trouve dans l'eau de mer.

(12) LUCOPHRE *rotifere* groffie; (*a*) cils tournants de l'extrémité antérieure; (*b*) cils réunis en faifceaux; (*d*) cils de la fuperficie de l'animalcule.

5. LEUCOPHRA *burfata*.

L. ovalis viridis, antice truncata ciliata; tab. 10, fig. 12.
Reperitur in aquâ marina.

(12) LEUCOPHRA *Burfata* aucta magnitudine; (*a*) cilia rotantia extremitatis anticæ; (*b*) cilia fafciculata; (*c*) cilia trunci.

6. LUCOPHRE *pofthume*. Dict.

L. globuleufe, opaque, comme couverte d'un réfeau tranfparent; pl. 10, fig. 13.
Se trouve dans l'eau de mer corrompue.

Figure groffie.

6. LEUCOPHRA *pofuma*.

L. globularis opaca, nigricans, reticulo pellucenti; tab. 10, fig. 13.
Reperitur in aquâ marina fœtidiffima.

Figura aucta.

7. LUCOPHRE *dorée*. Dict.

L. ovale fauve, extrémités égales arrondies; pl. 10, fig. 14.
Se trouve dans l'eau de mer.

Figure groffie.

7. LEUCOPHRA *aurea*.

L. ovalis fulva, utraque extremitate æquali obtufa; tab. 10, fig. 14.
Reperitur in aquâ marina.

Aucta magnitudine reprefentatur.

8. LUCOPHRE *percée*. Dict.

L. ovale gelatineufe, obtufe & prefque tronquée en avant, une foffette creufée fur fa moitié poftérieure; pl. 10, fig. 15, 16.
Se trouve avec la précédente.

8. LEUCOPHRA *pertufa*.

L. ovalis gelatinofa, apice truncato-obtufo, altero latere fuffoffa; tab. 10, fig. 15, 16.

Cum præcedenti reperitur.

(15) Lucophre *percée* groffie. (16) Autre également groffie, ciliée, dans une différente pofition; (*a*) Partie antérieure; (*b*) poftérieure; (*c*) foffette.

9. LUCOPHRE *difloquée*. Dict.

L. prolongée, légérement comprimée, formant des angles & des finuofités variables; pl 10, fig. 17, 18.
Se trouve dans les foffés inondés.

Figures groffies. (17) Lucophre *difloquée*, pliée en angle. (18) La même formant un angle aigu de chaque côté, au-deffous du milieu du corps; (*a*) pointe antérieure; (*b*) extrémité antérieure échancrée au-deffous de fa pointe; (*c*) extrémité poftérieure obtufe; (*d*) finuofité latérale; (*e*) échancrures des côtés.

10. LUCOPHRE *dilatée*.

L. membraneufe, aplatie, variable, diverfement finueufe fur les bords; pl. 10, fig. 19-21.
Se trouve dans l'eau de mer.

Figures groffies, préfentées dans différentes fituations; (*a*) partie antérieure; (*b*) poftérieure.

11. LUCOPHRE *étincelante*. Dict.

L. ovale-arrondie, opaque, verte; pl. 10, fig. 22. Cette efpèce appartient peut-être au genre du *volvoce*.
Trouvée parmi la *lenticule commune*.

Figure groffie.

12. LUCOPHRE *veficuleufe*. Dict.

L. ovoïde, remplie de veficules tranfparentes, pl. 10, fig. 23, 24.
Se trouve dans les infufions végétales.

(23) Lucophre *veficuleufe* groffie. (24) Autre plus groffie, avec fes véficules très-apparentes.

13. LUCOPHRE *globifere*. Dict.

L. ovale-oblongue criftalline, trois globules alignés dans l'intérieur; pl. 10, fig. 25.
Se trouve dans les foffés inondés parmi la *lenticule*.

Figure groffie; (*a*) partie antérieure; (*b*) poftérieure.

(15) Leucophra *pertufa* aucta. (16) Alia æqualiter aucta, ciliata, vario fitu confpecta.; (*a*) pars antica; (*b*) poftica; (*c*) pertufio feu lacuna.

9. LEUCOPHRA *fracta*.

L. elongata, finuato angulata, variabilis, fubdepreffa; tab. 10, fig. 17 - 18.

Reperitur in foffis inundatis.

Figuræ auctæ. (17) Leucophra *fracta* in angulum curvata. (18) Eadem utrinque infrà medium in angulum acutum incifa; (*a*) partis anticæ apex; (*b*) extremitas antica infra apicem emarginata; (*c*) extremitas poftica obtufa; (*d*) finus lateralis; (*e*) incifuræ laterales.

10. LEUCOPHRA *dilatata*.

L. membranacea complanata variabilis, marginibus finuatis; tab. 10, fig. 19-21.

Reperitur in aquâ marina.

Figuræ auctæ vario fitu confpectæ, ampliatæ; (*a*) pars antica; (*b*) poftica.

11. LEUCOPHRA *fcintillans*.

L. ovalis teres, opaca, viridis; tab. 10, fig. 22. Ad genus *volvocis* forte attinet hæc fpecies.
Reperta inter *lemnam minorem*.

Figura aucta.

12. LEUCOPHRA *veficulifera*.

L. ovata, interaneis veficularibus pellucentibus; tab. 10, fig. 23, 24.
Reperitur in infufione vegetabili.

(23) Leucophra *veficulifera* aucta. (24) Alia magis aucta, veficulis manifeftis.

13. LEUCOPHRA *globulifera*.

L. ovato-oblonga cryftallina, globulis tribus ferialibus; tab. 10, fig. 25.
Reperitur in foffis inundatis cum *lemna minore*.

Figura aucta; (*a*) pars anterior; (*b*) pofterior.

14. LUCOPHRE *puftuleufe.* Dict.

L. ovale - oblongue , extrémité poftérieure tronquée obliquement ; pl. 1c , fig. 26 - 28.
Se trouve dans les marais.

Figures groffies. (26, 27) LUCOPHRES *puftuleufes* ovale-oblongues. (28) Autre de forme ovoïde ; (*a*) partie anterieure ; (*b*) puftule de la partie poftérieure.

14. LEUCOPHRA *puftulata.*

L. ovato-oblonga , poftice oblique truncata ; tab. 10 , fig. 26 - 28.
Occurit in aquis paluftribus.

Figuræ auctæ. (26, 27) LEUCOPHRÆ *puftulata* ovato-oblongæ. (28) Alia ovata; (*a*) pars antica ; (*b*) puftula pofticæ partis.

---

15 LUCOPHRE *turbinée.* Dict.

L. en forme de cône renverfé , prefque opa - que ; pl. 11 , fig. 1 , 2.
Trouvée dans l'eau de mer corrompue.

Figures groffies. (1) L. *turbinée* fans fafcies, (2) Autre fafciée ; (*a*) extrémité antérieure ; (*b*) poftérieure ; (*c*) globule criftallin ; (*d*) rétréciffement du corps ; (*e*) fafcie tranfverfale.

15. LEUCOPHRA *tu-binata.*

L. inverfe conica , fubopaca ; tab. 11 , fig. 1 , 2.
Reperta in aquâ marina fœtidiffima.

Figuræ auctæ. (1) L. *turbinata* non fafciata. (2) Alia fafciata (*a*) ; extremitas antica ; (*b*) poftica ; (*c*) globulus cryftallinus ; (*d*) coarctatio corporis ; (*e*) fafcia tranfverfa.

---

16. LUCOPHRE *aiguë.* Dict.

L. ovoïde cylindracée, aiguë en avant, variable, jaunâtre ; pl. 11 , fig. 3 - 5.
Se trouve dans l'eau de mer parmi l'*ulve linze.*

Figures groffies. (3 , 4) L. *aiguës* pointues fur le devant. (5) Autre fous la forme orbiculaire ; (*a*) Pointe antérieure ; (*b*) échancrure latérale ; (*c*) globules marqués d'un point noir.

16. LEUCOPHRA *acuta.*

L. ovata , teres , apice acuto , mutabilis flavi - cans ; tab. 11 , fig. 3 - 5.
Reperitur in aquâ marina inter *ulvam linzam.*

Figuræ ampliatæ. (3 , 4) L. *acuta* anticè acumi - natæ. (5) Alia in formam orbicularem correpta ; (*a*) apex acutus ; (*b*) finus lateralis ; (*c*) globuli nigro punctati.

---

17. LUCOPHRE *marquée.* Dict.

L. ovoïde cylindracée , marquée d'un point noir près du bout antérieur ; pl. 11 , fig. 6-9.
Se trouve dans l'eau de mer.

Figures groffies, préfentées fous divers afpects. (*a*) point noirâtre de l'extrémité antérieure ; (*b*) cana (*c*) inteftin longitudinal ; (*d*) petits œufs.

17. LEUCOPHRA *notata.*

L. ovata teres , antice puncto atro notata ; tab. 11 , fig. 6-9.
Reperitur in aqua marina.

Figuræ auctæ , vario fitu confpectæ. (*a*) Punctum atrum partis anticæ ; (*b*) canalis curvatus ; (*c*) inteftinum longitudinale ; (*d*) ovula.

---

18. LUCOPHRE *blanche.* Dict.

L. oblongue diaphane , une des extrémités rétrécie courbée ; pl. 11 , fig. 10.
Se trouve dans les infufions marines.

Figure groffie (*a*) œufs ; (*b*) extrémité courbée.

18. LEUCOPHRA *candida.*

L. oblonga hyalina , altera extremitate atte - nuata curvata ; tab. 11 , fig. 10.
Reperitur in infufionibus marinis.

Figura aucta ; (*a*) ovula ; (*b*) extremitas curvata.

---

19. LUCOPHRE *noduleufe.* Dict.

L. ovale-oblongue comprimée , marquée d'un double rang de petits nœuds ; pl. 11 , fig. 13-21.
Se trouve dans l'inteftin de la *nayade litorale.*

19. LEUCOPHRA *nodulata.*

L. ovato-oblonga depreffa , ferie nodulorum duplici ; tab. 11 , fig. 13 - 21.

Reperitur in inteftino *naidis litoralis.*

Figures très-groffies. (13, 14, 15, 16, 17, 18) LU-COPHRES *noduleufes* fous différentes formes, offrant deux rangs de petits nœuds & un canal longitudinal au milieu, dont quelques unes (14, 15, 18) font ciliées. (19) Autre plus groffie, ciliée & échancrée à un bout. (20) Autre également groffie fe divifant par une extrémité. (21) Autre qui porte à la même extrémité une double génération.

Figuræ valdè ampliatæ. (13, 14, 15, 16, 17, 18) L. *nodulatæ* varie fitæ & confpectæ, cum ferie duplici nodulorum & canali intermedio longitudinali, quarum aliæ (14, 15, 18) habent cilia confpicua. (19) Alia magis aucta ciliata, extremitate emarginata. (20) Altera æqualiter ampliata partitione fefe propagans. (21) Alia prolem duplicem in poftica parte enafcentem oftendens.

20. LUCOPHRE *fignalée*. Dict.

L. oblongue, légérement comprimée, noirâtre fur les bords; pl. 11, fig. 11, 12.
Se trouve très-fréquemment dans l'eau de mer.

Figures groffies. (11) L. *fignalée* fans cils apparents. (12) la même avec des cils très-fenfibles fur les bords. (*a*) Ligne longitudinale arquée; (*b*) rétréciffement du tronc.

20. LEUCOPHRA *fignata*.

L. oblonga fubdepreffa, margine nigricante; tab. 11, fig. 11, 12.
Occurrit frequentiffime in aquâ marina.

Figuræ auctæ. (11) L. *fignata* ciliis inconfpicuis. (12) Eadem ciliis marginalibus notabilibus; (*a*) linea longitudinalis curvata; (*b*) coarctatio trunci.

21. LUCOPHRE *triangulaire*. Dict.

L. épaiffe, obtufe, anguleufe, jaune; pl. 11, fig. 22, 23.
Se trouve dans l'eau des marais.

Figures groffies. (22) L. *triangulaire* non ciliée. (23) La même ciliée; (*a*) Grande véficule placée fur un des côtés; (*b*) cils.

21. LEUCOPHRA *trigona*.

L. craffa, obtufa, angulata, flava; tab. 11, fig. 22, 23.
Reperitur in aqua paluftri.

Figuræ auctæ. (22) L. *trigona* abfque ciliis; (23) Eadem ciliata; (*a*) veficula major lateralis; (*b*) cilia.

22. LUCOPHRE *fluide*. Dict.

L. prefque réniforme ventrue, variable; pl. 11, fig. 24-29.
Se trouve dans l'eau de la *moule commune*.

Figures très-groffies. (24) L. *Fluide* fillonnée longitudinalement. (25) La même prefque triangulaire. (26) Deux attachées par le milieu. (27) Autre répandant des molécules par le milieu du corps. (28) Autre les répandant par l'extrémité antérieure. (29) Autre accouplée ou prête à fe divifer felon fa longueur, laiffant échapper des molécules par une de fes extrémités.

22. LEUCOPHRA *fluida*.

L. fubreniformis ventricofa, variabilis; tab. 11, fig. 24-29.
Reperitur in aquâ *mytili edulis*.

Figuræ valdè ampliatæ. (24) L. *fluida* longitudinaliter fulcata. (25) Eadem fubtriangularis. (26) binæ aliæ tranfverfim cohærentes. (27) Alia è medio corpore moleculas emittens. (28) Altera extremitate antica in moleculas diffluens. (29) Hæc vel in copula, vel in inftante divifione longitudinali, una extremitate in moleculas fefe fpargens.

23. LUCOPHRE *verfante*. Dict.

L. reniforme, finueufe, jaunâtre; pl. 11, fig. 30--33.
Se trouve avec la précédente.

Figures groffies. (30, 31, 32) L. *verfante* vue fur différentes faces. (33) Autre répandant des molécules par une extrémité.

23. LEUCOPHRA *fluxa*.

L. reniformis, finuofa, flavicans; tab. 11, fig. 30-33.
Reperitur cum præcedenti.

Figuræ auctæ. (30, 31, 32) L. *fluxa* vario fitu confpecta. (23) Alia una extremitate in moleculas diffluens.

24. LUCOPHRE *braffelet*. Dict.

L. cylindracée, courbée en forme d'anneau; pl. 11, fig. 34, 35.

24. LEUCOPHRA *armilla*.

L. teres, in annulum arcuata; tab. 11, fig. 34, 35

Se

Se trouve quelquefois avec les deux précédentes, dans l'eau de la *moule commune*.

Figures grossies ; l'une ciliée à l'intérieur, l'autre à l'extérieur.

25. LUCOPHRE *cornue*. Dict.

L. en forme de cône renversé, verte, opaque ; pl. 11, fig. 36--39.
Se trouve dans l'eau des marais.

Figures également grossies. (36, 38) L. *cornues* à extrémité postérieure simple. (37,39) Autres à extrémité postérieure fendue en deux ou en trois pointes; (*a*) partie postérieure pointue ; (*b*) obtuse; (*c*) fendue en deux pointes obtuses; (*d*) en deux pointes aiguës; (*k*) en trois pointes inégales; (*e*) extrémité antérieure ; (*f*) petites cornes saillantes ; (*g*) cils antérieurs ; (*h*) cils des côtés ; (*i*) globules intérieurs.

26. LUCOPHRE *hétéroclite*. Dict.

L. cylindrique, obtuse en avant, terminée en arrière par un double organe tétradile en forme de crête ; pl. 11, fig. 40-46.
Trouvée dans l'eau douce.

(41) L. *hétéroclite* de grandeur naturelle. (42, 44) Autres grossies nageans. (43) Autre également grossie ainsi que les suivantes, montrant ses cils. (45) Autre telle qu'elle se présente lorsque l'eau est évaporée. (46) Autre dont les fourreaux des organes sont développés. (40) Autre dont les organes en crête sont épanouis.

(*a*) Extrémité antérieure ; (*b*) postérieure ; (*c*) partie du corps légèrement rétrécie ; (*d*) intestins crochus ; (*e*) double fourreau non développé ; (*f*) partie antérieure du corps déformée & jaunâtre ; (*g*) fourreaux développés ; (*h*) ouvertures des fourreaux ; (*i*) organes en forme de crête épanouis.

13. TRICODE.

Caract. du genre.

Ver microscopique transparent, garni de poils sur une partie de sa superficie.

1. TRICODE *grésil*. Dict.

T. sphérique, transparente, chevelue en dessus; pl. 12, fig. 1-3
Se trouve dans l'eau très-pure, comme aussi dans les infusions végétales.

Reperitur cum binis præcedentibus, sed rariùs, in aquâ *mytuli edulis*.

Figuræ auctæ ; altera interne ciliata, altera externe.

25. LEUCOPHRA *cornuta*.

L. inverse conica, viridis, opaca ; tab. 11, fig. 36-39.
Reperitur in aquâ paluftri.

Figuræ æqualiter ampliatæ. (36, 38) L. *cornuta* extremitate poftica fimplici. (37, 39) Aliæ extremitate poftica in duos aut tres apices fiffa ; (*a*) pars pofterior acuminata; (*b*) obtufa ; (*c*) in duos apices obtufos fiffa ; (*d*) in duos apices acutos; (*k*) in tres lacinias inæquales ; (*e*) extremitas antica; (*f*) cornicula exferta; (*g*) cilia anteriora ; (*h*) cilia lateralia ; (*i*) globuli interni.

26. LEUCOPHRA *heteroclita*.

L. cylindrica, antice obtufa, poftice organo criftato duplici exferuli terminata; tab. 11, fig. 40- 6.
fin lacu reperta.

(41) L. *heteroclita* naturali magnitudine. (42,44) Aliæ auctæ natantes. (43) Alia æqualiter ampliata, ficut fequentes, ciliata. (45) Alia qualis aqua exhalata confpicitur. (46) Altera cujus duplices vaginæ organorum exferuntur. (40) Alia perfecta, cujus organa criftata fimul cum vaginis protruduntur.

(*a*) Extremitas antica ; (*b*) poftica ; (*c*) pars corporis paululum coarctata ; (*d*) inteftina uncinata ; (*e*) vagina duplex nondum exferta ; (*f*) pars antica corporis informis facta & flavicans; (*g*) vaginæ exfertæ ; (*h*) aperturæ vaginarum; (*i*) organa criftata patentia.

13. TRICHODA.

Charact. generis.

Vermis inconspicuus, pellucidus, crinitus in fuperficiei parte.

1. TRICHODA *grandinella*.

T. sphærica pellucida, fuperne crinita; tab. 12, fig. 1-3.
Reperitur in aquâ puriffima, & in infufo vegetabilium.

Figures grossies de la T. *grisil*. (1) Animalcule nageant, ayant les poils réunis en deux faisceaux. (2) Autre ayant ses poils épars. (3) Autre ayant ses poils agités circulairement, pendant le repos.

Figuræ auctæ T. *grandinella*. (1) Animalculum natans pilis utrinque fasciculatis. (2) Alium natans pilis antice sparsis. (3) Alterûm quiescens, pilis in gyrum actis.

2. TRICODE *comète*. Dict.

T. sphérique, chevelue en avant, terminée en arrière par un globule suspendu; pl. 12, fig. 4, 5.
Se trouve dans l'eau très-pure.

Figures grossies. (3) T. *comète*, avec un globule suspendu. (4) Autre avec deux globules.

2. TRICHODA *cometa*.

T. sphærica, antice comata, globulo postice appendente; tab. 12, fig. 4, 5.
Reperitur in aquâ purissima.

Figuræ auctæ; (3) T. *cometa* unico globulo terminata. (4) Alia duobus globulis appendentibus.

3. TRICODE *grenade*. Dict.

T. sphérique, centre opaque, circonférence chevelue; pl. 12, fig. 6, 7.
Se trouve dans les eaux recouvertes par la *lenticule*.

Figures grossies. (6) T. *grenade*, dont la circonférence est garnie de poils en guise de rayons. (7) Autre dont les poils plus longs ne forment qu'un faisceau sur un des côtés.

3. TRICHODA *granata*.

T. sphærica, centro opaco, peripheria crinita; tab. 12, fig. 6, 7.
Reperitur in aquis *lemna* coopertis.

Figuræ auctæ. (6) T. *granata*, pilis è toto margine radiantibus. (7) Altera pilis longioribus ad latus in fasciculum protrusis.

4. TRICODE *toupie*. Dict.

T. presque en forme de poire, transparente, garnie sur le devant de deux faisceaux de poils; pl. 12; fig. 8, 9.
Se trouve avec la *lenticule*.

Figures grossies dans deux positions différentes.

4. TRICHODA *trochus*.

T. sub piri formis, pellucida, antice utrinque crinita; tab. 12, fig. 8, 9.

In aquis ubi *lemna* reperitur.

Figuræ auctæ duplici situ conspectæ.

5. TRICODE *têtard*. Dict.

T. ovale-cylindrique, cristalline, chevelue sur le devant; pl. 12, fig. 10, 12.
Se trouve dans l'eau de mer.

Figures grossies. (10, 11) T. *têtards* vivantes. (12) Autre morte, avec les poils inclinés sur les côtés.

5. TRICHODA *gyrinus*.

T. ovalis teres, crystallina, antice crinita; tab. 12, fig. 10, 12.
Reperitur in aquâ marina.

Figuræ auctæ. (10, 11) T. *gyrini* vivæ. (12) Eadem mortua pilis utrinque deflexis.

6. TRICODE *soleil*. Dict.

T. globuleuse, garnie par-tout de poils droits aussi longs que le diametre du corps; pl. 12, fig. 13-15.
Se trouve dans l'eau douce & dans l'eau de mer.

Figures grossies. (13) T. *soleil*, dont la bouche est fermée. (14) La même dont la bouche est ouverte. (15. La même commençant à se diviser; (a) papille de la bouche; (b) animalcule dévoré.

6. TRICHODA *sol*.

T. globularis, pilis diametro corporis æqualibus utrinque radiata; tab. 12, fig. 13-15.

Reperitur in aquâ dulci & in aquâ marina.

Figuræ auctæ. (13) T. *sol* oris apertura clausa. (14) Eadem oris apertura patula. (15) Eadem divisionem incipiens; (a) papillula oris patula; (b) animalculum devoratum.

7. TRICODE *folaire*. Dict.

T. fphéroïde, fa feule circonférence garnie de poils courbés; pl. 12, fig. 16.
Se trouve dans les infufions marines.

Figure groffie.

7. TRICHODA *folaris.*

T. fphæroïdea, fola peripheria pilis curvis crinita; tab. 12, fig. 16.
Reperitur in infufo marino.

Figura aucta.

8. TRICODE *bombe*. Dict.

T. ventrue, variable, extrémité antérieure parfemée de poils; pl. 12, fig. 17 - 20.
Se trouve dans les eaux où croît la *len-ticule*.

Figures groffies. (17) T. *bombe* prefque fphérique. (18) La même en forme de poire, finueufe. (19) La même en forme de rein. (20) La même contournée en fpirale.

8. TRICHODA *bomba.*

T. ventrofa, mutabilis, antice pilis fparfis; tab. 12, fig. 17-20.
Reperitur in aquis ubi *lemna* vegetat.

Figuræ auctæ. (17) T. *bomba* fubfphærica. (18) Eadem pyriformis finuata. (19) Eadem reniformis. (20) Eadem in formam fpiralem contorta.

9. TRICODE *palette*. Dict.

T. prefque orbiculaire, échancrure antérieure chevelue; pl. 12, fig. 21.
Se trouve dans les eaux douces.

Figure groffie.

9. TRICHODA *orbis.*

T. fuborbicularis, antice emarginata, cri-nita; tab. 12, fig. 21.
Reperitur in aquis dulcibus.

Figura ampliata.

10. TRICODE *urne*. Dict.

T. en forme d'urne, extrémité antérieure che-velue; pl. 12, fig. 22, 23.
Se trouve dans l'eau où croît la *lenticule*.

Figures groffies.

10. TRICHODA *urnula.*

T. urceolaris, antice crinita; tab. 12, fig. 22, 23.
Reperitur in aquâ ubi *lemna* crefcit.

Figuræ auctæ.

11. TRICODE *amphore*. Dict.

T. en forme d'urne, extrémité antérieure ré-trécie, garnie de deux faifceaux de poils; pl. 12, fig. 24, 25.
Trouvée dans l'eau des foffés où croiffoit la *lenticule*.

Figures groffies dans deux différentes pofitions.

11. TRICHODA *diota.*

T. urceolaris, antice anguftata, ora apicis. utrinque crinita; tab. 12, fig. 24, 25.

Reperta in foffa ubi crefcebat *lemna minor.*

Figuræ auctæ duplici fitu confpectæ.

12. TRICODE *hériffée*. Dict.

T. prefque conique, environnée de foies incli-nées, extrémité antérieure élargie tronquée, poftérieure obtufe; pl. 12, fig. 26.
Se trouve dans l'eau de la moule.

Figure groffie; (*a*) partie antérieure tronquée; (*b*) molécules globuleufes adhérentes aux poils. Seroient-ce des œufs?

12. TRICHODA *horrida.*

T. fubconica, fetis deflexis undique cincta; antice latiufcula truncata, poftice obtufa; tab. 12, fig. 26.
Reperitur in aquâ *mytili*

Figura aucta; (*a*) pars artica truncata; (*b*) mole-culæ globofæ pilis adherentes. An ovula?

13. TRICODE *urinal*. Dict.

T. ovale oblongue, bec très-court, velu ;
pl. 12, fig. 27.
Se trouve dans l'infusion du foin.

Figure groffie; (*a*) bec velu.

14. TRICODE *croiſſant*. Dict.

T. en forme de croiſſant, extrémité antérieure
velue en deſſous; pl. 12, fig. 28, 29.
Se trouve dans l'infuſion de la *lenticule*.

Figures groffies ; (*a*) extrémité antérieure velue.

15. TRICODE *triangulaire*. Dict.

T. preſque triangulaire convexe, velue en
avant, échancrée en arrière, pl. 12, fig. 30, 31.
Trouvée deux fois ſeulement dans l'eau, ſous
la *lenticule*.

Figures groffies. (30) T. *triangulaire* avec l'extrémité poſtérieure profondément échancrée. (31) La
même avant cette partie moins échancrée; (*a*) partie antérieure velue? (*b*) partie poſtérieure échancrée ; (*c*) canal antérieur arqué; (*a*) veſicules.

16. TRICODE *teigne*. Dict.

T. en forme de maſſue, extrémité antérieure
velue, poſtérieure épaiſſie; pl. 12, fig. 32, 33.
Se trouve après trois ſemaines dans l'infuſion
du foin.

Figures très-groffies ; (*a*) partie antérieure velue.

17. TRICODE *noire*. Dict.

T. ovale comprimée noire, extrémité antérieure élargie, velue, pl. 12, fig. 34 - 36.
Se trouve dans l'eau de mer.

Figures groffies. (34) T. *noire* nageant. (35) La
même pendant le repos. (36) La même morte; (*a*)
le dos; (*b*) le bord tranſparent; (*c*) les poils de l'extrémité antérieure ; (*a*) les deux extrémités tranſparentes.

18. TRICODE *pubère*. Dict.

T. ovale-oblongue, boſſue, extrémité antérieure aplatie ; pl. 12, fig. 37 - 39.
Se trouve dans les eaux où croît la *lenticule*.

Figures groffies. (37, 38) T. *pubères* diverſement
ſituées, ayant les poils de leur extrémité antérieure

---

13. TRICHODA *urinarium*.

T. ovato-oblonga, roſtro breviſſimo crinito;
tab. 12, fig. 27.
Reperitur in infuſione ſeni.

Figura ampliata; (*a*) roſtrum crinitum.

14. TRICHODA *ſemiluna*.

T. ſemiorbicularis, antice ſubtus crinita;
tab. 12, fig. 28, 29.
Reperitur in infuſione *lemnæ*.

Figuræ auctæ; (*a*) extremitas antica crinita.

15. TRICHODA *trigona*.

T. ſubtriangularis convexa, antice crinita;
poſtice eroſa; tab. 12, fig. 30, 31.
Bis tantum reperta in aquis ſub *lemna*.

Figuræ auctæ. (30) T. *trigona*, parte poſtica pro-
fundè emarginata. (31) Eadem minus notabiliter eroſa.
(*a*) Pars anterior crinita; (*b*) pars poſterior emarginata; (*c*) ductus anticus curvatus; (*d*) veſiculæ.

16. TRICHODA *tinea*.

T. clavata, antice crinita, poſtice incraſſata;
tab. 12, fig. 32, 33.
Reperitur in infuſo ſeni poſt tres ſeptimanas.

Figuræ valdè auctæ; (*a*) pars antica crinita.

17. TRICHODA *nigra*.

T. ovalis compreſſa nigra, antice latior crinita; tab. 12, fig. 34-36.
Reperitur in aquâ marina.

Figuræ auctæ. (34) T. *nigra* natans. (35) Eadem
quieſcens. (36) Eadem mortua. (*a*) Dorſum; (*b*)
margo pellucidus; (*c*) pili extremitatis anticæ; (*d*)
extremitates binæ pellucidæ.

18. TRICHODA *pubes*.

T. ovato-oblonga gibba, antice depreſſa;
tab. 12, fig. 37-39.
Reperitur in aquâ ubi *lemna* creſcit.

Figuræ auctæ. (37, 38) T. *pubes* diverſo ſitu pilis
extremitatis anticæ conditis. (39) Altera plicis dorſi

cachés. (39) Autre fur laquelle on apperçoit les plis longitudinaux du dos & les poils de fon extrémité antérieure; (a) extrémité antérieure aplatie; (b) les po.ls; (c) tache noire compofée de molécules.

longitudinalibus & pilis extremitatis anterioris confpicuis; (a) extremitas antica depreffa; (b) pili; (c) macula nigra moleculis aggregatis.

19. TRICODE *floccon*. Dict.

T. membraneufe, prefque conique en avant, extrémité poftérieure garnie de trois mamelons velus; pl. 12, fig. 40-42.

Obf. Cette efpèce devroit peut-être former un genre avec la *Lucophre hétéroclite*, dont l'extrémité poftérieure porte de même des organes mamelonnés, ciliés.
Se trouve dans l'eau des foffés.

Figures groffies. (40) T. *floccon* n'ayant que deux mamelons ciliés à l'extrémité poftérieure. (41) Autre avec fes trois mamelons développés. (42) Autre contractée avec fes mamelons vifibles. (a) Partie antérieure; (b) poftérieure; (c) maffe obfcure.

19. TRICHODA *floccus*.

T. membranacea, antice fubconica, poftice papillis tribus crinitis; tab. 12, fig. 40-42.

Obf. Hæc fpecies a *Trichodæ* genere feparari poffet & novum genus conftituere cum *Leucophra heteroclita*, cujus extremitas pofterior organis pariter papillatis ciliatis donatur.
Reperitur in aquâ foffarum.

Figuræ auctæ. (40) T. *floccus* papillis tantum duobus in extremitate poftica confpicuis. (41) Eadem papillis tribus exfertis. (42) Eadem correpta papillis confpicuis. (a) Pars antica; (b) poftica; (c) maffa obfcura.

20. TRICODE *échancrée*. Dict.

T. oblongue aplatie, échancrée fur le côté velu, extrémité poftérieure obtufe; pl. 12, fig. 43.
Trouvée dans l'eau des rivières.

Figure groffie; (a) côté échancré, velu; (b) extrémité poftérieure.

20. TRICHODA *finuata*.

T. oblonga depreffa, altero margine finuato crinita, poftice obtufa; tab. 12, fig. 43.

Reperta in aquâ fluviali.

Figura aucta; (a) latus finuatum, crinitum; (b) pars poftica.

21. TRICODE *hâtive*. Dict.

T. membraneufe, prefque en forme de croiffant, convexe au milieu, bord inférieur velu; pl. 12; fig. 44-46.
Trouvée dans l'eau des marais.

Figures groffies préfentant cet animalcule dans différentes fituations. (a) Le col; (b) protubérance du dos; (c) bord inférieur garni de poils; (d) extrémité poftérieure.

21. TRICHODA *præceps*.

T. membranacea fublunata, medio protuberante, margine inferiore crinita; tab. 12, fig. 44-46.
Reperta in aquâ paludofa.

Figuræ ampliatæ hoc animalculum diverfo fitu oftendentes; (a) Collum; (b) protuberantia dorfi; (c) margo inferior crinitus; (a) pars poftica.

22. TRICODE *protée*. Dict.

T. ovale, obtufe en arrière, col allongé retractile, velu à fon extrémité; pl. 13, fig. 1-5.
Se trouve dans l'eau des rivières.

Figures groffies. (1, 2, 3) T. *protée* nageant, vue dans diverfes pofitions. (4) La même pendant le repos avec le col replié fur le corps. (5) La même avec le col rentré dans le corps dont on ne voit à l'extérieur que les poils. (a) Le tronc; (b) le col; (c) l'extrémité antérieure globuleufe; (d) les poils courbés.

22. TRICHODA *proteus*.

T. ovalis, poftice obtufa, collo elongato retractili, apice crinito; tab. 13, fig. 1-5.

Reperitur in aquâ fluviali.

Figuræ auctæ. (1, 2, 3) T. *proteus* natans, diverfo fitu confpecta. (4) Eadem quiefcens collo fuprà corpus replicato. (5) Eadem collo in corpore recepto, folis pilis externè confpicuis; (a) truncus; (b) collum; (c) extremitas anterior globofa; (a) pili reflexi.

23. TRICODE *versatile*. Dict.

T. oblongue, pointue en arrière, col rétractile, velu au-dessous du sommet; pl. 13, fig. 6-10.
Se trouve dans l'eau de mer.

Figures grossies sous divers aspects; (*a*) le tronc; (*b*) le col; (*c*) bout antérieur du col globuleux; (*c'*) extrémité postérieure pointue; (*e*) poils placés au-dessous de l'extrémité antérieure; (*f*) extrémité postérieure élargie; (*g*) canal alimentaire (*h*) saillie cydrique de l'extrémité antérieure.

24. TRICODE *bossue*. Dict.

T. oblongue, velue en avant, dos bombé, ventre concave, extrémités obtuses; pl. 13, fig. 11-15.
Trouvée dans l'eau des rivages.

Figures grossies; (11, 12) T. *bossues* cristallines & striées. (13, 14) Les memes dont le tronc est rempli de molécules. (15) La même plus grossie dans laquelle on apperçoit des molécules de diverses grandeurs. (*a*) La tête; (*b*) le tronc; (*c*) l'extrémité postérieure; (*d*) petits œufs; (*e*) poils de l'extrémité antérieure; (*f*) poils du ventre.

25. TRICODE *enceinte*. Dict.

T. oblongue, velue en avant, dos protuberant, extrémités obtuses; pl. 13, fig. 16-20.
Se trouve dans l'eau de mer.

Figures grossies. (16) T. *enceinte* cylindracée. (17) La même ventrue au milieu. (18) La même presque globuleuse, prête à se délivrer de son ovaire. (19) L'ovaire ou le fœtus. (20) T. *enceinte* nouvellement délivrée de son fœtus. (*a*) La tête diaphane; (*b*) le tronc granuleux; (*c*) l'extrémité postérieure ou la queue diaphane; (*d*) poils écartés de l'extrémité antérieure; (*e*) ouverture découpée de l'extrémité postérieure.

26. TRICODE *baillante*. Dict.

T. cylindrique prolongée, extrémité antérieure marquée d'une fossette velue sur les bords; pl. 13, fig. 21-22.
Se trouve dans l'eau de mer.

Figures très-grossies. (21) T. *baillante* étendue. (22) La même courbée en arc. (*a*) Extrémité antérieure marquée d'une fossete velue sur les bords; (*b*) extrémité postérieure.

27. TRICODE *fendue*. Dict.

T. presque ovale ventrue, fendue sur le devant, extrémité antérieure & sa fente velues; pl. 13, fig. 23-25.

---

23. TRICHODA *versatilis*.

T. oblonga, postice acuminata, collo retractili infra apicem crinito; tab. 13, fig. 6-10.

Reperitur in aquâ marina.

Figuræ ampliatæ vario situ inspectæ; (*a*) truncus; (*b*) collum; (*c*) apex anterior colli globosus; (*d*) extremitas postica acuminata; (*e*) pili extremitatis anticæ subtus penduli; (*f*) extremitas postica dilatata; (*g*) canalis alimentarius; (*h*) productio teres apicis colli.

24. TRICHODA *gibba*.

T. oblonga, antice ciliata, dorso gibbera, ventre excavata, extremitatibus obtusis; tab. 13, fig. 11-15.
Reperta in aqua litorali.

Figuræ auctæ. (11, 12) T. *gibba* crystallinæ & striatæ. (13, 14) Eædem trunco granulis referto. (15) Una magis aucta in cujus trunco conspiciuntur moleculæ variæ magnitudinis; (*a*) caput; (*b*) truncus; (*c*) extremitas postica; (*d*) ovula; (*e*) pili extremitatis anticæ; (*f*) pili ventrales.

25. TRICHODA *fœta*.

T. oblonga, antice crinita, dorso protuberante, extremitatibus obtusis; tab. 13, fig. 16-20.
Reperitur in aqua marina.

Figuræ auctæ. (16) T. *fœta* cylindracea. (17) Eadem medio ventrosa. (18) Eadem subglobosa fœtum expellere minans. (19) ovarium seu fœtus. (20) T. *fœta* fœtum nuperrimè enixa. (*a*) Caput hyalinum; (*b*) truncus granulosus; (*c*) extremitas postica seu cauda hyalina; (*d*) pili rariores extremitatis anticæ; (*e*) apertura laciniata extremitatis posticæ.

26. TRICHODA *patens*.

T. teres elongata, antice foveata, foveæ marginibus crinitis; tab. 13, fig. 21-22.

Reperitur in aqua marina.

Figuræ valdè ampliatæ. (21) T. *patens* recta extensa. (22) Eadem curvata; (*a*) extremitas antica fovea crinita notata; (*b*) extremitas postica.

27. TRICHODA *patula*.

T. subovata ventricosa, antice canaliculata, apice & canaliculo crinito; tab. 13, fig. 23-25.

Se trouve dans les infusions marines, & dans l'eau de rivière gardée plusieurs mois.

Figures grossies; (*a*) fente antérieure chevelue sur les bords; (*b*) poils de l'extrémité antérieure; (*c*) extrémité postérieure; (*d*) poils très-courts du corps.

28. TRICODE *tricorne*. Dict.

T. oblongue élargie, extrémité antérieure garnie de petites cornes brillantes, postérieure nue; pl. 13, fig. 26-28.
Se trouve dans l'eau de mer fétide.

Figures grossies. (26) T. *cornue* vue au ventre. (27) Autre vue sur le dos. (28) Autre vue sur le côté. (*a*) Petites cornes de l'extrémité antérieure; (*b*) fossette; (*d*) convexité du dos; (*c*) poils de l'extrémité antérieure.

29. TRICODE *striée*. Dict.

T. oblongue, un des côtés antérieurs échancré & cilié, les extrémités obtuses; pl. 13, fig. 29-30.
Se trouve dans l'eau des rivières.

Figures grossies vues sur les deux faces; (*a*) poitrine échancrée & ciliée; (*b*) carène du dos; (*c*) amas de petits œufs.

30. TRICODE *luette*. Dict.

T. un peu aplatie prolongée, égale, extrémité antérieure velue; pl. 13, fig. 31-32.
Se trouve dans les infusions végétales anciennes & fétides.

Figures très-grossies; (*a*) poils de l'extrémité antérieure; (*b*) canal alimentaire; (*c*) globules transparents; (*d*) extrémité postérieure.

31. TRICODE *orangée*. Dict.

T. ovoïde légèrement échancrée, extrémité antérieure marquée d'un sillon velu, prolongé jusqu'au milieu du corps; pl. 13, fig. 33-36.
Se trouve dans les eaux où croît la *lenticule*

Figures grossies. (33, 34, 35) T. *orangées* simples diversement situées. (36) Deux T. *orangées* accouplées ou se divisant. (*a*) Sillon velu; (*b*) extrémité postérieure; (*c*) vésicules diaphanes; (*d*) points de réunion de deux individus.

32. TRICODE *prisme*. Dict.

T. ovoïde, convexe en dessus, dos marqué d'une carène longitudinale, extrémité antérieure retrécie; pl. 13, fig. 37-38.?

Reperitur in infusione marina, & etiam in aqua fluviatili plures menses servata.

Figuræ auctæ; (*a*) fissura anterior margine ciliata; (*b*) pili extremitatis anticæ; (*c*) extremitas postica; (*d*) pili brevissimi extremitatis posticæ.

28. TRICHODA *foveata*.

T. oblonga latiuscula, antice corniculis micantibus, postice mutica; tab. 13, fig. 26-28.
Reperitur in aqua marina fœtente.

Figuræ auctæ. (26) T. *foveata* ventre conspecta; (27) Alia dorso. (28) Alia latere incumbens. (*a*) Cornicula extremitatis anticæ; (*b*) foveola; (*c*) gibbositas dorsi; (*c*) pili extremitatis ant. cæ.

29. TRICHODA *striata*. Dict.

T. oblonga, altero margine anteriori sinuata & ciliata, utraque extremitate obtusa; tab. 13, fig. 29-30.
Reperitur in aqua fluviali.

Figuræ auctæ duplici situ conspectæ; (*a*) pectus sinuatum & ciliatum; (*b*) carina dorsi; (*c*) series ovulorum.

30. TRICHODA *uvula*. Dict.

T. planiuscula elongata, æqualis, antice crinita; tab. 13, fig. 31-32.
Reperitur in infusis vegetabilium vetustis putridis.

Figuræ valdè ampliatæ; (*a*) pili extremitatis anticæ; (*b*) canalis alimentarius; (*c*) globuli pellucidi; (*d*) pars postica.

31. TRICHODA *aurantia*. Dict.

T. ovata subsinuata, extremitate antica sulco crinito ad medium prolongato notata; tab. 13, fig. 33-36.

Reperitur in aquis cum *lemna*.

Figuræ auctæ. (33, 34, 35) T. *aurantia* solitariæ variè sitæ. (36) Duo T. *aurantia* in copula aut partitione. (*a*) Sulcus crinitus; (*b*) extremitas postica; (*c*) vesiculæ hyalinæ; (*d*) loci cohæsionis.

32. TRICHODA *prisma*. Dict.

T. ovata, subtus convexa, supra in carinam compressa, antice angustior; tab. 13, fig. 37-38.

Se trouve dans l'eau de mer après quelques jours de garde.

Figures très-grossies. (37) T. *prisme* solitaire vue du côté de la carène. (38) Deux de ces animalcules réunis. (*a*) Extrémité antérieure; (*b*) dos prismatique; (*c*) ventre convexe; (*d*) points d'adhérence.

Reperitur in aqua marina dies quasdam servata.

Figuræ valdè ampliatæ. (37) T. *prisma* solitaria à facie carenæ conspecta. (38) Bina ejusce speciei animalcula in cohæsione. (*a*) Apex; (*b*) dorsum prismaticum; (*c*) venter convexus; (*d*) locus cohæsionis.

33. TRICODE *pourprée*. Dict.

T. ovoïde, pointue en avant, marquée en dessous d'un sillon velu, extrémité postérieure perforée; pl. 13, fig. 39-41.
Se trouve là ou croît la *lenticule*.

Figures grossies. (39) T. *pourprée* solitaire. (40) deux T. *pourprées* adhérentes par les côtés. (41) Autres adhérentes bout-à-bout. (*a*) Extrémité antérieure; (*b*) ouverture ronde de l'extrémité postérieure; (*c*) deux organes pointus, sortant de temps en temps; (*d*) poils du sillon ventral; (*e, e*) points de réunion; (*f*) filament qui de l'extrémité antérieure d'un animalcule, pénetre dans l'ouverture postérieure de l'autre à qui il est attaché.

33. TRICHODA *ignita*. Dict.

T. ovata, apice acuminata, subtus sulco crinito notata, postice perforata; tab. 13, fig. 39-41.
Reperitur in aquis cum *lemna*.

Figuræ auctæ. (39) T. *ignita* solitaria. (40) Binæ T. *ignita* latere cohærentes. (41) Aliæ longitudinaliter coal.tæ. (*a*) Extremitas antica; (*b*) apertura, seu foramen rotundatum extremitatis posticæ; (*c*) organa bina setacea aliquotiès exserta; (*d*) pili sulci ventralis; (*e, e*) loci cohæsionis collateralis & longitudinalis; (*f*) filamentum ex extremitate anteriori animalculi penetrans in foramen posticum animalculi cui connectitur.

34. TRICODE *tenaille*. Dict.

T. ovale, terminée en avant en forme de pinces à lobes inégaux, velus; pl. 13, fig. 42, 43.
Se trouve dans l'eau sous la *lenticule*.

Figures grossies. (42) T. *tenaille* ayant les bords de ses pinces ouverts, (43) Autres dont les lobes des pinces sont croisés. (*a*) Pinces velues; (*b*) lobe des pinces en forme de faux; (*c*) autre lobe élargi au bout; (*d*) globule opaque.

34. TRICHODA *forceps*.

T. ovalis, antice forcipata, cruribus inæqualibus crinitis; tab. 13, fig. 42, 43.
Reperitur in aqua *lemna* obtecta.

Figuræ auctæ. (42 T. *forceps* cruribus separatis patulis. (43) Alia cruribus forcipis in formam crucis inflexis. (*a*) Forceps crinita; (*b*) lobus falciformis acuminatus; (*c*) lobus alter apice dilatatus; (*d*) globulus opacus.

35. TRICODE *bilobée*. Dict.

T. ventrue, extrémité antérieure fendue en deux lobes inégaux, postérieure terminée par deux mamelons; pl. 13, fig. 44, 45.
Se trouve dans l'eau des rivières.

(44) T. *bilobée* dont la fente est entrouverte. (45) Autre dont la fente est fermée. (*a*) Grand lobe de la fente antérieure cilié; (*b*) petit lobe non cilié; (*c*) mamelons de l'extrémité postérieure.

35. TRICHODA *forfex*.

T. ventrosa, antice lobis binis inæqualibus forcipata, postice papilla duplici instructa; tab. 13, fig. 44. 45.
Reperitur in aqua fluviali.

(44) T. *forfex* rima anteriori patula. (45) Alia rima clausa. (*a*) Lobus rimæ anticæ major ciliatus; lobus minor non ciliatus; (*c*) papillæ extremitatis posticæ.

36. TRICODE *index*. Dict.

T. oblongue-ovale, un des bords velu en-dessous, un angle de l'extrémité antérieure prolongé en forme de doigt; pl. 13, fig. 46, 47.
Trouvée dans l'eau de mer.

Figures grossies présentées sous deux aspects. (*a*) prolongement de l'extrémité antérieure en forme de doigt cilié; (*b*) poils du tronc.

36. TRICHODA *index*.

T. oblongo-ovata, margine altero subtus crinito, unoque apicis angulo in digitum producto; tab. 13, fig. 46, 47.
Reperta in aqua marina.

Figuræ auctæ duplici situ conspectæ. (*a*) Angulus alter extremitatis anticæ in digitum ciliatum elongatus; (*b*) pili trunci.

37. TRICODE *S*. Dict.

T. ftriée, velue en avant, extrémités cour-
bées en fens contraire; pl. 13, fig. 48, 49.
Se trouve dans l'infufion de la *lenticule*.

Figures groffies vues dans deux différentes fituations. (*a*) Extrémité antérieure velue; (*b*) poftérieure
tronquée obliquement; (*c*) la même échancrée.

38. TRICODE *batelet*. Dict.

T. triangulaire, extrémité antérieure tronquée
velue, poftérieure aiguë elevée; pl. 14, fig. 1-4.
Se trouve dans l'eau de mer.

Figures groffies vues dans différentes pofitions; (*a*)
extrémité antérieure fans poils; (*b*) la même velue;
(*c*) extrémité poftérieure aiguë, (*d*) carène du dos.

39. TRICODE *rognée*. Dict.

T. ovale, aplatie, ciliée fur les bords,
extrémité poftérieure échancrée en deux lobes
inégaux; pl. 14, fig. 5.
Se trouve avec la *lenticule*.

Figure groffie; (*a*) extrémité antérieure arrondie;
(*b*) partie poftérieure divifée en deux lobes inégaux.

40. TRICODE *fillonnée*. Dict.

T. ovale - ventrue, pointue en avant, le
ventre marqué d'un fillon longitudinal, &
velu de chaque côté; pl. 14, fig. 6-10.
Se trouve dans l'eau de la *moule commune*.

Figures groffies préfentées dans différentes pofitions.

41. TRICODE *canard*. Dict.

T. oblongue aplatie, col cylindrique, velu
au deffous de fon extrémité antérieure, pl.
14, fig. 11-12.
Se trouve dans les eaux les plus pures.

Figures groffies. (11) T. *canard* un peu raccourcie. (12) La même alongée. (*a*) Partie poftérieure;
(*b*) col diaphane; (*c*) poils fitués en deffous; (*d*)
poils fitués au deffus?

42. TRICODE *barbue*. Dict.

T. oblongue cylindrique, extrémité antérieure velue en-deffous depuis la pointe jufqu'au milieu du corps; pl. 14, fig. 13.
Trouvée dans l'eau des rivages.

37. TRICHODA *S*.

T. ftriata, antice crinita, extremitatibus in
oppofitum flexis; tab. 13, fig. 48, 49.
Reperitur in aqua *lemna*.

Figuræ auctæ duplici fitu confpicuæ; (*a*) extremitas antica crinita; (*b*) poftica oblique truncata; (*c*)
eadem pars emarginata.

38. TRICHODA *navicula*.

T. triquetra, antice truncata crinita, poftice
acuta prominula; tab. 14, fig. 1 - 4.
Reperitur in aqua marina.

Figuræ ampliatæ variè confpectæ. (*a*) Extremitas
antica non ciliata; (*b*) eadem crinita; (*c*) extremitas
poftica acuta; (*d*) carina dorfi.

39. TRICHODA *fuccifa*.

T. ovalis, depreffa, margine crinita, poftice
in bina crura inæqualia erofa; tab. 14. fig. 5.

Reperitur cum *lemna*.

Figura aucta; (*a*) extremitas anterior rotundata;
(*b*) pofterior in lobos inæquales partita.

40. TRICHODA *fulcata*.

T. ovato-ventricofa, apice acuminata, fulco
ventrali longitudinali utrinque crinito; tab.
14, fig. 6-10.
Reperitur in aqua inter valvulas *mytili edulis*
retenta.

Figuræ auctæ diverfo fitu confpectæ.

41. TRICHODA *anas*.

T. elongata complanata, collo tereti apice
fubtus crinito; tab. 14, fig. 11-12.

Occurrit in aquis purioribus.

Figuræ auctæ. (11) T. *anas* paululum contracta.
(12) Eadem elongata. (*a*) Pars poftica; (*b*) collum
hyalinum; (*c*) pili inferi; (*d*) pili fuperi?

42. TRICHODA *barbata*.

T. elongata, teres, fubtus ab apice ad medium crinita; tab. 14, fig. 13.

Reperta in aqua litorali.

Figure groſſie ; (*a*) poils de l'extrémité antérieure.

Figura aucta ; (*a*) pili extremitatis anticæ.

43. TRICODE *saucisse*. Dict.

T. oblongue cylindrique, obtuse en avant, bords environnés de poils; pl. 14, fig. 14-17.
Se trouve dans l'eau de la *moule bossue*.

Figures groſſies. (14, 15, 17) T. *saucisses* diverſement arquées. (16) Autre qui eſt peut-être un jeune individu de cette espèce.

43. TRICHODA *farcimen*.

T. elongata torulosa, antice obtuſa, margin pilis cincta; tab. 14, fig. 14-17.
Reperitur in aqua *mytili modioli*.

Figuræ auctæ. (14, 15, 17) T. *farcimina* varie f tæ & arcuatæ. (16) forſan junior ejuſdem ſpeciei.

44. TRICODE *velue*. Dict.

T. oblongue cylindrique, cilié par-tout, extrémité antérieure garni de poils, en deſſous, juſqu'au milieu du corps; pl 14, fig. 18.
Se trouve dans l'eau de mer.

Figure très-groſſie; (*a*) poils de l'extrémité antérieure.

44. TRICHODA *crinita*.

T. elongata, teres, undique ciliata, extremitate antica ſubtus ad medium uſque crinita; tab. 14, fig. 18.
Reperitur in aqua marina.

Figura valdè aucta; (*a*) pili extremitatis anticæ.

45. TRICODE *angle*. Dict.

T. oblongue, formant un angle vers le milieu, extrémité antérieure velue; pl. 14, fig. 19, 20.
Se trouve dans l'infuſion du foin.

Figures groſſies. (19) T. *angle* formant un angle obtus. (20) La même formant un angle droit. (*a*) Angle; (*b*) poils de la partie antérieure; (*c*) partie poſtérieure.

45. TRICHODA *angulus*.

T. elongata, in medio angulata, antice crinita; tab. 14, fig. 19, 20.

Reperitur in infuſo *feni*.

Figuræ ampliatæ. (19) T. *angulus* in angulum obtuſum plicata. (20) Eadem in angulum rectum. (*a*) Angulus; (*b*) pili partis anticæ; (*c*) pars poſtica.

46. TRICODE *pirogue*. Dict.

T. ovale-oblongue, les extrémités élevées, celle de devant velue; pl. 14, fig. 21--26.
Se trouve dans l'infuſion du *chiendent*.

Figures groſſies. (21, 22, 23) Trois animalcules de la variété A, vus en différentes poſitions. (24, 25, 26) Trois autres animalcules de la variété B diverſement ſitués. (*a*) Poils de l'extrémité antérieure; (*b*) canal longitudinal; (*c*) globules de l'extrémité poſtérieure.

46. TRICHODA *linter*.

T. ovato-oblonga, utraque extremitate prominula, apice crinita; tab. 14, fig. 21-26.

Reperitur in infuſione *graminis*.

Figuræ auctæ. (21, 22, 23) Tria animalcula varietatis A diverſo ſitu conſpecta. (24, 25, 26) cæter tria animalcula varietatis B diverſè poſita. (*a*) Pil extremitatis anticæ; (*b*) canalis longitudinalis; (*c* globuli poſticæ partis.

47. TRICODE *vermiculaire*. Dict.

T oblongue, cylindracée, col court velu à ſon extrémité; pl. 14, fig. 27--30.
Se trouve dans l'eau des rivières.

Figures groſſies. (27) Six de ces animalcules diverſement raccourcis. (28) Autre un peu alongé. (29, 30) Deux totalement développés. (*a*) Le col; (*b*) les poils; (*c*) veſicule tranſparente de l'extrémité poſtérieure.

47. TRICHODA *vermicularis*.

T. elongata, cylindracea, collo brevi apice crinito; tab. 14, fig. 27-30.
Reperitur in aqua fluviali.

Figuræ ampliatæ. (27) Sex T. *vermiculares* varié correptæ. (28) Alia minus correpta. (29, 30) binæ aliæ plenè extenſæ. (*a*) collum; (*b*) pili; (*c*) veſicula pellucida extremitatis poſticæ.

48. TRICODE _cheville_. Dict.

T. linéaire, aplatie, extrémité antérieure tronquée velue, postérieure obtuse; pl. 14, fig. 31,
Se trouve dans l'eau de mer, parmi les _ulves_.

Figures grossies; (a) extrémité antérieure tronquée velue; (b) extrémité postérieure; (c) T. _cheville_ dans l'état de contraction.

49. TRICODE _melitée_. Dict.

T. oblongue ciliée, col susceptible de dilatation, terminé par un globule velu; pl. 14, fig. 32--37.
Se trouve dans l'eau de mer.

Figures très-grossies représentant cet animalcule dans diverses positions, & dans différents états de dilatation de son col. (a) Col susceptible de dilatation; (b) globule velu de l'extrémité antérieure; (c) cils du corps.

50. TRICODE _douteuse_. Dict.

T. oblongue cylindrique, tronc revêtu de poils difficiles à appercevoir, extrémités diaphanes; pl. 15, fig 1--5.
Se trouve dans l'eau de mer.

(1) T. _douteufes_ vues au microscope simple. (2, 3) Autres plus grossies vues au microscope composé, dont les poils du tronc ne sont pas sensibles. (4, 5) autres également grossies dont le tronc & l'extrémité antérieure sont velus.

(a) Partie antérieure; (b) partie postérieure; (c) la même alongée & élargie; (d) poils de l'extrémité antérieure; (e) poils du tronc; (f) les mêmes recourbés vers le haut.

51 TRICODE _dentelée_. Dict.

T. ovoïde, comprimée, partie antérieure velue, postérieure tronquée obliquement, dentelée; pl. 15, fig. 6.
Se trouve dans l'eau des marais.

Figure grossie; (a) poils d'une des faces de l'extrémité antérieure; (b) poils de sa face opposée; (c) bord dentelé de l'extrémité postérieure.

52. TRICODE _chameau_. Dict.

T. épaissie en avant, velue, le milieu du corps échancré sur ses deux faces; pl. 15, fig. 7. 8.
Se trouve dans les infusions végétales.

48. TRICHODA _paxillus_.

T. linearis, depressa, antice truncata crinita, postice obtusa; tab. 14, fig. 31.

Reperitur in aqua marina, inter _ulvas_.

Figuræ auctæ; (a) extremitas antica truncata crinita; (b) extremitas postica: (c) T. _paxillus_ valdè contracta.

49. TRICHODA _melitea_.

T. oblonga, ciliata, colli dilatabilis apice globoso pilifero; tab. 14, fig. 32--37.

Reperitur in aqua marina.

Figuræ auctæ animalculum hoc diverso situ & sub diversa colli dilatatione & figura repræsentantes. (a) Collum dilatabile; (b) globulus pilifer extremitatis anticæ; (c) cilia corporis.

50. TRICHODA _ambigua_.

T. elongata, cylindrica, trunco pilis ægre visibilibus vestito, utraque extremitate hyalina; tab. 15, fig. 1-5.
Reperitur in aqua marina.

(1) T. _ambigua_ microscopio simplici visæ. (2, 3) aliæ magis auctæ microscopio composito inspectæ, trunco pilis denudato. (4, 5) aliæ æqualiter auctæ, trunco pilis vestito, extremitate antica crinita.

(a) Pars anterior aliquoties tubulosa; (b) pars postica; (c) eadem elongata & dilatata; (d) pili partis anticæ; (e) pili trunci; (f) pili trunci, antice porrecti.

51. TRICHODA _fimbria ta_.

T. obovata, depressa, apice crinita, postice oblique truncata serrata; tab. 15, fig. 6.

Reperitur in aqua palustri.

Figura aucta; (a) pili extremitatis anterioris paginæ observæ; (b) pili ejusdem extremitatis paginæ aversæ; (c) margo serratus extremitatis posticæ.

52. TRICHODA _camelus_.

T. antice crassiuscula, crinita, medio utrinque emarginata; tab. 15, fig. 7, 8.
Reperitur in infuso vegetabilium.

Figures groffies; (*a*) poils de l'extrémité antérieure; (*b*) dos tuberculeux.

Figuræ ampliatæ; (*a*) pili extremitatis anticæ; (*b*)
dorfum tuberculatum.

53. TRICODE augure. Dict.

T. oblongue, tronquée en avant, face antérieure munie de pieds en-deffous, poftérieure
garnie de foyes; pl. 15, fig. 9.
Trouvée dans l'eau des marais.

Figure groffie; (*a*) extrémité antérieure tronquée;
(*b*) petit bec; (*c*) pieds; (*d*) foyes.

53. TRICHODA augur.

T. oblonga, vertice truncata, infimo corporis margine antice pedato, poftice fetofo;
tab. 15, fig. 9.
Reperta in aqua paluftri.

Figura aucta; (*a*) extremitas antica truncata; (*b*)
roftellum; (*c*) pedes; (*d*) fetæ.

54. TRICONE poupée. Dict.

T. tête en forme de capuchon, velue, queue
courbée; pl. 15, fig. 10.
Se trouve dans les eaux où croît la *lenticule*.

Figure groffie. (*a*) Tête velue; (*b*) tronc; (*c*)
tubercules de la poitrine; (*d*) veficule diaphane;
(*e*) queue courbée en-deffous.

54. TRICHODA pupa.

T. capite cucullato crinito, cauda inflexa;
tab. 15, fig. 10.
Reperitur in aquis cum *lemna*.

Figura aucta; (*a*) caput crinitum; (*b*) truncus;
(*c*) tubercula pectoris; (*d*) veficula hyalina; (*e*) cauda fubtus inflexa.

55. TRICODE lunaire. Dict.

T. cylindrique, arquée, velue en avant, terminée en arriere par un cirre courbé; pl.
15, fig. 11-13.
Se trouve dans les eaux où croît la *lenticule*.

Figures de la T. *lunaire* groffies, préfentées dans
diverfes pofitions. (*a*) Partie du dos; (*b*) cirre de
la queue; (*c*) poils très-courts de l'extrémité antérieure.

55. TRICHODA lunaris.

T. teres, arcuata, apice crinita, cirro caudali
inflexo; tab. 15, fig. 11-13.

Reperitur in aquis ubi *lemna* vegetat.

Figuræ auctæ T. *lunaris* vario fitu exhibitæ; (*a*)
margo dorfalis; (*b*) cirrus caudalis inflexus; (*c*) pili
exiliffimi extremitatis anterioris.

56. TRICODE bilunaire. Dict.

T. aplatie, arquée, velue en avant, queue
compofée de deux foyes; pl. 15, fig. 14.
Se trouve dans l'eau des marais.

Figure groffie; (*a*) poils de l'extrémité antérieure;
(*b*) double échancrure; (*c*) foyes de la queue.

56. TRICHODA bilunis.

T. depreffa, arcuata, apice crinita, cauda
bifeta; tab. 15, fig. 14.
Reperitur in aqua paluftri.

Figura aucta; (*a*) pili extremitatis anticæ; (*b*) finus duplex; (*c*) fetæ caudales.

57. TRICODE rat. Dict.

T. oblongue, carinée, velue en avant, terminée en arriere par une foye très-longue;
pl. 15, fig. 15-17.
Trouvée dans l'eau des foffés.

Figures très-groffies; (*a*) extrémité antérieure
obtufe; (*b*) petite papille de la queue; (*c*) foye
très-longue de la queue; (*d*) extrémité antérieure
tronquée, garnie de poils; (*e*) maffe opaque qui
occupe le milieu du corps; (*f*) autre portant une vef-
fie enflée près de fon extrémité antérieure, qui eft
peut-être fon ovaire.

57. TRICHODA ratius.

T. oblonga, carinata, antice crinita, poftice feta longiffima; tab. 15, fig. 15-17.

Reperta in aqua foflorum.

Figuræ valdè auctæ; (*a*) extremitas antica obtufa;
(*b*) papillula caudæ; (*c*) feta caudalis longiffima; (*d*)
extremitas antica truncata, pilis breviffimis munita;
(*e*) maffa opaca interaneorum in media corporis parte confpicua; (*f*) alia ejufdem fpeciei *trichoda* vefi-
cam antice ferens, quæ fortè ovarium.

58. TRICODE _tigre._ Dict.

T. presque cylindrique oblongue, velue en avant, queue composée de deux soyes longues; pl. 15, fig. 18.
Se trouve dans l'eau des marais.

Figure très-grossie; (_a_) extrémité antérieure; (_b_) les poils dont elle est garnie; (_c_) le tronc; (_a_) les deux soyes de la queue.

58. TRICHODA _tigris._

T. subcylindrica, elongata, apice crinita, cauda setis duabus longis; tab. 15, fig. 18.

Reperitur in aqua palustri.

Figura valdè aucta; (_a_) extremitas antica; (_b_) pili quibus munitur; (_c_) truncus; (_d_) setæ binæ caudales.

59. TRICODE _gobelet._ Dict.

T. oblongue, tronquée en avant, velue, queue articulée terminée par deux soyes; pl. 15, fig. 19-22.
Se trouve au même endroit que la précédente.

Figures très-grossies. (19) T. _gobelet_ ayant la bouche fermée, (20) La même ayant la bouche ouverte & quatre articulations à la queue. (21) La même avec cinq articulations à la queue. (22) La bouche représentée ouverte & sans poils.

(_a_) Mâchoires fermées; (_b_) deux papilles élevées de la queue; (_c_) soyes qui terminent la queue; (_d_) petit cirre intermédiaire; (_e_) poils de l'extrémité antérieure; (_f_) organe de la déglutition; (_g_) mâchoires ouvertes. —

59. TRICHODA _pocillum._

T. oblonga, antice truncata, crinita, cauda articulata biseta; tab. 15, fig. 19-22.

Reperitur in eodem loco, cum præcedenti

Figuræ valdè auctæ. (19) T. _pocillum_ ore clauso. (20) Eadem ore aperto, articulisque caudæ quatuor. (21) Eadem antice truncata, caudæ articulis quinque. (22) Os magis auctum apertum, pilis conditis.

(_a_) Maxillæ clausæ; (_b_) papillæ binæ supra caudam productæ; (_c_) setæ caudales; (_d_) cirrulus intermedius; (_e_) pili extremitatis anticæ; (_f_) musculus deglutorius; (_g_) maxillæ dimotæ.

60. TRICODE _clou._ Dict.

T. extrémité antérieure arrondie velue, postérieure insensiblement retrécie; pl. 15, fig. 23.
Se trouve dans les marécages.

Les trois figures représentées sous le même numéro offrent la T. _clou_ grossie, & diversement située. (_a_) Les poils de la tête; (_b_) la queue très-effilée.

60. TRICHODA _clavus._

T. antice rotundata, crinita, postice acuminato caudata; tab. 15, fig. 23.

Occurrit in paludosis.

Figuræ tres sub eodem numero repræsentatæ T. _clavum_ auctam & diversè sitam ostendunt. (_a_) pili capitis; (_b_) cauda acuminata.

61. TRICODE _cornue._ Dict.

T. convexe dessus, plane dessous, extrémité antérieure velue, queue lineaire simple; pl. 15, fig. 24-26.
Se trouve dans les rivieres sur les tiges de plantes aquatiques.

Figures grossies. (24) T. _cornue_ dont la tête est saillante. (25) La même ayant la tête rentrée & la queue étendue. (26) La même ayant la tête rentrée & la queue repliée sous le ventre, vue de côté. (_a_) La tête garnie de poils très-courts; (_b_) cornes de l'extrémité antérieure; (_c_) dos convexe; (_d_) queue; (_e_) deux petites pointes de la queue.

61. TRICHODA _cornuta._

T. supra convexa, subtus plana, apice crinita, cauda lineari simplici; tab. 15, fig. 24-26.
Reperitur in fluviis cum plantis aquaticis.

Figuræ auctæ. (24) T. _cornuta_ capite exserto. (25) Eadem capite retracto, cauda extensa. (26) Eadem capite retracto, cauda in ventrem replicata, latere conspecta. (_a_) Caput exsertum pilis brevissimis instructum; (_b_) cornicula extremitatis anticæ; (_c_) dorsum convexum; (_d_) cauda; (_e_) mucrones caudales.

62. TRICODE _poule._ Dict.

T. oblongue, courbée en avant, tête velue, queue composée d'une houppe de poils; pl. 15, fig. 27.
Se trouve dans l'eau des rivieres.

62. TRICHODA _gallina._

T. elongata, antice arcuata, fronte crinita, cauda pilis penicilliformibus; tab. 15, fig. 27.
Reperitur in aqua fluviali.

Figure grossie ; (a) tête ovale ; (b) col légèrement arqué ; (c) globules ou œufs contenus dans l'intérieur ; (d) queue ; (e) poils en forme de houppe.

Figura ampliata ; (a) caput crinitum ; (b) collum subarcuatum ; (c) globuli interaneorum , aut ova ; (d) cauda ; (e) pili penicilliformes.

63. TRICODE *souris*. Dict.

T. oblongue-ovale , extrémité antérieure velue , postérieure caudée en dessous ; pl. 15, fig. 28--30.
Se trouve dans l'infusion du foin après plusieurs semaines.

Figures grossies. (28, 30) T. *souris* vues de côté ; (29) Autre vue sur le dos. (a) Extrémité antérieure velue ; (b) queue droite ou inclinée.

63. TRICHODA *musculus*.

T. oblongo-ovata, antice crinita , postice subtus caudata , tab. 15, fig. 28--30.

Reperitur in infuso feni , post plures septimanas.

Figuræ auctæ. (28, 30) T. *musculi* à latere conspectæ. (29) Alia à dorso visa ; (a) extremitas antica crinita ; (b) cauda recta aut inflexa.

64. TRICODE *battoir*. Dict.

T. aplatie , en forme de battoir, velue en avant, queue pointue légérement recourbée ; pl. 15, fig. 31, 32.
Se trouve dans l'eau des rivières.

Figures grossies différemment situées ; (a) poils de la face antérieure ; (b) queue ; (c) tubercule.

64. TRICHODA *delphis*.

T. complanato clavata, fronte crinita, cauda acuminata subreflexa , tab. 15, fig. 31, 32.
Reperitur in aqua fluviali.

Figuræ auctæ variè sitæ ; (a) pili antici ; (b) cauda ; (c) tuberculum.

65. TRICODE *dauphin*. Dict.

T. oblongue, extrémité antérieure velue, queue tronquée recourbée ; pl. 15, fig. 33, 34.
Se trouve dans l'infusion du foin, après quinze jours.

Figures grossies. (33) T. *dauphin* ayant sa queue élevée perpendiculairement. (34) Autre dont la queue est appuyée obliquement sur le dos ; (a) poils de l'extrémité antérieure ; (b) bout élargi de la queue.

65. TRICHODA *delphinus*.

T. oblonga, antice crinita , cauda reflexa truncata ; tab. 15, fig. 33, 34.

Reperitur in infuso feni , post duas septimanas.

Figuræ ampliatæ. (33) T. *delphinus* cauda perpendiculariter flexa. (34) Altera , cauda obliquè dorso incumbente ; (a) pili extremitatis anticæ ; (b) apex caudæ dilatatus.

66. TRICODE *massue*. Dict.

T. en forme de massue, épaissie en avant & velue , extrémité postérieure retrécie , quelquefois recourbée ; pl. 15, fig. 35, 36.
Se trouve dans les marécages.

Figures grossies diversement situées ; (a) poils de l'extrémité antérieure ; (b) queue droite & recourbée ; (c) angle du ventre.

66. TRICHODA *clava*.

T. clavata , antice crassa crinita , postice angustata reflexilis ; tab. 15, fig. 35, 36.

Reperitur in paludosis.

Figuræ auctæ diverse sitæ ; (a) pili extremitatis anticæ ; (b) cauda recta & inflexa ; (c) angulus ventralis.

67. TRICODE *lapin*. Dict.

T. oblongue, aplatie, velue en avant, extrémité postérieure terminée en pointe ; pl. 15, fig. 37.
Se trouve dans les eaux les plus pures.

Figure grossie ; (a) extrémité antérieure velue ; (b) postérieure terminée en pointe ; (c) vésicules internes.

67. TRICHODA *cuniculus*.

T. oblonga complanata, antice crinita , postice subacuminata ; tab. 15, fig. 37.

Reperitur in aquis purioribus.

Figura aucta ; (a) extremitas antica crinita ; (b) postica subacuminata ; (c) vesiculæ interaneorum.

68. TRICODE *chatte*. Dict.

T. arquée épaisse, rétrécie en avant, queue atténuée, ventre velu sur toute sa longueur; pl. 16, fig. 1.
On ignore l'endroit où on trouve cette espèce.

Figure grossie; (*a*) poils de l'extrémité antérieure; (*b*) la queue; (*c*) les poils du ventre.

68. TRICHODA *felis*.

T. curvata, crassa, antice angustior, postice in caudam attenuata, subtus longitudinaliter crinita; tab. 16, fig. 1.
Locus natalis hujusce speciei ignoratur.

Figura aucta; (*a*) pili extremitatis anticæ; (*b*) cauda; (*c*) pili ventrales.

69. TRICODE *poisson*. Dict.

T. oblongue aplatie, velue en avant, terminée en arriere par une queue très-fine, pl. 16, fig. 2--5.
Se trouve dans l'eau douce avec la *lenticule*.

Figures grossies, représentant la T. *poisson* diversement située; (*a*) extrémité antérieure velue; (*b*) la queue; (*c*) la face convexe; (*d*) la face concave; (*e*) échancrure qui se présente sur quelques individus.

69. TRICHODA *piscis*.

T. oblonga, complanata, antice crinita, postice in caudam exquisitam attenuata; tab. 16, fig. 2--5
Reperitur in aquis, ubi *lemna*.

Figuræ auctæ T. *piscem* diversè sitam repræsentantes; (*a*) extremitas antica crinita; (*b*) cauda, (*c*) pagina convexa; (*d*) pagina concava; (*e*) sinus in quibusdam occurens.

70. TRICODE *goëland*. Dict.

T. cylindrique oblongue, tronc velu, queue fendue en deux pointes; pl. 16 fig. 6--8.
Se trouve dans l'eau de riviere.

Figures grossies représentant la T. *goëland* en diverses positions; (*a*) la tête; (*b*) le col; (*c*) les poils du dos; (*d*) les deux pointes de la queue; (*e*) les poils du ventre.

70. TRICHODA *larus*.

T. teres, elongata, trunco crinito, cuspide caudali duplici, tab. 16, fig. 6--8.
Reperitur in aqua fluviali.

Figuræ auctæ T. *larum* diversè sitam ostendentes; (*a*) caput; (*b*) collum; (*c*) pili dorsales; (*d*) binæ cuspides caudæ; (*e*) pili ventrales.

71. TRICODE *longue-queue*. Dict.

T. cylindracée, tronquée en avant & velue, queue longue biarticulée, terminée par deux soyes; pl. 16 fig. 9--11.
Se trouve dans les marais.

Figures grossies. (9) T. *longue-queue* étendue. (10, 11) Deux autres ayant la tête contractée & courbée; (*a*) les poils; (*b*) la tête; (*c*) l'organe de la déglutition; (*d*) l'éfophage; (*e*) les deux articulations de la queue; (*f*) les deux soyes de la queue écartées; (*g*) les mêmes se croisant.

71. TRICHODA *longicauda*.

T. cylindracea, antice truncata & crinita, cauda elongata biarticulata, biseta; tab. 16, fig. 9--11.
Reperitur in paludosis.

Figuræ auctæ. (9) T. *longicauda* recta extensa. (10, 11) Binæ aliæ capite flexo correpto; (*a*) pili (*b*) caput; (*c*) musculus deglutorius; (*d*) œsophagus; (*e*) bini caudæ articuli; (*f*) setæ binæ caudales extensæ & dimotæ; (*g*) setæ caudales cruciatim sibi impositæ.

72. TRICODE *fixe*. Dict.

T. Sphérique, bordé de poils sur toute sa circonférence, terminé en arriere par un fil fourchu à son extrémité; pl. 16 fig. 12, 13.
Trouvé dans l'eau des rivages.

Figures grossies. (12) T. *fixe* pedicellée. (13) La même enveloppée par une *Lucophre signalée*; (*a*) poils de la circonférence; (*b*) fil postérieur; (*c*) base fourchue; (*d*) *Tricode fixe*; (*e*) *Lucophre signalée*.

72. TRICHODA *fixa*.

T. sphærica, peripheria crinita, postice filo basi furcato pedicellata; tab. 16, fig. 12, 13.
Reperta in aqua litorali.

Figuræ auctæ. (12) T. *fixa* pedicellata. (13) Eadem *Leucophra signata* agglutinata; (*a*) pili peripheriæ, (*b*) Filum caudale? (*c*) basis bifurcata; (*d*) *Trichoda fixa*; (*e*) *Leucophra signata*.

73. TRICODE *locataire*. Dict.

T. contenue dans un fourreau cylindrique diaphane, pédicule se tortillant dans le fond du fourreau; pl. 16 fig. 14--17.
Se trouve dans l'eau de mer récente & pure, comme aussi dans celle qui a été longtems gardée.

Figures grossies. (14) T. *locataire* dreffée au haut du fourreau. (15) Autre divifée en deux animalcules contenus dans le même fourreau, & pourvus d'un pédicule. (16) Autre remplissant presque en totalité la cavité du fourreau. (17) Autre rentré dans le fond du fourreau, dont des *Monades* occupent les parois.

(14, *a*) Le corps de l'animalcule; (*b*) l'extrémité inférieure du fourreau; (*c*) le pédicule. (15, 16, *a*) Les poils de l'extrémité antérieure épanouis; (*b*) l'extrémité inférieure du fourreau; (*c*) le pédicule; (*d*) le corps de l'animalcule raccourci. (17, *a*) le corps de l'animalcule rentré au fond du fourreau; (*b*) *Monades* attachées aux parois du fourreau.

74. TRICODE *propriétaire*. Dict.

T. contenue dans un fourreau comprimé élargi au bas, & fixée à fa bafe, pl. 16. fig. 18--20.
Se trouve dans l'eau de mer.

Figures grossies. (18, 19) T. *propriétaires* étendues. (20) Autre contractée dans l'interieur du fourreau; (*a*) fourreau diaphane; (*b*) animalcule; (*c*) poils de l'extrémité antérieure; (*d*) queue atténuée, adhérente au fond du fourreau.

75. TRICODE *innée*. Dict.

T. contenue dans un fourreau cylindrique, pedicule fitué à la bafe externe du fourreau; pl. 16, fig. 21--24.
Se trouve dans l'eau de mer.

Obf. cette efpèce & les deux précédentes paroiffent devoir former un genre diftinct de celui de la *tricode*, & de celui de la *vorticelle.*

Figures grossies. (21, 22) T. *innées* dans leur fituation naturelle; (*a*) le fourreau diaphane; (*b*) l'animalcule; (*c*) les poils de l'extrémité antérieure; (*d*) le pédoncule ou la queue; (*e*) les trois pointes dont elle est terminée.

(23, 24) T. *innées* rentrées dans leur fourreau; (*a*) le fourreau; (*b*) l'extrémité antérieure de l'animalcule rentré; (*d*) le pédicule; (*e*) les pointes.

76. TRICODE *transfuge*. Dict.

T. élargie, velue en avant, queue aplatie

73. TRICHODA *inquilina*.

T. vaginata, folliculo cylindrico hyalino, pedicello intra folliculum retortili; tab. 16, fig. 14--17.
Reperitur in aqua marina recenti & pura, etiam in non renovata & longo tempore fervata.

Figuræ auctæ. (14) T. *inquilina* in extremum ufque folliculi porrecta. (15) Alia induos pullos jam divifa u;roque intra folliculum commune habitante & pedicellato. (16) Altera cavitatem folliculi ferè adimplens. (17) Alia in fundo folliculi retracta, cujus margines occupant *monades.*

(14, *a*) Corpus animalculi; (*b*) extremitas inferior folliculi; (*c*) pedicellus. (15, 16, *a*) pili extremitatis anticæ exferti; (*b*) extremitas infera folliculi; (*c*) pedicellus; (*d*) corpus animalculi correpti. (17, *a*) Corpus animalculi in fundo folliculi retractum; (*b*) *monades* folliculo agglutinatæ.

74. TRICHODA *ingenita*.

T. vaginata folliculo depreffo bafi latiore feffilis; tab. 16, fig. 18--20.

Reperitur in aqua marina.

Figuræ ampliatæ; (18, 19) T. *ingenita* extenfæ. (20) Alia correpta in medio folliculo; (*a*) folliculus; (*b*) animalculum; (*c*) pili extremitatis anticæ; (*d*) cauda attenuata fundo folliculi innata.

75. TRICHODA *innata*.

T. vaginata folliculo cylindrico, pedicello extra folliculum fito; tab. 16, fig. 21--24.

Reperitur in aqua marina.

Obf. hæc fpecies & duo præcedentes videntur diftinguendæ à genere *trichoda* ficuti à genere *vorticella.*

Figuræ auctæ. (21, 22) T. *innatæ* in fitu naturali extenfæ; (*a*) folliculus hyalinus; (*b*) animalculum extenfum; (*c*) pili extremitatis anterioris; (*d*) pedunculus feu cauda; (*e*) cufpides tres quibus extrema cauda munitur.

(23, 24) T. *innatæ* intra folliculum correptæ; (*a*) folliculus; (*b*) extremitas antica animalculi correpta; (*d*) pedicellus; (*e*) cufpides.

76. TRICHODA *transfuga.*

T. latiufcula, anticè crinita, cauda altero
échancrée

échancrée d'un côté, mucronée de l'autre, garnie de soyes au dessous; pl. 16, fig. 25, 26.
Fut trouvée dans de l'eau de mer gardée plusieurs jours.

Figures grossies. (25) Deux T. *transfuges* accouplées. (26) Autre simple un peu élargie; (*a*) extrémité antérieure garnie de poils; (*b*) le tronc parsemé de molécules; (*c*) la queue garnie de quelques soyes.

latere sinuata, altero mucronata; infernè setosa; tab. 16, fig. 25, 26.

Reperta in aqua marina plures dies servata.

Figuræ ampliatæ. (25) Duo T. *transfugæ* copula junctæ. (26) Altera simplex parum dilatata; (*a*) extremitas anterior pilosa; (*b*) truncus moleculis impletus; (*c*) cauda setis munita.

77. TRICODE *ciliée*. Dict.

T. presque triangulaire, ventrue, ciliée, extrémité postérieure garnie d'un rang de poils longs, pl. 16, fig. 27--29.
Se trouve dans l'eau de la *moule commune*.

Figures grossies. (28) T. *ciliée* de forme triangulaire ciliée à sa superficie, sans poils à son extrémité postérieure. (27, 29) Deux T. *ciliées* de forme plus allongée, garnies sur leur face postérieure d'un rang de poils longs; (*a*) partie antérieure; (*b*) postérieure.

77. TRICHODA *ciliata*.

T. subtriangularis, ventricosa, undique ciliata, postice crinibus longis pectinata; tab. 16, fig. 27--29.
Reperitur in aqua *mytili edulis*.

Figuræ auctæ. (28) T. *ciliata* figura triangulari, undique ciliata, pilis pectinatis postice denudata. (27, 29) Duo T. *ciliatæ* figura magis elongata, postice serie unica pilorum pectinatæ; (*a*) pars antica; (*b*) pars postica.

78. TRICODE *bulle*. Dict.

T. membraneuse, les bords recourbés, terminée aux extrémités par une houppe de poils; pl. 16, fig. 30.

Obs. Cette espece ne diffère de la *bursaire repliée* que par les houppes de poils de ses extrémités.
Se trouve dans les eaux où croît la *lenticule*.

Figure grossie; (*a*) extrémité antérieure; (*b*) postérieure; (*c*) les deux bords recourbés en dedans.

78. TRICHODA *bulla*.

T. membranacea, lateribus inflexis, antice & postice crinita; tab. 16, fig. 30.

Obs. A *bursaria duplella* differt hæc species pilis tantum quibus antice & postice micat.
Reperitur in aquis cum *lemna*.

Figura aucta; (*a*) extremitas anterior; (*b*) posterior; (*c*) laterum margines inflexi.

79. TRICODE *pellionelle*. Dict.

T. cylindracée, extrémité antérieure velue, postérieure garnie de soyes; pl. 16, fig. 31.
Se trouve dans les infusions végétales.

Figure grossie; (*a*) poils antérieurs; (*b*) soyes postérieures.

79. TRICHODA *pellionella*.

T. cylindracea, antice crinita, postice setosa, tab. 16, fig. 31.

Reperitur in infuso vegetabilium.

Figura aucta; (*a*) pili anteriores; (*b*) setæ posteriores.

80. TRICODE *cycloïde*. Dict.

T. ovoïde, fendue en avant, les deux extrémités velues; pl. 16, fig. 32, 33.
Se trouve dans les infusions végétales.

Figures grossies. (32) T. *cycloïde* dont la fente antérieure est fermée. (33) La même dont la fente antérieure est ouverte; (*a*) partie antérieure velue; (*b*) postérieure.

80. TRICHODA *cyclidium*.

T. ovata, antice fissa, extremitatibus crinitis; tab. 16, fig. 32, 33.
Reperitur in infusione vegetabilium.

Figuræ auctæ. (32) T. *cyclidium* rima anteriori clausa. (33) Eadem rictu anteriori aperto; (*a*) pars antica crinita; (*b*) postica.

81. TRICODE *coureuse*. Dict.

T. ovale oblongue, velue en avant, extrémité postérieure, garnie de deux faisceaux de poils, les uns droits, les autres courbes; pl. 16, fig. 34.
Trouvée dans de l'eau de mer, qui avoit été gardée deux mois.

Figure grossie; (*a*) poils de l'extrémité antérieure; (*b*) bande diaphane; (*c*) faisceau de poils courbes; (*d*) faisceau de poils droits.

82. TRICODE *puce*. Dict.

T. oblongue-ovale, échancrée au dessous du sommet, les deux extrêmités velues; pl. 16, fig. 35, 36.
Se trouve dans les eaux douces sous la *lenticule.*

Figures grossies. (35) T. *puce* dans la forme sous laquelle elle se présente le plus souvent. Autre variété de la même espèce dont la forme est plus ovoïde, & l'échancrure plus profonde; (*a*) extrémité antérieure velue; (*b*) postérieure; (*c*) échancrure.

83. TRICODE *lyncée*. Dict.

T. presque carrée, bec crochu, bouche velue, extrémité postérieure garnie de soyes; pl. 16, fig. 37, 38.
Se trouve dans l'eau douce, gardée quelques mois.

Figures grossies. T. *lyncée* solitaire. (38) Deux T. *lyncées* accouplées par leur extrémité postérieure; (*a*) bec crochu; (*b*) bouche velue; (*c*) soyes de l'extrémité postérieure.

84. TRICODE *écusson*. Dict.

T. orbiculaire, échancrée en avant, un des bords velu, face postérieure garnie de soyes; pl. 16, fig. 39-42.
Se trouve dans l'eau des rivieres.

Figures grossies représentant la *tricode écusson* dans diverses positions; (*a*) poils d'un des côtes; (*b*) soyes de l'extrémité postérieure; (*c*) échancrure antérieure.

85. TRICODE *rostrée*. Dict.

T. comprimée, variable, jaunâtre, munie de poils & de soyes pédiformes; pl. 17, fig. 1 - 3.
Se trouve dans l'infusion ancienne de *lenticule.*

81. TRICHODA *cursor*.

T. ovato-oblonga, antice crinita, postice duplici pilorum strictorum & curvorum fasciculo munita; tab. 16, fig. 34.

Reperta in aqua marina, duos menses servata.

Figura aucta; (*a*) pili extremitatis anterioris; (*b*) area antica hyalina; (*c*) fasciculus pilorum curvatorum; (*d*) fasciculus pilorum strictorum.

82. TRICHODA *pulex*.

T. oblongo-ovata, infra apicem incisa, fronte & basi crinita; tab. 16, fig. 35, 36.

Reperitur in aquis sub *lemna*.

Figuræ auctæ. (35) T. *pulex* eadem forma qua plerumque occurrit. (36) Alia ejusdem speciei varietas cujus figura ad ovatam magis accedit & cujus incisura profundior; (*a*) extremitas antica crinita; (*b*) postica; (*c*) incisura.

83. TRICHODA *lynceus*.

T. subquadrata, rostro adunco, ore crinito, basi setosa; tab. 16. fig. 37, 38.

Reperitur in aqua dulci, plures menses servata.

Figuræ auctæ. (37) T. *lynceus* solitaria. (38) Duo T. *lyncei* copula per extremitatem posticam adherentes; (*a*) rostrum aduncum; (*b*) os crinitum; (*c*) setæ extremitatis posticæ.

84. TRICHODA *erosa*.

T. orbicularis, antice emarginata, altero latere crinita, postice setosa; tab. 16, fig. 39-42.
Reperitur in aquis fluvialibus.

Figuræ auctæ T. *erosam* variè sitam repræsentantes; (*a*) pili unilaterales; (*b*) setæ extremitatis posticæ; (*c*) pars anterior emarginata.

85. TRICHODA *rostrata*.

T. depressa, mutabilis, flavescens, pilis, setisque pediformibus; tab. 17, fig. 1-3.

Reperitur in aqua *lemnæ* servata.

Figures groffies. (1) T. *roftrée* avec le bec alongé. (2) La même avec le bec rentré à moitié. (3) La même dont le bec eft rentré en totalité ; (a) le bec ; (b) les foyes pediformes ; (c) les longs poils.

86. TRICODE *bouteille*. Dict.

T. cylindrique, ventrue en arriere & garnie de foyes, bec diaphane prolongé en avant; pl. 17, fig. 4, 5.
Se trouve avec la précédente.

Figures groffies ; (a) bec antérieur ; (b) foyes poftérieures.

87. TRICODE *caron*. Dict.

T. en forme de nacelle fillonée longitudinalement, les extrémités velues; pl. 17, fig. 6-14.
Se trouve dans l'eau de mer très-pure, comme dans celle qui eft corrompue.

Figures groffies. (6) T. *caron* vue au dos. (7) Vue au ventre. (8) Vue fur le côté. (9) La même enceinte, dont l'ovaire eft tranfparent. (10) Autre dont l'ovaire eft opaque. (11) Ovaire détaché. (12) Deux T. *carons* réunies par leur extremité poftérieure. (13) Autres réunies par les bords du dos. (14) Autres réunies de maniere que l'extrémité fupérieure de l'une eft attachée à l'extrémité inférieure de l'autre ; (a) partie antérieure garnie de poils ; (b) partie poftérieure garnie de foyes; (c) foffette du ventre ; (d) ovaire tranfparent; (e) ovaire opaque ; (f) globule opaque de l'ovaire.

88. TRICODE *punaife*. Dict.

T. ovale, luifante fur les bords, garnie de poils aux extrémités; pl. 17, fig. 15-18.
Se trouve dans les infufions végétales.

Figures groffies. (15, 16) T. *punaifes* nageant vues dans deux pofitions différentes. (17) Autre marchant à l'aide de fes poils, comme avec des pieds. (18) Deux T. *punaifes* accouplées ; (a) poils courbés de l'extrémité antérieure ; (b) poils droits de l'extrémité poftérieure ; (c) échancrure du bout antérieur ; (d) dos convexe ; (e) poils antérieurs relevés vers le dos ; (f) corps fur lequel l'animalcule marche; (g) point par où fe fait l'accouplement; (h) le ventre.

89. TRICODE *cigale*. Dict.

T. ovale, bordée d'obfcur, velue devant & deffous, denuée de poils en arriere; pl. 17, fig. 19-20.
Se trouve dans l'eau de riviere.

Figures groffies. (19) Deux T. *cigales* nageant ; on a répeté ici par mégarde le num. 18. (20) Deux

---

Figuræ auctæ. (1) T. *roftrata* roftro exferto. (2) Eadem roftro fubcondito. (3) Eadem roftro plenè condito ; (a) roftrum ; (b) fetæ pediformes ; (c) pili longi.

86. TRICHODA *lagena*.

T. cylindrica, poftice ventricofa fetofa, roftro producto hyalino ; tab. 17, fig. 4, 5.

Reperitur cum præcedente.

Figuræ auctæ; (a) roftrum anticum ; (b) fetæ pofteriores.

87. TRICHODA *charon*.

T. cymbiformis, longitudinaliter fulcata, antice & poftice crinita; tab. 17. fig. 6 - 14.

Reperitur in aqua marina pura, & etiam in aqua marina maxime fetida.

Figuræ auctæ ; (6) T. *charon* dorfo confpecta. (7) Ventre vifa. (8) Latere objecta. (9) Mater gravida ovario pellucido, (10) Altera mater ovario opaco. (11) ovarium de corpore folutum. (12) Binæ T. *charontes* partibus pofticis cohærentes. (13) Aliæ dorfi margine paralelle coalitæ. (14) Aliæ longitudinaliter cohærentes, ita ut aliæ pars anterior adhæreat poft cæ parti alterius ; (a) pars anterior pilofa; (b) pars pofterior fetofa ; (c) pars ventris concava, feu foffa ventralis ; (d) ovarium pellucidum ; (e) ovarium opacum ; (f) ovarii globulus opacus.

88. TRICHODA *cimex*.

T. ovalis, marginibus lucidis, antice & poftice crinita; tab. 17, fig. 15-18.
Reperitur in infufo vegetabili.

Figuræ ampliatæ. (15, 16) T. *cimices* natantes duplici fitu confpectæ. (17) Alia pilis, ficuti totidem pedibus, ambulans. (18) Binæ T. *cimices* copula junctæ ; (a) pili arcuati extremitatis anterioris ; (b) pili ftricti extremitatis pofterioris ; (c) incifio partis anticæ ; (d) dorfum convexum ; (e) pili antici verfus dorfum porrecti ; (f) objecta quibus incedit animalculum ; (g) locus cohæfionis in copula ; (h) venter.

89. TRICHODA *cicada*.

T. ovalis, marginibus obfcuris, antice & fubtus crinita, poftice mutica; tab. 17, fig. 19, 20.
Reperitur in aqua fluviali.

Figuræ auctæ. (19) T. *cicada* natantes ; hic pro errore num. 18 duplicavit fculptor. (20) Binæ T. *ci-*

T. *cigales* marchant à l'aide de leurs poils; (*a*) poils de l'extrémité antérieure; (*b*) partie postérieure dénuée de poils; (*c*) dos convexe de ces animalcules pendant qu'ils marchent; (*d*) corps sur lesquels ils marchent.

cada pilis deambulantes; (*a*) pili extremitatis anterioris; (*b*) pars posterior pilis denudata; (*c*) dorsum animalculorum convexum sub incessu; (*d*) objecta quibus incedunt.

14. KERONE,

14. KERONA.

Caract. du genre.

Ver microscopique, muni sur une partie de sa superficie de piquants courbés, semblables à des cornes (*).

Charact. generis.

Vermis inconspicuus, in quadam superficiei parte aculeis corniformibus munitus (*).

1. KERONE *rateau.* Dict.

K. orbiculaire, membraneuse, formant un angle sur le côté, une des faces garnie de trois rangs de cornes; pl. 17, fig. 1, 2.
Se trouve dans l'eau de riviere, & dans celle de mer.

Figures grossies. (1) K. *rateau* fluviatile, (2) K. *rateau* marine vues l'une & l'autre du côté des cornes, mais dans deux positions différentes; (*a*) angle marginal, (*b*) petites cornes.

1. KERONA *rastellum.*

K. orbicularis, membranacea, hinc angulata, altera pagina serie triplici corniculata; tab. 17, fig. 1, 2.
Reperitur in aqua fluviali, & in marina.

Figuræ aucta magnitudine. (1) K. *rastellum* fluviatilis, (2) K. *rastellum* marina; ambo conspectæ a facie corniculorum, situ vario; (*a*) angulus marginalis; (*b*) cornicula.

2. KERONE *carrée,* Dict.

K. presque quadrangulaire, bec obtus, disque armé de cornes brillantes; pl. 17, fig. 3-6.
Se trouve dans l'eau de mer, longtems gardée.

Figures grossies représentant quatre de ces animalcules dans diverses positions.

2. KERONA *lyncaster.*

K. subquadrata, rostro obtuso, disco corniculis micantibus, tab. 17, fig. 3-6.
Reperitur in aquâ marina diù servata.

Figuræ auctæ, animalcula quatuor diversè sita repræsentantes.

3. KERONE *masquée.* Dict.

K. ovale-oblongue, armée en avant de cornes noires semblables à des points, partie postérieure munie de pinnules longitudinales; pl. 17, fig. 7, 8.
Se trouve parmi les *conferves* des rivières.

(7) K. *masquée* grossie. (8) La même plus grossie; (*a*) points noirs de l'extrémité antérieure; (*b*) cornes noires à la place des points; (*c*) poils de l'extrémité antérieure; (*d*) aiguillon situé sur un côté du corps; (*e*) globules transparents; (*f*) pinnules de l'extrémité postérieure.

3. KERONA *histrio.*

K. ovato-oblonga, antice corniculis nigris punctiformibus, postice pinnulis longitudinalibus instructa; tab. 17, fig. 7, 8.

Reperitur inter *conservas* fluviales.

(7) K. *histrio* aucta. (8) Eadem magis aucta; (*a*) puncta nigra partis anticæ; (*b*) cornicula nigra declarata; (*c*) pili extremitatis anterioris; (*d*) mucro ad latus alterum situs; (*e*) globuli pellucentes; (*f*) pinnuæ extremitatis posticæ.

(*) Muller a désigné sous le nom de *cornes,* des productions coniques, pointues, légèrement arquées, plus longues que des *cils,* plus larges que des *poils,* lesquelles ne sont point flexibles comme des *soyes* ou des *cirres,* mais sont au contraire roides & paroissent dures à cause de leur inflexibilité.

(*) *Mullerus* corniculorum nomine designavit productiones conicas, acutas, paululum arcuatas, *ciliis* longiores, *pilis* latiores, quæ nec flexiles sunt sicut *setæ* aut *cirri,* sed rigidiores & duræ appaclient ob inflexib. litarem.

4. KERONE *cypris.* Dict.

K. obverfe-ovale, velue en avant & armée de cornes, extrémité poſtérieure velue, échancrée fur un des côtés, pl. 17, fig. 9, 10.
Se trouve dans les eaux douces parmi la *lenticule.*

Figures inégalement groſſies; (*a*) poils de l'extrémité antérieure; (*b*) petites cornes; (*c*) échancrure latérale; (*d*) poils de l'extrémité poſtérieure, dreſſés; (*e*) poils d'un des côtés, inclinés.

4. KERONA *cypris.*

K. obverfe-ovata, antice crinita corniculis mucronata, poſtice crinita, altero margine ſinuata; tab. 17, fig. 9–10.

Reperitur in aquis dulcibus *lemna* obtectis.

Figuræ inæqualiter ampliatæ; (*a*) pili extremitatis anterioris; (*b*) cornicula; (*c*) ſinus lateralis; (*d*) pili extremitatis poſterioris porrecti; (*e*) pili lateris alterius deflexi.

5. KERONE *fébile.* Dict

K. orbiculaire, armée de cornes vers le milieu, extrémité antérieure membraneuſe velue, poſtérieure garnie de ſoyes; pl. 17, fig. 11–15.
Se trouve dans l'eau de mer.

Figures groſſies. (11) K. *fébile* vue ſur ſa face concave. (12-15) Autres vues ſur leur face convexe dans des poſitions différentes; (*a*) partie antérieure membraneuſe velue; (*b*) face convexe; (*c*) petite papille du bord poſtérieur; (*d*) cinq, ſix ou ſept ſoyes mobiles; (*e*) petites cornes placées vers le milieu du corps.

5. KERONA *hauſtrum.*

K. orbicularis, medio corniculata, antice membranacea crinita, poſtice ſetoſa; tab. 17, fig. 11–15.

Reperitur in aquâ marina.

Figuræ auctæ. (11) K. *hauſtrum* è latere concavo conſpecta. (12-15) Quatuor aliæ vario ſitu & è latere convexo proſpectæ; (*a*) pars anterior membranacea crinita; (*b*) pars pulvinata; (*c*) papillula poſterior; (*d*) ſetæ quinque, ſex aut ſeptem mobiles (*e*) cornicula verſus medium ſita.

6. KERONE *foucoupe,* Dict.

K. orbiculaire, armée de cornes vers le milieu, extrémité antérieure membraneuſe velue, poſtérieure nue, pl. 17, fig. 16, 17.
Se trouve dans les eaux douces parmi la *lenticule.*

Figures groſſies; (*a*) partie antérieure membraneuſe velue; (*b*) partie poſtérieure opaque nue; (*c*) petites cornes; (*d*) deux véſicules tranſparentes.

6. KERONA *hauſtellum.*

K. orbicularis, medio corniculata, antice membranacea crinita, poſtice mutica, tab. 17, fig. 16, 17.
Reperitur in aqua dulci inter *lemnam.*

Figuræ auctæ; (*a*) pars antica membranacea crinita; (*b*) pars poſtica opaca mutica; (*c*) cornicula; (*d*) veſiculæ binæ pellucentes.

7. KERONE *patelle.* Dict.

K. univalve preſque orbiculaire, extrémité antérieure échancrée armée de cornes, poſtérieure munie de ſoyes pendantes, pl. 18, fig. 1-5.
Se trouve dans les marais.

Figures groſſies. (1) K. *patelle* vue au dos. (2) Autre vue au ventre. (3) Autre nageant, préſentée de côté. (4) Autre marchant. (5) Variété de la même eſpèce dont la figure eſt preſque carrée; (*a*) partie antérieure échancrée; (*b*) petites cornes; (*c*) corps de l'animalcule charnu; (*d*) corps en forme de croiſſant; (*e*) convexité de la valve qui recouvre le corps de l'animalcule; (*f*) ſoyes poſtérieures; (*g*) matière ſur laquelle l'animalcule marche.

7. KERONA *patella.*

K. univalvis ſuborbiculata, antice emarginata corniculata, poſtice ſetis flexibilibus pendulis; tab. 18, fig. 1-5.

Reperitur in aquâ paluſtri.

Figuræ auctæ. (1) K. *patella* dorſo viſa. (2) Alia ventre conſpecta. (3) Alia à latere natans. (4) Alia ope ſetarum poſticarum ut pedum ambulans. (5) Varietas figura ſubquadrata; (*a*) pars anterior emarginata; (*b*) cornicula; (*c*) corpus animalculi pulpoſum; (*d*) figura lunaris teſtæ adnata; (*e*) convexitas teſtæ qua corpus animalculi munitur; (*f*) ſetæ poſteriores flexiles; (*g*) objecta quibus incedit animalculum.

8. KERONE *crible*. Dict.

K. ovale un-peu comprimée, garnie de cornes en avant, de soyes en arriere, un des bords recourbé, l'autre cilié; pl. 18, fig. *6*, 7. Habite dans-l'eau de mer.

Figures groffies. (6) K. *crible* folitaire. (7) Deux K. *cribles* accouplees par leur extrémité poftérieure; (*a*) cornes antérieures; (*b*) foyes poftérieures; (*c*) bord recourbé dans lequel on diftingue des petits grains; (*a*) bord cilié.

9. KERONE *poulet*. Dict.

K. prefque ovoïde, extrémité antérieure rétrécie recourbée armée de cornes, poftérieure velue; pl. 18, fig. 8-10. Se trouve dans l'eau où croît la *lenticule*.

(8, 9, 10) K. *poulets* groffies vues dans des fituations différentes; (*a*) cornes de la tête; (*b*) poils de l'extrémité poftérieure tantôt réunis, tantôt épanouis; (*c*) poils de l'extrémité antérieure; (*d*) poils du dos; (*e*) poils du ventre.

10. KERONE *moule*. Dict.

K. prefque en forme de maffue, pourvue de cornes en avant, de soyes en arriere, extrémités élargies diaphanes ciliées, pl. 18, fig. 11-14. Se trouve dans l'eau confervée long-temps dans des bocaux.

Figures groffies. (11, 12) K. *moules* diverfement fituées. (13) Variété de cet animalcule dont le corps eft par-tout cilié. (14) Autre dont la figure eft ovoïde; (*a*) petites cornes; (*b*) cils de l'extrémité antérieure; (*c*) cils de l'extrémité poftérieure; (*d*) foyes droites; (*e*) rang longitudinal de globules, fitué à la droite de l'animalcule.

11. KERONE *lievre*. Dict.

K. ovoïde, extrémité antérieure ciliée, poftérieure velue; pl. 18, fig. 17-20. Se trouve dans les infufions animales & végétales.

Figures groffies. (17) K. *lievre* fimple. (18) Autre commençant à se divifer par une fente longitudinale (19) Autre dont la divifion a dépaffé le milieu du corps; (20) Autre dont la divifion eft prefque terminée; (*a*) cils de l'extrémité antérieure; (*b*) poils de l'extrémité poftérieure, défignés improprement fous le nom de *foyes* par Muller.

12. KERONE *filure*. Dict.

K. oblongue-ovale, velue en avant, terminée

---

8. KERONA *vannus*.

K. ovalis fubdepreffa, antice corniculata, poftice fetofa, margine altero flexo, oppofito ciliato; tab. 18, fig. *6*, 7. Habitat in aquâ marina.

Figuræ ampliatæ. (6) K. *vannus* folitaria. (7) Duo in copula extremitatibus pofticis connexæ; (*a*) cornicula antica; (*b*) fetæ pofticæ; (*c*) margo inflexus intra quem granula confpiciuntur; (*d*) margo ciliatus.

9. KERONA *pullafter*.

K. fubovata, antice attenuata curvata corniculata, bafi crinita; tab. 18, fig. 8, 10.

Reperitur in aquâ fub *lemna*.

(8, 9, 10) Figuræ auctæ vario fitu confpectæ; (*a*) cornicula capitis; (*b*) pili extremitatis pofterioris nunc aggregati nunc patuli; (*c*) pili extremitatis anterioris; (*d*) pili dorfi; (*e*) pili ventris.

10. KERONA *mytilus*.

K. fubclavata, corniculata, poftice fetofa, utraque extremitate dilatata hyalina ciliata; tab. 18, fig. 11-14.

Reperitur in aqua diù in vafis fervata.

Figuræ auctæ. (11, 12) K. *mytili* diverfè fiti. (13) Varietas ejufce fpeciei undique ciliata. (14) Altera figura ovata; (*a*) cornicula; (*b*) cilia extremitatis anterioris; (*c*) cilia poftica; (*d*) fetæ porrectæ (*e*) feries globulorum aut nodulorum longitudinalis ad dexteram animalculi.

11. KERONA *lepus*.

K. ovata, apice ciliata, bafi crinita; tab. 18, fig. 17-20. Reperitur in infufione animali & vegetabili.

Figuræ auctæ. (17) K. *lepus* folitaria. (18) Alia initium divifionis per rimam longitudinaliem oftendens. (19) Altera plus quam ad medium corpus divifa. (20) Alia divifione fere peracta; (20) cilia extremitatis anterioris; (*b*) pili extremitatis pofterioris, quos improprié *fetarum* nomine defignaverat *Mullerus*.

12. KERONA *filurus*.

K. oblongo-ovata, antice crinita, poftice

en arriere par des foyes, le dos armé de cornes pl. 18, fig. 15, 16.
Trouvée dans de l'eau gardée quelques femaines dans un bocal rempli de *conferve*.

Obf. Cette efpèce & les deux fuivantes ont dans l'ouvrage de *Muller* des différences fpécifiques & des defcriptions qui ne conviennent pas en tout avec leurs figures, comme l'a très-bien obfervé M. *Fabricius*.

Figures groffies. (15) K. *filure* folitaire. (16) La même fe divifant vraifemblablement en travers; (*a*) poils de l'extrémité antérieure; (*b*) foyes poftérieures; (*c*) cornes du dos.

13. KERONE *chauve*. Dict.

K. oblongue élargie, munie de cornes brillantes fur le devant, terminée en arriere par deux foyes droites; pl. 18, fig. 21-23.
Se trouve dans les infufions végétales & dans l'eau de mer.

Figures groffies. (21, 22) Deux K. *chauves* fans poils vifibles, diverfement fituées. (23) Autre garnie de poils fur toute fa longueur; (*a*) les cornes; (*b*) la tache obfcure du côté droit; (*c*) les poils antérieurs; (*d*) les deux foyes poftérieures.

14. KERONE *puftuleufe*. Dict.

K. ovale, convexe, extrémités velues, antérieure armée de cornes, dos marqué d'une puftule longitudinale; pl. 18, fig. 24, 25.
Se trouve dans l'eau de mer.

Figures groffies. (24) K. *puftuleufe* folitaire. (25) Deux de ces animalcules fe divifant: (*a*) les poils antérieurs; (*b*) les cornes; (*c*) les poils de l'un des bords rangés comme autant de rayons; (*d*) la puftule du dos; (*e*) les poils droits de l'extrémité poftérieure.

15. HIMANTOPE.

Caract. du genre.

Ver microfcopique, tranfparent, muni de cirres (*) fur quelque partie de fa fuperficie.

(*) Les *cirres* font des organes moins nombreux que les *cils* ou les *poils*, plus longs que les *cornes*, plus flexibles & plus larges à leur bafe que les *foyes*.

---

fetofa, dorfo corniculato; tab. 18, fig. 15, 16.
Reperta fuit in aqua aliquas feptimanas in vafculo *conferva* repleto fervata.

Obf. Hæc fpecies & duo fequentes in tractatu *Mulleri* differentiis fpecificis & defcriptionibus comitantur, quæ cum figuris adftantibus non conveniunt, ficut optimé obfervaverat *Fabricius*.

Figuræ auctæ. (15) K. *filurus* folitaria. (16) Eadem verofimiliter divifionem tranfverfalem moliens; (*a*) pili extremitatis anterioris; (*b*) fetæ pofteriores; (*c*) cornicula dorfalia.

13. KERONA *calvitium*.

K. oblonga latiuscula, antice corniculis micantibus poftice fetis binis ftrictis terminata; tab. 18, fig. 21-23.
Reperitur in infufo vegetabilium etiam in aquâ marina.

Figuræ auctæ. (21, 22) Binæ K. *calvitia* pilis abfconditis, diversè fitæ. (23) Alia fecundum longitudinem pilis utrinque munita; (*a*) cornicula; (*b*) macula obfcura lateris dextri. (*c*) pili anteriores; (*d*) fetæ binæ pofteriores.

14. KERONA *puftulata*.

K. ovalis, convexa, utraque extremitate crinita, anteriore corniculata, dorfo puftula longitudinali notato; tab. 18, fig. 24, 25.
Reperitur in aqua marina

Figuræ auctæ. (24) K. *puftulata* folitaria. (25) Bina animalcula partitioni occupata; (*a*) pili antici; (*b*) cornicula; (*c*) pili radiantes marginis alterius; (*d*) puftula dorfalis; (*e*) pili recti extremitatis pofticæ.

15. HIMANTOPUS.

Charct. generis.

Vermis inconfpicuus, pellucidus, quadam fuperficiei parte cirratus (*).

(*) Organa *cirri* dicta, *ciliis* aut *pilis* pauciora funt, longiora *corniculis*, magis flexiles & bafi latiora quam *fetæ*.

1. HIMANTOPE. *puceron*. Dict.

H. ventru, pointu en avant, muni de cirres en arriere; pl. 18, fig. 1, 2.
Se trouve dans les eaux où croît la *lenticule*.

Figures grossies; (*a*) extrémité antérieure plus ou moins rétrécie; (*b*) les cils; (*c*) les cirres de l'extrémité postérieure.

2. HIMANTOPE *baladin*. Dict.

H. en forme de massue, muni de cirres en avant, queue relevée; pl. 18, fig. 3.
Trouvé dans l'eau des marais.

Figure grossie; (*a*) extrémité antérieure; (*b*) les cils du dos; (*c*) les cirres antérieurs; (*d*) les cirres du ventre; (*e*) le cirre de la queue; (*f*) la queue relevée.

3. HIMANTOPE *boufon*. Dict.

H. arqué, muni de cirres en avant, extrémité postérieure tronquée velue; pl. 18, fig. 4.
Se trouve dans les eaux douces avec la *lenticule*.

Figure grossie; (*a*) extrémité antérieure velue; (*b*) cirres antérieurs; (*c*) poils de l'extrémité postérieure.

4. HIMANTOPE *tourbillonant*. Dict.

H. en forme de croissant, extrémité antérieure munie de cirres; pl. 18, fig. 5.
On ignore le lieu natal de cette espèce.

Figure grossie; (*a*) cils du dos; (*b*) cirres pediformes.

5. HIMANTOPE *larve*. Dict.

H. oblong, retréci en arriere, milieu du corps garni de cirres; pl. 18, fig. 6.
Se trouve dans les lieux marécageux.

Figure grossie; (*a*) extrémité antérieure; (*b*) postérieure; (*c*) cirres de la partie moyenne du corps.

6. HIMANTOPE *filloné*. Dict.

H. en forme de nacelle, dos filloné, ventre enfoncé muni de cirres sur sa moitié postérieure; pl. 18, fig. 7.
Se trouve dans l'eau de mer.

Figure grossie; (*a*) poils de l'extrémité antérieure; (*b*) cirres de la moitié postérieure du ventre; (*c*) cavité du ventre.

---

1. HIMANTOPUS *acarus*.

H. ventrosus, antice acuminatus, postice cirratus; tab. 18, fig. 1, 2.
Reperitur in aqua, ubi *lemna* vegetat.

Figuræ auctæ; (*a*) extremitas antica magis vel minus attenuata; (*b*) cilia; (*c*) cirri postici.

2. HIMANTOPUS *ludio*.

H. clavatus, antice cirratus, cauda reflexa; tab. 18, fig. 3.
Repertus in aquis nemoralibus.

Figura ampliata; (*a*) extremitas antica; (*b*) cilia dorsalia; (*c*) cirri antici; (*d*) cirri ventrales; (*e*) cirrus caudalis; (*f*) cauda reflexa.

3. HIMANTOPUS. *sannio*.

H. incurvatus, antice cirratus, postice truncatus crinitus; tab. 18, fig. 4.

Reperitur in aqua ubi *lemna*.

Figura aucta; (*a*) extremitas anterior crinita; (*b*) cirri antici; (*c*) pili extremitatis posterioris.

4. HIMANTOPUS *volutator*.

H. lunatus, antice cirratus; tab. 18, fig. 5.

De loco natali hujus nihil indicavit *Mullerus*.

Figura aucta; (*a*) cilia dorsi; (*b*) cirri pediformes.

5. HIMANTOPUS *larva*.

H. elongatus, postice attenuatus, medio cirratus; tab. 18, fig. 6.
Reperitur in locis paludosis.

Figura aucta; (*a*) extremitas antica; (*b*) postica; (*c*) cirri partis mediæ corporis.

6. HIMANTOPUS *charon*.

H. cimbæformis, dorso sulcato; ventre foveato infra medium cirrato; tab. 18, fig. 7.

Reperitur in aqua marina.

Figura aucta; (*a*) pili extremitatis anterioris; (*b*) cirri partis posticæ ventris; (*c*) cavitas ventris.

7.

7. HIMANTOPE *couronne.* Dict.

H. demi-orbiculaire, comprimé, le milieu de chaque face latérale muni de cirres; pl. 18, fig. 8.
Se trouve dans l'eau de rivière.

Figure grossie; (*a*) poils de l'extrémité antérieure; (*b*) bord inférieur crénelé; (*c*) cirres d'une des faces; (*d*) deux filaments écartés; (*e*) poils du dos.

16. VORTICELLE.

Caractere du genre.

Ver nud, susceptible de contraction, pourvu en avant d'un organe rotifere (*).

1. VORTICELLE *verte.* Dict.

V. cylindracée, uniforme, opaque, verte; pl. 19, fig. 1-3.
Se trouve dans les eaux les plus pures.

(1) V. *verte* de grandeur naturelle. (2, 3) V. *vertes* grossies, diversement situées; (*a*) extrémité antérieure; (*b*) postérieure; (*c*) cils tournoyants.

2. VORTICELLE *sphéroïde.* Dict.

V. globuleuse, uniforme, opaque; pl. 19, fig. 4, 5.
Se trouve dans l'eau gardée avec de la *lenticule.*

Figures grossies; (*a*) extrémité antérieure; (*b*) postérieure; (*c*) cils tournoyants.

3. VORTICELLE *ceinte.* Dict.

V. trapeziforme, d'un noir verdâtre, opaque; pl. 19, fig. 6-9.
Se trouve dans les eaux marécageuses.

Figures grossies. (6) V. *ceinte* vue de côté. (7) La même vue en face. (8, 9) Deux individus de la variété en forme de rein diversement situés; (*a*) bande transversale luisante; (*b*) échancrures ciliées.

(*) L'organe rotifère des *vorticelles* & des *brachions* est composé de cils assez analogues à ceux de quelques *tricodes*, mais ils en différent essentiellement en ce que les cils des *vorticelles* ont un mouvement continu de rotation qui dure souvent plusieurs minutes, & que ceux des *tricodes* ne jouissent que d'un mouvement interrompu.

Encyclop. 7e. *Liv. des Pl. d'Hist. Nat. Helminthologie, ou Traité des Vers.*   H

---

7. HIMANTOPUS *corona.*

H. semi-orbiculatus, depressus, medio utriusque paginæ cirrato; tab. 18, fig. 8.

Reperitur in aqua fluviali.

Figura aucta; (*a*) pili extremitatis anterioris; (*b*) margo inferior crenatus; (*c*) cirri paginæ observæ; (*d*) filamenta bina distantia; (*e*) pili dorsales.

16. VORTICELLA.

Charact. generis.

Vermis nudus, contractilis, antice organo rotatorio (*) donatus.

1. VORTICELLA *viridis.*

V. cylindracea, uniformis, opaca, viridis; tab. 19, fig. 1-3.
Reperitur in aquis purioribus.

(1) V. *viridis* naturali magnitudine. (2, 3) V. *virides* auctæ, diversè fitæ; (*a*) extremitas antica; (*b*) postica; (*c*) cilia rotantia.

2. VORTICELLA *sphæroidea.*

V. cylindrico-globosa, uniformis, opaca; tab. 19, fig. 4, 5.
Reperitur in aqua, cum *lemna* servata.

Figuræ ampliatæ; (*a*) extremitas anterior; (*b*) posterior; (*c*) cilia rotantia.

3. VORTICELLA *cincta.*

V. trapeziformis, nigro-viridis, opaca; tab. 19, fig. 6-9.
Reperitur in aquis palustribus.

Figuræ auctæ. (6) V. *cincta* latere conspecta. (7) Eadem antice visa. (8, 9) Varietas reniformis-duplici situ exposita; (*a*) cingulum transversum lucidum; (*b*) incisuræ ciliatæ.

(*) Organum rotatorium *vorticellarum* & *brachionorum* ciliis componitur, quarumdam *trichodarum* ciliis sat affinibus, sed in eo tamen differunt quod cilia *vorticellarum* motu rotatorio plura sæpè minuta durante vibrentur, dum cilia *trichodarum* motu interrupto tantum donentur.

4. VORTICELLE *lunulée*. Dict.

V. verte, en forme de croissant, le milieu de l'échancrure postérieure mucroné; pl. 19, fig. 10, 11.
Se trouve dans l'eau de mer.

Figures grossies ; (*a*) cils antérieurs ; (*b*) cornes du croissant ; (*c*) pointe ou tubercule de la face postérieure.

4. VORTICELLA *lunifera*.

V. viridis, lunata, medio margine postico mucronato; tab. 19, fig. 10, 11.

Reperitur in aqua marina.

Figuræ auctæ ; (*a*) cilia anteriora ; (*b*) cornua lunulæ ; (*c*) mucro aut tuberculum partis posterioris.

5. VORTICELLE *bourse*. Dict.

V. verte, ouverture tronquée, munie au centre d'un mamelon ; pl. 19, fig. 12-15.
Se trouve avec la précédente.

Figures grossies vues dans différentes positions ; (*a*) cils réunis en pointe sur les côtés ; (*b*) mamelon saillant du centre de l'ouverture ; (*c*) bande antérieure, transversale, transparente ; (*d*) cils vus pendant leur rotation ; (*e*) cils pendant le repos ; (*f*) cils réunis en faisceaux, recourbés sur les côtés.

5. VORTICELLA *bursata*.

V. viridis, apertura truncata in centro papillata; tab. 19, fig. 12--15.
Reperitur cum præcedenti.

Figuræ auctæ, vario situ conspectæ; (*a*) cilia in mucrones utrinque collecta ; (*b*) papilla è centro aperturæ prominens; (*c*) area antica transversa pellucida; (*d*) cilia in rotatione visa ; (*e*) cilia quiescentia ; (*f*) cilia utrinque in fasciculum reflexa.

6. VORTICELLE *variable*. Dict.

V. cylindrique, tronquée, variable, opaque, noirâtre; pl. 19, fig. 16-18.
Se trouve dans l'eau où trempe la *lenticule*.

Figures grossies. (16) V. *variable* cylindracée. (17) La même trilobée. (18) La même en forme de rein ; (*a*) cils de l'extrémité antérieure, tournoyants.

6. VORTICELLA *varia*.

V. cylindrica, truncata, variabilis, opaca nigricans; tab. 19, fig. 16-18.
Reperitur in aqua *lemnæ*.

Figuræ auctæ. (16) V. *varia* cylindracea. (17) Eadem trilobata. (18) Eadem reniformis ; (*a*) cilia extremitatis anticæ rotantia.

7. VORTICELLE *crachoir*. Dict.

V. ventrue, terminée en avant par une ouverture orbiculaire, évasée, garnie de longs cils écartés excentriques ; pl. 19, fig. 19, 20.
Se trouve dans l'eau où croît la *lenticule vulgaire*.

Figures grossies. (19) V. *crachoir* nageant. (20) La même agitant ses cils circulairement ; (*a*) extrémité antérieure élargie ; (*b*) postérieure cylindracée ; (*c*) ouverture ; (*d*) bords élargis de l'ouverture ; (*e*) cils étendus ; (*f*) tronc globuleux.

7. VORTICELLA *sputarium*.

V. ventrosa, apertura orbiculari, dilatata, ciliis longis raris excentricis munita ; tab. 19, fig. 19, 20.
Reperitur in aquis cum *lemna minore*.

Figuræ auctæ. (19) V. *sputarium* natans. (20) Eadem cilia in vorticem ciens ; (*a*) extremitas antica dilatata ; (*b*) postica cylindracea ; (*c*) apertura ; (*d*) margines aperturæ dilatati ; (*e*) cilia extensa ; (*f*) truncus globosus.

8. VORTICELLE *polymorphe*. Dict.

V. verte, opaque, variable, marquée d'un ou deux rangs longitudinaux de points transparents ; pl. 19, fig. 21-33.
Se trouve quelquefois dans l'eau de rivière.

(21) V. *polymorphe* de grandeur naturelle. (22-23) V. *polymorphes* grossies. (22) Une de forme globuleuse. (23) Ventrue. (24) cylindracée. (25) en cône renversé. (26) En forme de verre à pied. (27)

8. VORTICELLA *polymorpha*.

V. viridis, opaca, variabilis, una aut duplici serie longitudinali punctorum pellucidorum notata ; tab. 19, fig. 21—33.
Reperitur passim in aqua fluviali.

(21) V. *polymorpha* naturali magnitudine. (22-33) V. *polymorpha* aucta magnitudine. (22) forma globosa. (23) Ventricosa. (24) Cylindracea. (25) inversè conica. (26) Crateriformi. (27) cuculliformi.

En forme de capuchon. (28) En forme de trompette à ouverture double. (29) La même formant comme deux tubes , dont l'un est un peu plus court que l'autre. (30) Autre en forme de massue armée d'un crochet. (31) En forme de massue , auriculée sur le devant & terminée en arrière par un pedicule courbé. (32) En forme de massue accompagnée d'un cirre vers le bas. (33) En poire.

(a) Cils agités , rangés circulairement ; (b) cils disposés en deux faisceaux ; (c) ouverture simple ; (d) ouverture double ; (e) tube supérieur ; (f) tube inférieur ; (g) extrémité postérieure obtuse ; (h) la même pointue ; (i) la même rétrécie ; (k) pédicule courbé à sa base ; (l) crochet de l'extrémité supérieure ; (m) deux oreillettes latérales ; (n) cirre inférieur ; (o) rangs de points transparents.

9. VORTICELLE vesiculeuse. Dict.

V. verte opaque, variable , toute parsemée de vésicules ; pl. 19 , fig. 34-43.
Se trouve en abondance sur les rivages de la mer.

(34) V. vesiculeuse de grandeur naturelle. (35-42) V. vesiculeuses grossies de formes différentes. (43) Deux de ces animalcules réunis par un des côtés.

(a) Ouverture circulaire ; (b) cils réunis en deux pelotons sur le bord de l'ouverture ; (c) ouverture en forme de rein ; (d) mamelon obtus placé au centre de l'ouverture : (e) extrémité postérieure obtuse ; (f) la même terminée en pointe ; (g) la même rétrécie ; (h) vésicules transparentes.

10. VORTICELLE noire. Dict.

V. en forme de toupie, noire ; pl. 19 , fig. 44-47.
Se trouve dans l'eau des prairies , & dans les fossés inondés où croît la Conferve.

(44) V. noires de grandeur naturelle. (45-47) V. noires grossies en différentes positions ; (a) organe rotifère ; (b) cils de l'organe rotifère courbés en crochets sur les côtés ; (c) extrémité postérieure pointue.

11. VORTICELLE coqueluchon. Dict.

V. oblongue , cylindracée , ouverture tronquée obliquement. pl. 20, fig. 1-4.
Se trouve dans l'eau de mer.

(1) V. coqueluchon de grandeur naturelle. (2-4) V. coqueluchons grossies diversement situées ; (a) extrémité antérieure ; (b) postérieure ; (c) ouverture oblique ; (d) la même échancrée en avant ; (e) cils de l'organe rotifère, situés sur le bord interne de l'ouverture.

(28) Tubæformi, voragine duplici. (29) In tubulos binos , altero inferiori complicata. (30) Altera, forma clavata apice uncinata. (31) Clavata , apice auriculata , postice pedicello flexo terminata. (32) Clavata , cirro laterali infernè munita. (33) demum piriformi.

(a) Cilia agitata in circulum feriata ; (b) cilia utrinque fasciculata ; (c) apertura simplex ; (a) apertura duplex ; (e) tuba superior ; (f) tuba inferior ; (g) extremitas posterior obtusa ; (h) eadem acuminata ; (i) eadem attenuata ; (k) pedunculus basi flexus ; (l) uncus extremitatis anticæ ; (m) auriculæ binæ laterales ; (n) cirrus inferior ; (o) series punctorum pellucidorum.

9. VORTICELLA multiformis.

V. viridis opaca , variabilis, vesiculis undique sparsis ; tab. 19 , fig. 34—43.
Reperitur copiosissimè in litoribus marinis.

(34) V. multiformis magnitudine naturali. (35-42) V. multiformes auctæ, figura variantes. (43) binæ latere cohærentes.

(a) Apertura circularis ; (b) cilia in margine aperturæ utrinque fasciculata ; (c) apertura reniformis ; (d) papilla obtusa in centro aperturæ exserta ; (e) extremitas postica obtusata ; (f) eadem acuminata ; (g) eadem attenuata ; (h) vesiculæ pellucidæ.

10. VORTICELLA nigra.

V. trochiformis , nigra ; tab. 19 , fig. 44—47.

Reperitur in pratis inundatis , & in aquis fossarum ubi confervæ vegetant.

(44) V. nigra magnitudine naturali. (45-47) V. nigra auctæ, diverso situ exhibitæ ; (a) organum rotatorium ; (b) cilia organi rotatorii ad latera uncinulati ; (c) extremitas postica acuminata.

11. VORTICELLA cucullus.

V. elongata, teres, apertura obliquè truncata ; tab. 20 , fig. 1—4.
Reperitur in aqua marina.

(1) V. cucullus magnitudine naturali. (2-4) V. cuculli auctæ , variè sitæ ; (a) extremitas antica ; (b) postica ; (c) apertura obliqua ; (d) apertura antice erofo-emarginata ; (e) cilia organi rotatorii in margine interiori aperturæ sita.

12. VORTICELLE *utriculée*. Diſt.

V. ventrue verte, extremité antérieure ſe prolongeant, tronquée au bout. pl. 20, fig. 5, 6.
Se trouve avec la précédente.

Figures groſſies. (5) V. *utriculée* dont l'extrémité antérieure eſt raccourcie. (6) Autre dont l'extrémité antérieure eſt prolongée ; (*a*) extrémité poſtérieure arrondie ; (*b*) prolongement antérieur ; (*c*) ouverture tronquée ; (*d*) cils droits de l'organe rotifère ; (*e*) les mêmes recourbés.

13. VORTICELLE *bottine*. Diſt.

V. preſque cubique, formant en arrière un angle obtus ; pl. 20, fig. 7.
Se trouve dans l'eau de rivière.

Figure groſſie ; (*a*) partie ſupérieure ciliée ; (*b*) partie inférieure ; (*c*) partie antérieure ; (*d*) partie poſtérieure.

14. VORTICELLE *jambarde*. Diſt.

V. cubique, terminée en arrière par deux jambes écartées ; pl. 20. fig. 8.
Se trouve dans les eaux marécageuſes.

Figure groſſie ; (*a*) partie ſupérieure ciliée ; (*b*) papille en forme de verrue ; (*c*) autre papille prolongée en forme de doigt.

15. VORTICELLE *mamelonnée*. Diſt.

V. ventrue, tronquée en avant, garnie ſur le côté & à ſa baſe d'un mamelon diaphane ; pl. 20, fig. 9.
Se trouve dans les marais où croît la *conferve luiſante*.

Figure groſſie ; (*a*) organe rotifère ; (*b*) mamelon poſtérieur ; (*c*) mamelon latéral.

16. VORTICELLE *ſac*. Diſt.

V. cylindracée, ouverture baillante, bords recourbés ; pl. 20, fig. 10—13.
Se trouve dans les eaux marécageuſes.

Figures groſſies. (10, 11) V. *ſacs* raccourcies. (12, 13) V. *ſacs* dans leur plus grand développement, préſentées dans des diſpoſitions différentes ; (*a*) l'ouverture ; (*b*) les bords de l'ouverture recourbés ; (*c*) cils de l'organe rotifère ; (*d*) extrémité poſtérieure arrondie ; (*e*) la même crénelée ; (*f*) rétréciſſement de la partie poſtérieure.

12. VORTICELLA *utriculata*.

V. viridis, ventricoſa, productilis, antice truncata ; tab. 20, fig. 5, 6.
Reperitur cum præcedenti.

Figuræ ampliatæ. (5) V. *utriculata* extremitate antica correpta. (6) Alia extremitate antica valdè producta ; (*a*) extremitas poſterior rotundata ; (*b*) productio anterior ; (*c*) apertura truncata ; (*d*) cilia rectè extenſa organi rotatorii ; (*e*) eadem deflexa.

13. VORTICELLA *ocreata*.

V. ſubcubica, infra in angulum obtuſum producta ; tab. 20, fig. 7.
Reperitur in aqua fluviali.

Figura aucta : (*a*) pars ſuperior ciliata ; (*b*) inferior ; (*c*) anterior ; (*d*) poſterior.

14. VORTICELLA *valga*.

V. cubica, poſtice cruribus binis divaricatis ; tab. 20, fig. 8.
Reperitur in aquis paluſtribus.

Figura aucta ; (*a*) pars ſuperior ciliata ; (*b*) papilla verrucæformis ; (*c*) papilla digitiformis.

15. VORTICELLA *papillaris*.

V. ventricoſa, anticè truncata, papilla caudali & laterali hyalina ; tab. 20, fig. 9.

Reperitur in aqua paluſtri ubi *conferva nitida* creſcit.

Figura aucta ; (*a*) organum rotatorium ; (*b*) papilla poſterior ; (*c*) papilla lateralis.

16. VORTICELLA *ſacculus*.

V. cylindracea, apertura patula, margine reflexo ; tab. 20, fig. 10, 13.
Reperitur in aquis paludoſis.

Figuræ auctæ. (10, 11) V. *ſacculi* correptæ. (12, 13) V. *ſacculi* maximè productæ, vario ſitu conſpectæ ; (*a*) apertura ; (*b*) margo aperturæ reflexus ; (*c*) cilia organi rotatorii ; (*d*) extremitas poſtica rotundata ; (*e*) extremitas poſtica crenata ; (*f*) coarctatio poſticæ partis.

17. VORTICELLE *cirreufe*. Dict.

V. ventrue, ouverture baillante finueufe, partie poftérieure pourvue de deux cirres; pl. 20; fig. 14, 15.
Se trouve dans l'eau des foffés.

Figures groffies; (*a*) ouverture; (*b*) cirres du ventre,

18. VORTICELLE *appendiculée*. Dict.

V. cylindracée, un appendice triangulaire s'élevant au milieu de l'ouverture; pl. 20, fig. 16—20.
Se trouve dans les eaux douces parmi la *lenticule*.

Figures groffies. (16) V. *appendiculée* fimple cylindracée. (17) La même renfermant deux fœtus vivants. (18) La même ne contenant que des œufs. (19) Autre vue en face de l'ouverture. (20) Autre prête à fe divifer en quatre animalcules; (*a*) cils antérieurs de l'organe rotifère; (*b*) les mêmes femblables à des aiguillons bordant l'ouverture; (*c*) cils de la partie moyenne du corps; (*d*) les mêmes réunis en deux pelotons fur les côtés; (*e*) appendice triangulaire de l'ouverture; (*f*) fœtus vivants; (*g*) petits œufs; (*h*) parties ciliées qui indiquent le lieu des divifions.

19. VORTICELLE *étoile*. Dict.

V. orbiculaire, difque rempli de molecules, circonférence ciliée; pl. 20, fig. 21, 22.
Le lieu où on trouve cette efpèce eft incertain.

Figures groffies. (21) V. *étoile* pendant qu'elle agite fon organe rotifère. (22) La même pendant le repos; (*a*) difque rempli de molécules; (*b*) cercle opaque; (*c*) cercle tranfparent; (*d*) bord extérieur diaphane; (*e*) cils reffemblant à des rayons.

20. VORTICELLE *taffe*. Dict.

V. orbiculaire; ciliée fur le bord antérieur, terminée en deffous par un bombement diaphane; pl. 20, fig. 23 - 25.
Se trouve dans l'eau de mer.

Figures groffies. (23) V. *taffe* fituée obliquement. (24) La même vue du côté de l'ouverture. (25) La même roulant fur le côté; (*a*) bord cilié de l'ouverture; (*b*) bombement diaphane de fa face poftérieure; (*c*) molécules véficulaires.

21. VORTICELLE *gobelet*. Dict.

V. en forme de gobelet, criftalline, marquée

17. VORTICELLA *cirrata*.

V. ventrofa, apertura patula finuata, cirro utrinque ventrali; tab. 20, fig. 14, 15.

Reperitur in foffis aquaticis.

Figuræ auctæ; (*a*) apertura; (*b*) cirri ventrales.

18. VORTICELLA *nafuta*.

V. cylindracea, appendice triangulari in aperturæ medio prominente; tab. 20, fig. 16-20.

Reperitur in aquis inter *lemnam*.

Figuræ auctæ. (16) V. *nafuta* fimplex, cylindracea. (17) Eadem fœtubus binis vivis gravida. (18) Eadem ovulis tantum gravida. (19) Alia in aperturam fphæricam confpecta. (20) Alia in partitione quadruplici occupata; (*a*) cilia anteriora organi rotorii; (*b*) eadem, ut aculei, aperturæ peripheriam cingentia; (*c*) cilia medium corporis occupantia; (*d*) eadem in fafcicula utrinque unita; (*e*) appendix triangularis aperturæ; (*f*) fœtus vivi; (*g*) ovula; (*h*) partes corporis ciliatæ, quæ locum partitionis quadruplicis indicant.

19. VORTICELLA *ftellina*.

V. orbicularis, difco moleculari, peripheria ciliata; tab. 20, fig. 21, 22.
Locus ejufce fpeciei adhucdum incertus.

Figuræ auctæ. (21) V. *ftellina* dum gyros organo rotatorio movet. (22) Eadem quiefcens; (*a*) difcus molecularis; (*b*) circulus opacus; (*c*) circulus pellucidus; (*d*) ora marginalis aquei coloris; (*e*) cilia radiata.

20. VORTICELLA *difcina*.

V. orbicularis, margine antico ciliato, fubtus convexo - gibba, hyalina; tab. 20, fig. 23 - 25.
Reperitur in aqua marina.

Figuræ auctæ. (23) V. *difcina* obliquè fita. (24) Eadem ad aperturam confpecta. (25) Eadem fupra latera perpendiculariter rotans; (*a*) margo ciliatus; (*b*) convexitas poftica hyalina; (*c*) moleculæ veficulares.

21. VORTICELLA *fcyphina*.

V. crateriformis, cryftallina, medio trunco

vers le milieu du tronc d'un globule opaque; pl. 20, fig. 16-28.
Se trouve dans les eaux où croît la *lenticule.*

Figures grossies, représentant la V. *gobelet* nageant dans diverses positions; (*a*) cils en faisceaux ; (*b*) globule opaque des entrailles.

22. VORTICELLE *albine.* Dict.

V. cylindrique, arrondie en avant, retrécie en arrière ; pl. 20, fig. 29, 30.
Se trouve parmi la *lenticule commune.*

Figures grossies. (29) V. *albine* très-alongée en forme de massue. (30) La même raccourcie en forme de poire ; (*a*) cils parsemés sur l'extrémité antérieure ; (*b*) cils réunis en deux faisceaux distincts.

23. VORTICELLE *cornet.* Dict.

V. cylindrique, vuide, extrémité antérieure tronquée, garnie de cils longs ; pl. 20, fig. 31-33.
Se trouve dans l'eau de mer gardée quelque-tems.

Figures grossies. (31) V. *cornet* pendant qu'elle se meut. (32) La même pendant le repos. (33) La même occupée à sa division naturelle ; (*a*) cils tournoyans ; (*b*) viscères ; (*c*) cils alongés, divisés en deux touffes ; (*d*) partie moyenne par où commence la division.

24. VORTICELLE *troncatelle.* Dict.

V. cylindrique, remplie, extrémité antérieure tronquée garnie de cils courts ; pl. 20, fig. 34, 35.
Se trouve dans les eaux où croît la *lenticule.*

Figures grossies ; (*a*) cils de l'organe rotifère courbés vers l'intérieur ; (*b*) cils de l'ouverture courbés vers l'extérieur ; (*c*) petits œufs.

25. VORTICELLE *limacine.* Dict.

V. cylindrique, ouverture tronquée garnie de deux ou quatre cils accouplés ; pl. 20, fig. 36.
Se trouve ordinairement attachée sur les tentacules du *planorbe contourné*, ou sur ceux du *bulime des fontaines.*

(*a*) Tentacule du *Bulime* grossi ; (*b*) V. *limaçines* grossies ; (*c*) cils simples.

26. VORTICELLE *fleuron.* Dict.

V. réunie, cylindracée, ouverture tronquée

---

sphærula opaca notato; tab. 20, fig. 16-28.

Reperitur in aquis ubi *lemna* occurrit.

Figuræ ampliatæ V. *scyphynam* vario situ innatantem repræsentantes; (*a*) cilia fasciculata ; (*b*) globulus opacus interaneorum.

22. VORTICELLA *albina.*

V. cylindrica, antice rotundata, postice acuminata ; tab. 20, fig. 29, 30.
Reperitur inter *lemnam minorem.*

Figuræ auctæ. (29) V. *albina* prælongata clavata. (30) Eadem correpta pyriformis ; (*a*) cilia sparsa supra extremitatem anticam ; (*b*) cilia utrinque in fasciculum collecta.

23. VORTICELLA *fritillina.*

V. cylindrica, vacua, apice truncata, ciliis prælongis; tab. 20, fig. 31-33.

Reperitur in aqua marina servata.

Figuræ auctæ. (31) V. *fritillina* festinans. (32) Eadem quiescens. (33) Eadem in divisione naturali occupata ; (*a*) cilia rotantia ; (*b*) interanea ; (*c*) cilia prælongata utrinque fasciculata ; (*d*) pars intermedia ubi instat divisio.

24. VORTICELLA *truncatella.*

V. cylindrica, differta, apice truncata, ciliis breviusculis ; tab. 20, fig. 34, 35.

Reperitur in aquis ubi *lemna* vegetat.

Figuræ auctæ ; (*a*) cilia organi rotatorii introrsum arcuata ; (*b*) cilia aperturæ extrorsum curvata ; (*c*) ovula.

25. VORTICELLA *limacina.*

V. cylindrica, apertura truncata, ciliis binis aut quatuor geminatis munita ; tab. 20, fig. 36.
Reperitur sæpius inhærens tentaculis *planorbis contorti*, & *bulimi fontinalis.*

(*a*) Tentaculum *bulimi* auctum; (*b*) V. *limacinæ* ampliatæ ; (*c*) cilia simplicia.

26. VORTICELLA *fraxinina.*

V. gregaria, cylindracea, apertura obliqua

obliquement, fendue au fommet, munie de quatre poils accouplés ; pl. 20, fig. 37.
Trouvée adherente fur le corps du *ciclope à quatre cornes.*

Figure groffie repréfentant un amas de V. *fleurons* réunies ; (*a*) échancrure du bord fupérieur de l'ouverture ; (*b*) cils accouplés de chaque côté de l'échancrure ; (*c*) membrane muqueufe qui leur fert de fupport.

truncata, apice fiffa, ciliis bigeminis ; tab. 20, fig. 37.
Reperta adhærens in *cyclope quadricorni.*

Figura aucta V. *fraxininas* in acervum coalitas repræfentans ; (*a*) incifura marginis fuperioris aperturæ ; (*b*) cilia utrinque geminati ; (*c*) membrana mucofa cui adhærent.

27. VORTICELLE *néfle*. Dict.

V. réunie, prefque globuleufe ; pl. 20, fig. 38.
Se trouve ordinairement fixée fur la queue du *ciclope à quatre cornes.*

(38) Amas de V. *nèfles* groffi ; (*a*) ouverture circulaire ; (*b*) pédoncule-commun.

27. VORTICELLA *crategaria*.

V. gregaria, fubglobofa ; tab. 20, fig. 38.
Sæpius reperitur adherens caudæ *ciclopis quadricornis.*

(38) Acervus V. *crategariarum* auctus ; (*a*) apertura circularis ; (*b*) pedunculus communis.

28. VORTICELLE *armée*. Dict.

V. creufe, en forme de bourfe ; bord de l'ouverture garni d'aiguillons roides ; pl. 20, fig. 39-44.
On ne connoît pas le lieu natal de cette efpèce.

Figures groffies. (39) Deux V. *armées* réunies. (40—44) Autres diverfement fituées, alongées ou raccourcies ; (*a*) Aiguillons bordant l'ouverture ; (*b*) partie poftérieure.

28. VORTICELLA *hamata*.

V. burfæformis, cava ; margine aperturæ aculeis rigidis cincto ; tab. 20, fig. 39-44.

Ignoratur locus natalis hujus fpeciei.

Figuræ auctæ. (39) Duo V. *hamata* cohærentes. (40—44) Aliæ, diverfo fitus prolongationis aut coarctationis gradu ; (*a*) aculei aperturam cingentes ; (*b*) poftica pars.

29. VORTICELLE *godet*. Dict.

V. prefque carrée, munie de deux rangs de cils, dont un vers le bas ; pl. 20, fig. 45-51.
Se trouve dans l'infufion des plantes graminées, comme auffi dans les foffés où croit la *lenticule.*

Figures groffies. (45) V. *godets* accouplées. (46—49) Autres fimples diverfement fituées. (50, 51) Autres préfentant l'organe rotifère antérieur diverfement formé ; (*a*) organe rotifère antérieur pendant fon mouvement ; (*b*) cils de cet organe divifés en deux faifceaux ; (*c*) faifceaux poftérieurs de cils ; (*d*) petite ouverture poftérieure de figure elliptique ; (*e*) cils de l'organe rotifère antérieur, fe mouvant pendant l'accouplement.

29. VORTICELLA *crateriformis*.

V. fubquadrata, ciliorum fafciculis binis, altero poftice ; tab. 20, fig. 45--51.
Reperitur in infufione graminum, & in foffis ubi *lemna* vegetat.

Figuræ auctæ. (45) V. *crateriformes* copula junctæ. (46—49) Aliæ fimplices vario fitu confpectæ. (50, 51) Aliæ organum rotatorium anticum varie formatum offerentes ; (*a*) organum rotatorium anticum in motu ; (*b*) cilia ejufve organi in binos fafciculos divifa ; (*c*) fafciculi ciliorum poftici ; (*d*) apertura elliptica poftica ; (*e*) cilia organi rotatorii antici, in copula ludentia.

30. VORTICELLE *canaliculée*. Dict.

V. élargie, tranfparente, échancrée fur le côté.
Il n'exifte pas de figure de cette efpèce.
Fut trouvée dans de l'eau où on avoit gardé pendant quelque temps de la *conferve fluviatile.*

30. VORTICELLA *canaliculata*.

V. dilatata, pellucida, latere incifa.

Figura hujus fpeciei non exiftit.
Reperta fuit in aqua, ubi per aliquot tempus fervata fuerat *conferva fluviatilis.*

31. VORTICELLE *verfatile.* Di&ct.

V. alongée en forme de javelot & fucceffivement raccourcie en forme de taffe; pl. 21, fig. 1--4.
Se trouve dans les eaux marécageufes.

(1) Amas globuleux de V. *verfatiles* de grandeur naturelle. (2) Un de ces globules légèrement groffi. (3) V. *verfatiles* groffies, difpofées fur trois rangs, telles qu'elles fe trouvent fur la circonférence des globules; (4) V. *verfatiles* en forme de taffe, difperfées au centre des globules.

(*a*) Animalcules de la circonférence, alignés; (*b*) animalcules du centre épars; (*c*) extrémité antérieure obtufe; (*d*) extrémité poftérieure pointue; (*e*) cils de l'organe rotifère divifés en deux faifceaux; (*f*) mamelon de l'extrémité antérieure; (*g*) animalcules raccourcis, de figure ovoïde.

32. VORTICELLE *ampoule.* Di&ct.

V. renfermée dans un fourreau tranfparent en forme d'ampoule, tête bilobée; pl. 21, fig. 5--8.
Trouvée dans l'eau de mer.

Figures groffies. (5) V. *ampoule* rentrée dans le fond de fon fourreau & agitant fes cils; (*a*) pouffière éparfe autour du fourreau; (*b*) fourreau en forme d'ampoule; (*c*) fauffe apparence d'un double fourreau; (*d*) ouverture du fourreau; (*e*) animalcule raccourci; (*f*) cils femblables à de petites flammes (6) V. *ampoule* raccourcie, tronquée en arrière, agitant mollement fes cils (*g*). (7) V. *ampoule* dreffant fa tête hors l'ouverture du fourreau. (8) La même dont la tête eft entièrement developpée hors du fourreau; (*h*) tête ciliée; (*i*) petits œufs; (*k*) le col; (*l*) lobes ciliés de la tête; (*m*) petite queue.

33. VORTICELLE *tubicole.*

V. oblongue, renfermée dans un fourreau cylindracée diaphane.
Trouvée attachée à la queue du *ciclope pygmée.*
Cette efpèce n'a pas encore été figurée.

34. VORTICELLE *larve.*

V. cylindrique, ouverture en forme de croiffant, queue armée de deux épines; pl. 21, fig. 9·11.
Se trouve dans l'eau de mer.

Figures groffies. (9) V. *larve* dont la bouche eft fermée. (10) Autre dont la bouche baillante montre des cils droits au milieu. (11) Autre dont la bouche préfente, outre les cils, un organe globuleux; (*a*) la tête; (*b*) la bouche fermée; (*c*) l'organe globuleux placé au milieu de la bouche; (*d*) les cils; (*e*) le tronc; (*f*) l'ovaire; (*g*) les deux épines de la queue.

---

31. VORTICELLA *verfatilis.*

V. elongata, fpiculiformis, mox urceolaris; tab. 21, fig. 1--4.

Reperitur in aquis paluftribus.

(1) Sphærulæ tres naturali magnitudine V. *verfatilibus* compofitæ. (2) Sphærula folitaria aliquantum aucta magnitudine. (3) V. *verfatiles* peripheriæ fphærularum triplici ferie ordinatæ, auctæ. (4) V. *verfatiles* figura urceolari in difco fphærularum difpalatæ.

(*a*) Animalcula peripheriæ feriata; (*b*) animalcula difci difpalata (*c*) extremitas anterior obtufata; (*d*) extremitas pofterior acuminata; (*e*) cilia organi rotatorii utrinque fafciculata; (*f*) papillula extremitatis anterioris; (*g*) animalcula correpta ovata.

32. VORTICELLA *ampulla.*

V. folliculo ampullaceo, pellucido, capite bilobo; tab. 21, fig. 5--8.

Reperta in aqua marina.

Figuræ ampliatæ. (5) V. *ampulla* in fundo folliculi contracta cilia vibrans; (*a*) difperfus pulvifculus circa folliculum; (*b*) folliculus ampullaceus; (*c*) fimulacrum folliculi duplicati; (*d*) apertura folliculi; (*e*) animalculum in fundo folliculi contractum; (*f*) cilia flammis undatis fimilia. (6) V. *ampulla* contracta poftice truncata cilia; (*g*) fluida motitans. (7) V. *ampulla* caput extra aperturam folliculi producens. (8) Eadem capite extra aperturam plene explicato; (*h*) Caput ciliatum; (*i*) ovula; (*k*) collum; (*l*) lobi capitis ciliati; (*m*) caudula.

33. VORTICELLA *folliculata.*

V. oblonga, folliculo cylindraceo, hyalino.

Reperta adhærens in cauda *cyclopis minuti.*

Hæc fpecies nondum fculpta fuit.

34. VORTICELLA *larva.*

V. cylindrica, apertura lunata, fpinis caudalibus binis; tab. 21. fig. 9-11.

Reperitur in aqua marina.

Figuræ auctæ. (9) V. *larva* ore claufo. (10) Eadem ore aperto, folis ciliis in medio exfertis. (11) Alia ore aperto, organum globulare in medio & cilia exferens; (*a*) caput; (*b*) os claufum; (*c*) organum globulare in ore medio fitum; (*d*) cilia; (*e*) truncus; (*f*) ovarium; (*g*) fpinæ binæ caudales.

35. VORTICELLE *capitée*. Dict.

V. en forme de cone renversé, ouverture en croissant, tronc bidenté en arrière, queue alongée terminée par deux pointes; pl. 21, fig. 12-16.
Se trouve avec la précédente.

Figures grossies. (12, 13, 14) V. *capitées* nageans vues dans des différentes positions; (*a*) les deux pointes de la tête; (*b*) les cils de l'organe rotifère; (*c*) l'organe de la déglutition; (*d*) le tronc; (*e*) les deux dents postérieures du tronc; (*f*) l'ovaire; (*g*) la queue; (*h*) les deux pointes de la queue.

(15) V. *capitée* dont l'extrémité antérieure est élargie, aplatie & diaphane. (16) Extrémité antérieure de cet animalcule plus grossi; (*a*) la tête arrondie en avant; (*b*) les cils; (*c*) l'organe de la déglutition; (*d*) le tronc.

36. VORTICELLE *auriculée*. Dict.

V. cylindrique ventrue, ouverture nue, munie de chaque côté d'un organe rotifère, queue articulée terminée par deux pointes; pl. 21, fig. 17-19.
Se trouve dans l'eau où croît la *lenticule commune*.

Figures grossies. (17) V. *auriculée* munie d'un organe rotifère de chaque côté. (18) Autre dont les cils sont situés en avant. (19) Autre dont les cils & le col sont rentrés; (*a*) la tête; (*b*) les organes rotifères; (*c*) le col; (*d*) l'organe de la déglutition; (*e*) le tronc; (*f*) tache opaque; (*g*) la queue; (*h*) les deux pointes de la queue; (*i*) les cils antérieurs.

37. VORTICELLE *tremblante*. Dict.

V. en forme de cone renversé, ouverture lobée épineuse, queue courte terminée par une pointe; pl. 21, fig. 20-23.
Se trouve dans les infusions marines.

Figures grossies. (20, 21, 22) V. *tremblantes* nageans; vues dans trois différentes positions. (23) La même morte; (*a*) oreillettes latérales; (*b*) oreillette tachée du dos; (*c*) soyes roides très-semblables à des épines; (*d*) cils de l'ouverture; (*e*) masse ovale remplie de molécules; (*f*) autre vuide; (*g*) la queue; (*h*) membrane qui envelope le corps; (*i*) petites verrues de l'extrémité antérieure.

38. VORTICELLE, *hérissée* Dict.

V. en forme de cone renversé, ouverture entiere épineuse, queue courte terminée par deux pointes; pl. 22, fig. 1-7.
Se trouve dans l'eau recouverte de *lenticule*.

35. VORTICELLA *succollata*.

V. inversè conica, apertura lunata, trunco postice bidentato, cauda elongata diphylla; tab. 21, fig. 12-16.

Reperitur cum præcedenti.

Figuræ auctæ, (12, 13, 14) V. *succollatæ* natantes, diverso situ conspectæ; (*a*) binæ cuspides capitis; (*b*) cilia organi rotatorii; (*c*) organum deglutitionis; (*d*) truncus; (*e*) bini denticuli posteriores trunci; (*f*) ovarium; (*g*) cauda; (*h*) binæ cuspides caudæ.

(15) V. *succollata*, antica parte dilatato-depressa & hyalina. (16) Antica pars hujus animalculi magis aucta; (*a*) caput antice obtusatum; (*b*) cilia; (*c*) organum deglutorium; (*d*) truncus.

36. VORTICELLA *aurita*.

V. cylindrico-ventrosa, apertura mutica, ciliis utrinque rotantibus, cauda articulata diphylla; tab. 21, fig. 17-19.

Reperitur in aqua ubi *lemna minor* vegetat.

Figuræ auctæ. (17) V. *aurita* organo rotatorio utrinque munita. (18) Alia ciliis antice sitis. (19) Altera ciliis colloque retractis; (*a*) caput; (*b*) organa rotatoria; (*c*) collum; (*d*) organum deglutorium; (*e*) truncus; (*f*) macula opaca; (*g*) cauda articulata; (*h*) apex caudæ bifidus; (*i*) cilia antica.

37. VORTICELLA *tremula*.

V. inversè conica, apertura lobata spinulosa; cauda brevi unicuspi; tab. 21, fig. 20-23.

Reperitur in infusione marina.

Figuræ auctæ. (20, 21, 22) V. *tremula* natans, triplici situ conspecta. (23) Eadem fatiscens; (*a*) auriculæ laterales; (*b*) auricula dorsalis maculata; (*c*) setæ rigidæ spinulis simillimæ; (*d*) cilia aperturæ; (*e*) massa ovalis moleculis farcta; (*f*) alia vacua; (*g*) cauda; (*h*) membrana corpus vestiens; (*i*) verruculæ extremitatis anterioris.

38. VORTICELLA *senta*.

V. inversè conica, apertura integra spinosa; cauda brevi bicuspi; tab. 22. fig. 1-7.

Reperitur in aqua *lemna* cooperta.

Figures groffies. (1, 3, 7) V. *heriffées* nageans. (2) autre fixée & développant en plein fon organe rotitère. (6) Autre n'en épanouiffant que la moitie. (5) La même dont les bords de cet organe faillent en avant. (4) La même dont les cils de l'organe font rentrés.

(*a*) Soyes roides épineufes réunies en faifceaux; *b*) cils de l'organe rotifère fe mouvant; (*c*) l'ovaire; (*a*) les inteftins; (*e*) la queue; (*f*) l'ouverture; (*g*) l'organe rotifère épanoui; (*h*) cils des côtés réunis en faifceaux; (*i*) l'organe de la déglutition; (*k*) cils très-courts des bords de l'ouverture; (*l*) pointes de l'extrémité poftérieure du tronc; (*m*) les deux pointes de la queue.

Figuræ auctæ. (1, 3, 7) V. *fentæ* natantes. (2) Alia loco affixa, organo rotatorio toto expanfo. (6) Alia organum rotatorium dimidium expandens. (5) Eadem cujus margines organi tantum prominent. (4) Eadem ciliis organi rotatorii abfolute conditis.

(*a*) Setæ rigidæ fpiniformes fafciculatæ; (*b*) cilia organi rotatorii fparfa; (*c*) ovarium; (*d*) inteftina; (*e*) cauda; (*f*) apertura; (*g*) organum rotatorium expanfum; (*h*) cilia utrinque ad latera fafciculata; (*i*) organum deglutorium; (*k*) cilia minutiffima marginis aperturæ; (*l*) mucrones extremitatis pofticæ trunci; (*m*) binæ cufpides caudales.

39. VORTICELLE *frangée*. Dict.

V. en forme de cone renverfé, ouverture divifée en quatre lobes, queue terminée par deux foyes; pl. 22, fig. 8.-12.
Se trouve dans les eaux les plus pures.

39. VORTICELLA *lacinulata*.

V. inverfe conica, apertura quadrilobata, fetis binis caudalibus; tab. 22, fig. 8-12.

Reperitur in aquis purioribus.

Figures également groffies. (8) V. *frangée*, dont l'ouverture eft fermée. (9) Autre dont l'ouverture ne paroît pas en entier. (10) Autre, dont il ne paroît que trois lobes à l'ouverture. (11, 12) Deux de ces animalcules préfentans les quatre lobes de l'ouverture. (*a*) cils de l'organe rotifère; (*b*) lobes des côtés; (*c*) lobes intermédiaires; (*d*) foyes de la queue droites ou écartées.

Figuræ æqualiter auctæ. (8) V. *lacinulata* apertura occultata. (9) Alia, apertura non plenè exhibita. (10) Alia lacinulis tribus ad aperturam confpicuis. (11, 12) Duo V. *lacinulatæ* lobos quatuor aperturæ oftendentes; (*a*) cilia organi rotatorii; (*b*) lobi laterales; (*c*) lobi intermedii; (*d*) fetæ caudales rectæ aut divaricatæ.

40. VORTICELLE *étranglée*. Dict.

V. elliptique ventrue, ouverture fimple, queue articulée terminée par deux pointes; pl. 22, fig. 13, 14.
Se trouve dans les eaux où croît la *lenticule commune*.

40. VORTICELLA *conftricta*.

V. Elliptico-ventricofa, apertura integra, cauda annullata diphylla; tab. 22, fig. 13, 14.

Reperitur in aquis, ubi crefcit *lemna minor*.

Figures groffies. (13) V. *étranglée* vivante & faine. (14) La même dont la tête, quoique vivante, fe décompofe en molécules écumeufes; (*a*) la tête; (*b*) les cils droits de l'organe rotifère; (*c*) les cils recourbés des côtés; (*d*) le tronc; (*e*) la queue articulée; (*f*) fes deux pointes; (*g*) globules noirs de l'abdomen; (*h*) la tête fe décompofant en une matière écumeufe.

Figuræ ampliatæ. (13) V. *conftricta* viva fanaque. (14) Eadem, licet viva, cujus caput in fpumam molecularem diffolvitur; (*a*) caput; (*b*) cilia porrecta organi rotatorii; (*c*) cilia lateralia decumbentia; (*d*) truncus; (*e*) cauda annulata; (*f*) binæ cufpides; (*g*) corpufcula nigra abdominis; (*h*) caput in materiem fpumofam diffluens.

41. VORTICELLE *robin*. Dict.

V. prefque carrée, ouverture fimple, queue formée de deux épines fouvent réunies; pl. 22, fig. 15.
Se trouve dans l'eau où croît la *lenticule*.

41. VORTICELLA *togata*.

V. fubquadrata, apertura integra, fpinis caudalibus binis plerumque unitis; tab. 22, fig. 15.

Reperitur in aqua, ubi *lemna*.

(15) Figure groffe; (*a*) cils de l'organe rotifère; (*b*) épines de la queue.

(15) Figura aucta; (*a*) cilia rotantia; (*b*) fpinæ caudales.

42. VORTICELLE *longuefoye*. Dict.

V. alongée, comprimée, queue compofée de deux foyes très-longues; pl. 22, fig. 16, 17.
Se trouve dans l'eau.

42. VORTICELLA *longifeta*.

V. elongata, compreffa, fetis caudalibus binis longiffimis; tab. 22, fig. 16, 17.
Reperitur in aquis.

Figures groffies. (16) V. *longuefoye* étendue nageant. (17) La même raccourcie pendant le repos ; (*a*) les cils tournoyants ; (*b*) les deux foyes de la queue ; (*c*) l'inteftin rouffàtre ; (*d*) l'extrémité antérieure raccourcie ; (*e*) l'extrémité poftérieure tronquée.

43. VORTICELLE *rotifere*. Dict.

V. cylindrique, col armé d'un aiguillon, queue longue terminée par quatre pointes ; pl. 22, fig. 18-23.
Se trouve dans les viviers d'eau douce, & même dans l'eau de mer, où elle eft feulement un peu plus petite.

Figures groffies. (11) V. *rotifère* ayant la tête & la queue étendues & les organes rotifères du dos développés. (19) La même ayant la tête prefque rentrée. (20) Autre dont la tête eft raccourcie de même que la queue. (21) Autre dont la tête eft en partie rentrée & la queue un peu raccourcie. (22) La même plus raccourcie ne montrant pas de cils au dehors. (23) Extrémité poftérieure du corps très-groffie, offrant une peau lâche dans l'ouverture de laquelle on apperçoit le bout de la queue ; (*a*) tête rétractile ; (*b*) les yeux ; (*c*) aiguillon du col ; (*d*) organes rotifères du dos ; (*e*) la queue ; (*f*) les pointes de la queue ; (*g*) l'organe de la déglutition ?

44. VORTICELLE *fourchue*. Dict.

V. cylindrique, ouverture fimple, queue longuette fourchue ; pl. 22, fig. 24-27.

Se trouve communément dans l'eau.

Obf. Ces figures prifes de Ledermuller font incorrectes, fur tout relativement à l'extrémité antérieure du corps, qui paroît dentelée, tandis qu'elle doit être ciliée.

Figures groffies repréfentant cet animalcule dans divers dégrés d'alongement & d'augmentation ; (*a*) extrémité antérieure ; (*b*) queue fourchue ; (*c*) queue rentrée ; (*d*) entrailles compofées de globules.

45. VORTICELLE *chauve* Dict.

V. cylindracée, ouverture nue, queue courte articulée, terminée par deux pointes ; pl. 22, fig. 28.
Le lieu natal de cette efpèce n'eft pas connu.

Figure groffie ; (*a*) extrémité antérieure ; (*b*) organe bilobé qui eft ou le cœur ou l'organe de la déglutition ; (*c*) molécule opaque ; (*d*) ovaire ; (*e*) inteftin ; (*f*) la queue ; (*g*) les deux pointes de la queue.

Figuræ auctæ. (16) V. *longifeta* extenfa natans. (17) Eadem contracta quiefcens ; (*a*) cilia antice rotantia ; (*b*) fetæ binæ caudales ; (*c*) inteftinum rufum ; (*d*) extremitas antica correpta ; (*e*) extremitas poftica truncata.

43. VORTICELLA *rotatoria*.

V. cylindrica, fpiculo collari, cauda longa quadricufpi ; tab. 22, fig. 18-23.

Reperitur in pifcinis aquæ dulcis, & etiam in aqua marina, ubi minori tantum magnitudine differt.

Figuræ auctæ. (11) V. *rotatoria* capite caudaque prorfus extenfis, & organis rotatoriis dorfalibus exfertis. (19) Eadem capite ferè retracto. (20) Eadem capite caudaque ferè reductis. (21) Alia capite prorfus retracto, caudaque aliquantum breviore. (22) Altera magis retracta, ciliis nullis vifibilibus. (23) Extremitas poftica valdè aucta, cutem laxam & caudæ retractæ apicem oftendens ; (*a*) Caput retractile ; (*b*) oculi ; (*c*) fpiculum collare ; (*d*) organa rotatoria dorfalia ; (*e*) cauda ; (*f*) cufpides caudales ; (*g*) organum deglutorium ?

44. VORTICELLA *furcata*.

V. cylindrica, apertura integra, cauda longiufcula bifida ; tab. 22, fig. 24-27. è *Ledermullero*.
Sæpe reperitur in aquis.

Obf. Figuræ hic exhibitæ ad Ledermullerum pertinentes in hoc præprimis deficiunt, quod extremitas anterior dentata appareat, cum revera ciliata obfervetur.

Figuræ auctæ hoc animalculum fub vario elongationis & augmentationis gradu oftendentes ; (*a*) extremitas anterior ; (*b*) cauda furcata ; (*c*) cauda retracta ; (*d*) interanea globulis farcta.

45. VORTICELLA *canicula*.

V. cylindracea, apertura mutica, cauda brevi articulata bicufpi ; tab. 22. fig. 28.

Locus natalis ejus fpeciei ignoratur.

Figura aucta ; (*a*) extremitas anterior ; (*b*) organum didymum, an cor an organum deglutorium ? (*c*) molecula opaca ; (*d*) ovarium ; (*e*) inteftinum ; (*f*) cauda ; (*g*) binæ cufpides caudales.

46. VORTICELLE *plicatile*. Dict.

V. cylindracée, plissée, ouverture nue, queue très-courte relevée, terminée par deux pointes; pl. 22, fig. 29 - 32.
Se trouve dans les eaux marécageuses.

Figures grossies. (29) V. *plicatile*, dont la tête & la queue sont rentrées. (30) Autre dont la queue seule est sortie. (31, 32) V. *plicatiles* diversement situées dont la tête & la queue sont également développées; (*a*) extrémité antérieure; (*b*) extrémité postérieure; (*c*) la queue; (*d*) les deux pointes de la queue; (*e*) organe rotifère.

46. VORTICELLA *catulus*.

V. cylindracea, plicata, apertura mutica, cauda perbrevi reflexa, bicuspi; tab. 22, fig. 29 - 32.
Reperitur in aqua palustri.

Figuræ auctæ. (29) V. *catulus*, capite caudaque conditis. (30) Eadem, cauda tantum exserta. (31, 32) V. *catuli* variè sitæ, capite caudaque exsertis; (*a*) extremitas anterior; (*b*) extremitas posterior; (*c*) cauda; (*d*) binæ cuspides caudæ; (*e*) organum rotatorium.

47. VORTICELLE *chatte*. Dict.

V. cylindracée, ouverture nue marquée en avant d'un angle, queue composée de deux épines; pl. 23, fig. 1 - 5.
Se trouve dans l'eau où croît la *lenticule*.

Figures grossies. (1, 2, 3, 4) V. *chattes* étendues dans diverses positions. (5) La même raccourcie; (*a*) organe rotifère; (*b*) angle antérieur; (*c*) endroits du corps qui sont rétrécis pendant le mouvement; (*d*) la queue; (*c*) épines de la queue.

47. VORTICELLA *felis*.

V. cylindracea, apertura mutica antice angulata, spinis caudalibus binis; tab. 23, fig. 1 - 5.
Reperitur in aquis ubi *lemna* vegetat.

Figuræ auctæ. (1, 2, 3, 4) V. *feles* extensæ, diverso situ conspectæ. (5) Eadem contractæ; (*a*) organum rotatorium; (*b*) angulus anticus; (*c*) loci corporis contracti sub motu; (*d*) cauda; (*e*) spinæ caudales.

48. VORTICELLE *trompette*. Dict.

V. caudée (A), alongée en forme de trompette, limbe antérieur cilié; pl. 23 fig. 6 - 12.
Se trouve aux mêmes endroits que la précédente.

Figures grossies. (6) Trois V. *trompettes* implantées par leur queue dans de la mucosité. (7, 8, 9) Trois autres dans divers dégrés d'alongement, nageans. (10) Autre raccourcie en avant. (11) Autre présentant un coude sur sa partie antérieure. (12) Autre entièrement raccourcie; (*a*) limbe antérieur cilié; (*b*) cils peu élevés; (*c*) échancrure du limbe; (*d*) queue plus ou moins retrécie; (*e*) mucosité sur laquelle ces animalcules sont fixés.

48. VORTICELLA *stentorea*.

V. caudata (A), elongata, tubæformis, limbo antice ciliato; tab. 23, fig. 6 - 12.
Reperitur iisdem locis quàm præcedens.

Figuræ auctæ. (6) Tres V. *stentoreæ* caudæ apice in muco affixæ. (7, 8, 9) Tres aliæ, diverso extensionis gradu, natantes. (10) Alia antice correpta. (11) Alia parte antica in geniculum flexa. (12) Eadem omnino contracta; (*a*) limbus anterior ciliatus; (*b*) cilia vix protensa; (*c*) incisio limbi; (*d*) cauda plus minusve attenuata; (*e*) mucus in quo affixa sunt hæ animalcula.

49. VORTICELLE *sociale*. Dict.

V. caudée, agrégée (B), en forme de massue, disque oblique; pl. 23, fig. 13 - 15.
Se trouve dans les marais.

49. VORTICELLA *socialis*.

V. caudata, aggregata (B), clavata, disco obliquo; tab. 23, fig. 13 - 15.
Reperitur in paludosis.

(A) *Caudée*, c'est-à-dire pourvue d'une queue.

(B) *agrégée*, ce mot doit s'entendre relativement aux vorticelles dans le même sens que Tournefort la dit pour les fleurs de quelques plantes, qu'il nomma des fleurs agrégées.

(A) *Caudata*, seu cauda munita.

(B) Verbum *aggregata* quoad vorticellas eo sensu intelligi debet, quo designavit Tournefortius flores plantarum quos flores agregatos dixit.

(13) V. *sociales* agrégées de grandeur naturelle. (14) Quatre individus de cette espèce grossis. (15) V. *sociale* séparée considérablement grossie ; (*a*) partie supérieure du corps en forme de massue ; (*b*) queue ; (*c*) cils de l'organe rotifère.

(13) V. *sociales* aggregatæ, naturali magnitudine: (14) quatuor hujus speciei individua, magnitudine aucta. (15) V. *socialis* solitaria magnitudine valdè aucta ; (*a*) pars superior corporis clavata ; (*b*) cauda ; (*c*) cilia organi rotatorii.

50. VORTICELLE *flosculeuse*. Dict.

V. caudée, agrégée, oblongue-ovale, disque dilaté transparent ; pl. 23, fig. 16 - 20.
Se trouve comme la précédente dans les marais, & fixée sur les plantes aquatiques.

(16) V. *flosculeuse* agrégée, de grandeur naturelle, attachée à des folioles de *cératophylle*. (17) Rameau de *cératophylle* soutenant un groupe de V. *flosculeuses* un peu grossi. (18, 19) Deux V. *flosculeuses* diversement situées, très-grossies, nageant. (20) Autre dont la tête est rentrée.

(*a*) Cératophylle ; (*b*) groupe de V. *sociales* ; (*c*) la tête ; (*d*) l'abdomen ; (*e*) les ovaires ; (*f*) la queue ridée ; (*g*) la queue lisse.

50. VORTICELLA *flosculosa*.

V. caudata, aggregata, oblongo-ovata, disco dilatato pellucido ; tab. 23, fig. 16. 20.
Reperitur sicut præcedens in aquis paludosis, supra plantas aquaticas affixa.

(16) V. *flosculosa* aggregata, magnitudine naturali foliolis ceratophylli insidens. (17) ramulus *ceratophylli* cui adhæret acervus V. *flosculosæ* aliquantum auctus. (18, 19) Duo V. *flosculosæ*, diverso situ, valdè auctæ, liberè natantes. (20) Altera, capite retracto.

(*a*) Ceratophyllum ; (*b*) acervus V. *socialium* ; (*c*) caput ; (*b*) abdomen ; (*e*) ovaria ; (*f*) cauda rugosa ; (*g*) cauda lævis.

51. VORTICELLE *citrine*. Dict.

V. simple, polymorphe, ouverture susceptible de contraction, pédoncule (*) court ; pl. 23, fig. 21 - 27.
Se trouve dans les eaux stagnantes.

Figures grossies. (21) V. *citron* de forme cylindracée, nageant. (22, 23) La même en forme de poire. (24) La même ayant son ouverture resserrée. (25) La même presque orbiculaire. (26) La même épanouie, pédonculée. (27) La même contractée, pédonculée ; (*a*) cils étendus ; (*b*) cils rentrés ; (*c*) petites cornes de l'extrémité postérieure ; (*d*) pédoncule ; (*e*) extrémité postérieure obtuse.

51. VORTICELLA *citrina*.

V. simplex, multiformis, orificio contractili, pedunculo (*) brevi ; tab. 23, fig. 21 - 27.
Reperitur in aquis stagnantibus.

Figuræ ampliatæ. (21) V. *citrina* cylindracea, natans. (22, 23) Eadem piriformis. (24) Eadem orificio contracto. (25) Eadem suborbicularis. (26) Eadem extensa, pedunculata. (27) Eadem contracta, pedunculata ; (*a*) cilia exserta ; (*b*) cilia conniventia ; (*c*) cornicula extremitatis posticæ ; (*d*) pedonculus ; (*e*) extremitas postica obtusa.

52. VORTICELLE *piriforme*. Dict.

V. simple, obverse - ovale pedoncule très-court, retractile.
Cette espèce dont nous n'avons pas de figure, a été cependant gravée dans l'ouvrage de *Hill*, intitulé, *hist. anim. tab*. 1, 2, que nous n'avons pu nous procurer.
Fut trouvée attachée sur le têt de la *daphnie camuse*.

52. VORTICELLA *piriformis*.

V. simplex, obovata, pedunculo minimo retractili.
Hæc species cujus figuram non exhibemus, tamen sculpta citatur in opere domini *Hill*, sub titulo : *hist. animalium, tab*. 1, 2, quod emere, nec ullibi invenire potuimus.
Reperta fuit testæ adhærens *daphniæ simæ* mull.

53. VORTICELLE *tuberculeuse*. Dict.

V. simple, turbinée, extremité antérieure garnie de deux tubercules ; pl. 23, fig. 28, 29.
Se trouve dans les eaux marécageuses.

53. VORTICELLA *tuberosa*.

V. simplex turbinata, apice bituberculata ; tab. 23, fig. 28, 29.
Reperitur in aquis paludosis.

(*) La queue des *vorticelles* diffère de leur pédoncule, en ce que la queue se rétrécit insensiblement jusqu'à sa pointe, & que le pédoncule conserve la même grosseur sur toute sa longueur.

(*) Cauda *Vorticellarum* in eo præsertim à pedunculo differt, quod cauda sensim attenuetur, pedunculus autem æqualem crassitiem utrinque habeat.

Figures groffies; (a) corps turbiné de l'animalcule; (b) pédoncule; (c) tubercules ciliés; (d) les mêmes plus élevés.

Figuræ auctæ; (a) corpus animalculi turbinatum; (b) pedunculus; (c) tubercula ciliata; (d) eadem elongata.

54. VORTICELLE calice. Dict.

V. fimple, obverfe-ovale, pedoncule très-court, ouverture fufceptible de contraction; pl. 23, fig. 30.
Se trouve ordinairement attachée fur le corps des *nayades*.

(30) Trois V. *calices* groffies; (a) ouverture baillante; (b) ouverture fermée; (c) cils tournoyants; (d) pédoncule; (e) partie groffie d'une *nayade*.

54. VORTICELLA ringens.

V. fimplex, obovata, pedunculo minimo; orificio contracti i; tab. 23, fig. 30.

Reperitur fæpius adhærens in corpora *naidum*.

(30) Tres V. *ringentes* auctæ magnitudine; (a) apertura hians; (b) apertura claufa; (c) cilia rotantia; (d) pedunculus; (e) pars aucta *naidis*.

55. VORTICELLE inclinée. Dict.

V. fimple, courbée, pedoncule court, tête retractile; pl. 23, fig. 31.
Se trouve comme la précédente, attachée fur les *nayades*.

(31) Deux V. *inclinées* groffies; (a) tête courbée; (b) tête relevée; (c) pédoncule; (d) portion de *nayade* groffie.

55. VORTICELLA inclinans.

V. fimplex, deflexa, pedunculo brevi, capitulo retractili; tab 23. fig. 31.
Reperitur cum præcedenti *naidibus* affixa.

(31) Duæ V. *inclinantes* auctæ; (a) capitulum deflexum; (b) erectum; (c) pedunculus; (d) pars aucta *naidis*.

56. VORTICELLE engainée. Dict.

V. fimple, droite, ovale tronquée, pedoncule fixé dans un fourreau; pl. 23, fig 32.
Se trouve dans l'eau de mer.

Figures groffies; (a) corps de l'animalcule tronqué en avant; (b) bord tournoyant de l'ouverture; (c) pédoncule; (d) fourreau diaphane, fixé par fa bafe.

56. VORTICELLA vaginata.

V. fimplex, erecta, ovato-truncata, pedunculo vaginato; tab. 23, fig. 32.
Reperitur in aqua marina.

Figuræ auctæ; (a) corpus animalculi antice truncatum; (b) margo aperturæ fluctuans; (c) pedunculus; (d) vagina hyalina, bafi adhærens.

57. VORTICELLE urnule. Dict.

V. fimple, en forme de taffe, pedoncule fe tortillant: pl. 24, fig. 1—5.
Se trouve dans l'eau de mer gardée longtems.

Figures groffies. (1, 2, 3, 4) V. *urnules* diverfement fituées nageant. (5) Deux autres fixées par leur pédoncule; (a) ouverture à bord faillant; (b) deux cils de chaque côté de l'ouverture; (c) pédoncule tordu en fpirale; (d) pédoncule droit ou courbé; (e) pouffière fur laquelle les pédoncules font fixés; (f) corps ventru de l'animalcule.

57. VORTICELLA cyathina.

V. fimplex, crateriformis, pedunculo retortili; tab. 24, fig. 1—5.
Reperitur in aqua marina diù fervata.

Figuræ auctæ. (1, 2, 3, 4) V. *cyathina* diverfo fitu, natantes. (5) Duæ pedunculo affixæ; (a) apertura margine protuberante; (b) bina cilia utrinque in apertura; (c) pedunculus fpiraliter tortus; (d) pedunculus rectus aut curvatus; (e) pulvifculus cui adhærent pedunculi; (f) corpus ventricofum animalculi.

58. VORTICELLE puante. Dict.

V. fimple, ouverte fufceptible de contraction, pedoncule roide; pl. 24, fig. 7—11.
Se trouve dans l'eau de mer la plus corrompue.

58. VORTICELLA putrina.

V. fimplex, apice retractili, pedunculo rigido; tab. 24, fig. 7—11.
Reperitur in aquâ marina fetidiffima.

Figures très groffes. (7) V. *puarte* nageant. (8)
Autre offrant deux animalcules pedicellés fur un pédoncule commun. (9) Deux autres fixées, dont l'une
eft mamelonée & l'autre globuleufe. (10, 11) Trois
autres, dont l'ouverture préfente civers degrés de
baillement ; (*a*) le corps ; (*b*) l'ouverture ; (*c*) l'ouverture découpée ; (*d*) l'ouverture fermée & relevée en
un mamelon ; (*e*) le corps fphérique ; (*f*) divifion du
pédoncule en deux animalcules diftinĉes ; (*g*) le pédoncule ; (*h*) corps, fur lefquels ces animalcules font fixés.

Figuræ valdè auĉtæ. (7) V. *putrina* natans. (8)
Alia oftendens animalcula bina pedicellata fupra pe-
dunculum communem. (9) Duæ affixæ, corpore pa-
pillato aut fphærico. (10, 11) Tres aliæ, apice
diverfimodè aperto & dilatato ; (*a*) corpus ; (*b*) apertura ; (*c*) apertura fublaciniata ; (*d*) apertura coarĉtata
papillaris ; (*e*) corpus fphæricum ; (*f*) divifio pedunculi in duo animalcula diftinĉta ; (*g*) pedunculus ; (*h*) ob-
jeĉta quibus adhærent animalcula.

59. VORTICELLE *parafol*. Diĉt.

V. fimple, en forme de patène, pedoncule
fe tortillant pl. 24, fig. 12—17.
Se trouve dans l'eau de mer, gardée longtems.

Figures très-groffies. (12, 13, 14, 16, 17) V.
parafols vues en différentes fituations. (15) La même
nageant ; (*a*) le corps de l'animalcule ; (*b*) les cils
de l'ouverture ; (*c*) pédoncule étendu ; (*d*) pédoncule
tordu en fpirale ; (*e*) les bords recourbés de l'ouverture.

59. VORTICELLA *patellina*.

V. fimplex, patinæ formis pedunculo retortili ; tab. 24, fig. 12—17.
Reperitur in aqua marina diù fervata.

Figuræ valdè auĉtæ. (12, 13, 14, 16, 17) V.
patellina vario fitu confpeĉtæ ; (15) Alia natans ;
(*a*) corpus animalculi ; (*b*) cilia rotatoria ; (*c*) pedunculus extenfus ; (*d*) pedunculus fpiraliter intortus ;
(*e*) margines aperturæ reflexi.

60. VORTICELLE *globuleufe*. Diĉt.

V. fimple, fphérique, pedoncule fe tortillant ; pl. 24, fig. 6.
Se trouve attaché au corps du *ciclope à quatre
cornes*.

Figure groffie repréfentant quatre V. *globuleufes*,
fixées par leur pédoncule ; (*a*) le corps ou la tête ; (*b*)
le pédoncule, droit ; (*c*) le pédoncule tortillé ; (*d*)
fans cils vifibles.

60. VORTICELLA *globularia*.

V. fimplex, fphærica, pedunculo retortili ;
tab. 24, fig. 6.
Reperitur adhærens fupra *cyclopem quadricor-
nem* ; mull.

Figura ampliata, oftendens quatuor V. *globularias*
pedunculo affixas ; (*a*) corpus globofum ; (*b*) pedunculus reĉtus ; (*c*) pedunculus tortus ; (*d*) apertura,
ciliis non apparentibus.

61. VORTICELLE *hemifphérique*. Diĉt.

V. fimple, hemifphérique, pedoncule fe
tortillant ; pl. 24, fig. 18.
Se trouve dans l'eau avec la *lentizule commune*.

Figure groffie repréfentant quatre V. *hémifphériques*
fixées en différentes pofitions ; (*a*) petite tête baillante (*b*) fermée ; (*c*) bords onduleux de l'ouverture ;
(*d*) faifceaux de cils droits ; (*e*) faifceaux de cils ho-
rifontaux ; (*f*) pédoncule étendu ; (*g*) pédoncule tortillé ; (*h*) partie de *lenticule* fur laquelle ces animalcules font attachés.

61. VORTICELLA *lunaris*.

V. fimplex, hemifphærica, pedunculo retortili ; tab. 24, fig. 18.
Reperitur in aqua cum *lemna minori*.

Figura auĉta repræfentans quatuor V. *lunares* vario
fitu affixas ; (*a*) capitulum apertum ; (*b*) claufum ;
(*c*) margo aperturæ undatus ; (*d*) fafciculi ciliorum
erĉti ; (*e*) fafciculi ciliorum horizontales ; (*f*) pedunculus extenfus ; (*g*) pedunculus tortus ; (*h*) pars *lemnæ*
fupra quam affiguntur hæ animalcula.

62. VORTICELLE *muguet*. Diĉt.

V. fimple, campanulée, pedoncule fe tortillant ; pl. 24, fig. 19.
Se trouve fouvent attachée aux plantes &
aux coquilles fluviatiles ; fe rencontre auffi
dans l'eau de mer.

62. VORTICELLA *convallaria*.

V. fimplex, campanulata, pedunculo retortili ; tab. 24, fig. 19.
Reperitur fæpe adhærens plantis & teftis fluviatilibus ; in aqua marina quoque occurrit.

Figure groffie repréfentant cinq de ces animalcules marins, fixés, & diverfement fitués ; (*a*) tête ouverte ; (*b*) tête fermée ; '*c*) pédoncule alongé, droit ; (*d*) pédoncule raccourci tortillé.

Figura aucta repræfentans quinque V. *convallarias* marinas fixas, vario fitu ; (*a*) capitulum apertum ; (*b*) capitulum claufum ; (*c*) pedunculus elongatus, rectus ; (*d*) pedunculus retractus, tortus.

63. VORTICELLE *nutante.* Dict.

V. fimple, courbée, en forme d'entonnoir, pedoncule fe tortillant ; pl. 24, fig. 20.
Se trouve comme la précédente.

Figure repréfentant un groupe de V. *nutantes* fixées en diverfes pofitions ; (*a*) tête en forme d'entonnoir ; (*b*) pointes du bord de l'ouverture ; (*c*) pédoncule droit ; (*d*) pédoncule tortillé.

63. VORTICELLA *nutans.*

V. fimplex, turbinata, nutans, pedunculo retortili ; tab. 24, fig. 20.
Reperitur ficut præcedens.

Figura catervam V. *nutantium* pedunculo affixarum vario fitu oftendens ; (*a*) capitulum infundibuliforme ; (*b*) mucrones marginis ; (*c*) pedunculus rectus ; (*d*) pedunculus tortus.

64. VORTICELLE *nebuleufe.* Dict.

V. fimple, ovoïde, pedoncule fe repliant vers le milieu ; pl. 24, fig. 21.
Se trouve dans la mer baltique fur la *conferve polymorphe.*

Obf. Muller donne pour un caractère diftinctif de cette efpèce, que fon pédoncule fe recourbe vers le milieu, fans jamais être tordu en fpirale, & cependant fa figure, fi elle eft exacte, femble démentir cette affertion.

Figure groffie préfentant un groupe de V. *nebuleufes* diverfement fituées ; (*a*) tête ouverte avec des cils vifibles ; (*b*) tête un peu rétrécie fans cils vifibles ; (*c*) tête fermée ; (*d*) pédoncule étendu ; (*e*) pédoncule courbé, tortillé ?

64. VORTICELLA *nebulifera.*

V. fimplex, ovata, pedunculo circa medium reflexili ; tab. 24, fig. 21.
Reperitur in mare balthico, fupra *confervam polymorpham.*

Obf. Mullerus ham fpeciem ab affinibus diftinxit, eo quod in hac pedunculus circa medium reflectatur abfque ulla fpira, attamen figura quam indicat ab illo caractere diffentire videtur.

Figura ampliata, V. *nebuliferas* variè fitas oftendens ; (*a*) capitulum apertum ciliis confpicuis ; (*b*) capitulum claufum ciliis inconfpicuis ; (*c*) capitulum claufum ; (*d*) pedunculus extenfus ; (*e*) pedunculus reflexus, tortus ?

65. VORTICELLE, *articulée* ; Dict.

V. fimple, tronquée, pedoncule roide fe tortillant au fommet ; pl. 24, fig. 23, 24.
Se trouve ordinairement groupée fur les coquilles fluviatiles.

(23) V. *articulées* de grandeur naturelle, attachées à la coquille du *planorbe contourné.* (24) Les mêmes groffies ; (*a*) animalcule ; (*b*) planorbe ; (*c*) tête fermée ; (*d*) tête ouverte ; (*e*) pédoncule roide ; (*f*) extrémité fupérieure du pédoncule, étendue ; (*g*) extrémité fupérieure du pédoncule, tordue, paroiffant articulée.

65. VORTICELLA *annularis.*

V. fimplex, truncata, pedunculo rigido apice retortili ; tab. 24, fig. 23, 24.
Reperitur fæpius coacervata fupra teftas fluviatiles.

(23) V. *annulares* magnitudine naturali fupra teftam *planorbis contorti* affixæ ; (*a*) animalcula ; (*b*) planorbis, (*c*) capitulum claufum ; (*d*) capitulum apertum ; (*e*) pedunculus rigidus ; (*f*) extremitas fuperior pedunculi extenfa ; (*g*) extremitas fuperior pedunculi torta, quafi annulata.

66. VORTICELLE *baie.* Dict.

V. fimple ; globuleufe, parfemée de grains noiratres, pedoncule roide ; pl. 24, fig. 22.
Se trouve dans les eaux flagnantes.

66. VORTICELLA *acinofa.*

V. fimplex, globofa, granis nigricantibus, pedunculo rigido ; tab. 24, fig. 22.
Reperitur in aquis flagnantibus.

Figures

Figures groffies de quatre V. *bayes* ; (*a*) tête fermée ; (*b*) tête à demie-ouverte; (*c*) tête très-ouverte ; (*d*) cils de l'organe rotifère ; (*e*) bafe de la tête ; (*f*) pédoncules fimples ; (*g*) pédoncule divifé au fommet & foutenant deux têtes.

Figuræ auctæ quatuor V. *acinofarum* ; (*a*) capitulum claufum ; (*b*) capitulum femiapertum ; (*c*) capitulum patentiffimum ; (*d*) cilia organi rotatorii ; (*e*) bafis capituli ; (*f*) pedunculi fimplices ; (*g*) pedunculus apice divifus, duo capitula gerens.

67. VORTICELLE *pelotonnée*. Dict.

V. fimple campanulée verte , bords de l'ouverture recourbés , pédoncule fe tortillant ; pl. 24 , fig. 25, 26.
Se trouve au commencement du printems fur les *conferves* des rivières.

(25) Maffe verte de V. *pelotonnées* , comme elle fe préfente à l'œil nud. (26) La même groffie; (*a*) petite tête ; (*b*) bord tranfparent de l'ouverture ; (*c*) organe rotifère ; (*d*) pédoncule étendu ; (*e*) pédoncule tordu.

67. VORTICELLA *fafciculata*.

V. fimplex campanulata viridis , margine reflexo , pedunculo retortili ; tab. 24 , fig. 25 , 26.
Reperitur primo vere fupra *confervas* fluviatiles.

(25) Maffa viridis V. *fafciculatarum* , ut nudo oculo confpicitur. (26) Eadem aucta ; (*a*) capitulum ; (*b*) margo pellucidus ; (*c*) organum rotatorium ; (*d*) pedunculus extenfus ; (*e*) pedunculus retortus.

68. VORTICELLE *bilobée*. Dict.

V. ovoïde , rétrécie en avant & bilobée , pédoncule court , fe tortillant; pl. 24, fig. 29.
Se trouve dans le réfidu de diverfes infufions.

Figure groffie repréfentant trois V. *bilobées* groffies; (*a*) tête alongée ; (*b*) tête raccourcie ; (*c*) extrémité antérieure fendue en deux lobes ; (*d*) pédoncules légérement tordus.

68. VORTICELLA *hians*.

V. ovata , apice attenuato bilobo , pedunculo brevi retortili; tab. 24, fig. 29.
Reperitur in moleculis refiduis variarum infufionum.

Figura aucta tres V. *hiantes* repræfentans ; (*a*) capitulum extenfum ; (*b*) capitulum contractum ; (*c*) extremitas antica in duos lobos fiffa ; (*d*) pedunculi parum intorti.

69. VORTICELLE *paquerette*. Dict.

V. fimple hemifphérique, difque jaunâtre , bords de l'ouverture fufceptibles de contraction.
Se trouve dans l'eau des foffés.
Cette efpèce n'a pas encore été figurée.

69. VORTICELLA *bellis*.

V. fimplex hemifpherica, difco fubflavo, margine contractili.

Reperitur in aqua foffarum.
Hæc fpecies nondum fculpta fuit.

70. VORTICELLE *jumelle*. Dict.

V. fimple fphérique , pédoncule foutenant deux têtes ; pl. 24 fig. 27 , 28.
Se trouve parmi les *conferves* marines, fouvent attachée au teft des *monocles*.

Figures groffies. (27) V. *jumelle* à une feule tête, telle qu'il paroit qu'on la trouve dans une faifon de l'année. (28) V. *jumelle* à deux têtes , plus commune; (*a*) tête fermée ; (*b*) tête à demi-fermée ; (*c*) tête ouverte ; (*d*) entraillés protubérantes ; (*e*) bord de l'ouverture , recourbé ; (*f*) les cils ; (*g*) pédoncule étendu ; (*h*) pédoncule fe tortillant.

70. VORTICELLA *gemella*.

V. fimplex fphærica , pedunculo capitula bina ferente ; tab. 24, fig. 27 , 28.
Reperitur inter *confervas* marinas , fæpius teftis monoculorum affixa.

Figuræ auctæ. (27) V. *gemella* capitulo fimplici , qualis reperiri videtur uno anni tempore. (28) V. *gemella* capitulo duplici , magis vulgaris ; (*a*) capitulum correptum ; (*b*) capitulum fere correptum ; (*c*) capitulum apertum ; (*d*) interanea protuberantia ; (*e*) margo aperturæ reflexus ; (*f*) cilia ; (*g*) pedunculus extenfus ; (*h*) pedunculus intortus.

71. VORTICELLE *conjugale.* Dict.

V. composée (*), en forme de cone renversé tronqué, pédoncule rameux; pl. 25, fig. 1-4.
Se trouve souvent fixée sur les tiges du *ceratophylle.*

Figures très-grossies. (1) V. *conjugale* presque cylindrique. (3) Variété de cette espèce dont le pédoncule est écailleux, & dont les têtes sont rétrécies près du sommet. (2) Rameau de cette variété soutenant deux têtes sessiles. (4) Un animalcule solitaire de cette espèce muni de son pédicule; (a) la tête; (b) le pédoncule commun; (c) les pédicules; (d) les écailles.

72. VORTICELLE *rose de jéricho.* Dict.

V. composée, oblongue, sommet entier tronqué obliquement, pédoncule roide écailleux; pl. 25, fig. 5.
Se trouve fixée sur les animaux & sur les végétaux fluviatiles.

Figure grossie; (a) têtes réunies en ombelle; (b) pédoncule commun écailleux; (c) rameaux également écailleux; (d) support du pédoncule commun.

73. VORTICELLE *digitale.* Dict.

V. composée, cylindrique, cristalline, tronquée & fendue au sommet, pédoncule fistuleux rameux; pl. 25, fig. 6.
Fut trouvée adherente au *ciclope à quatre cornes.*

Figure grossie de la V. *digitale*; (a) têtes disposées en ombelle; (b) têtes tronquées & échancrées; (c) têtes contractées de forme ovoïde; (d) pédoncule commun; (e) rameaux;

74. VORTICELLE *polypine.* Dict.

V. composée, ovoïde, tronquée en avant, pédoncule très-branchu se tortillant; pl. 25, fig. 7—9.
Se trouve fréquemment dans la mer baltique, sur le *varec noduleux.*

71. VORTICELLA *pyraria.*

V. composita (*), inverse conica truncata, pedunculo ramoso; tab. 25, fig. 1-4.

Reperitur saepius *ceratophyllo* affixa.

Figuræ valdè auctæ. (1) V. *pyraria* subcylindrica. (3) Varietas hujusce speciei, capitulis versus apicem utrinque angustatis, & stirpe squamulis sparsis. (2) Ramulus ejusdem capitula duo sessilia gerens. (4) Animalculum solitarium cum pedicello; (a) capitulum; (b) stirps seu pedunculus communis; (c) pedicelli; (d) squamulæ.

72. VORTICELLA *anastatica.*

V. composita, oblonga, oblique truncata integra, pedunculo squamoso rigido; tab. 25, fig. 5.
Reperitur affixa animalibus aut vegetabilibus fluviatilibus.

Figura ampliata; (a) umbella capitulorum; (b) pedunculus communis seu stipes squamosa; (c) ramuli pariter squamosi; (d) basis stipitis.

73. VORTICELLA *digitalis.*

V. composita, cylindrica, crystallina, apice truncata fissaque, pedunculo fistuloso ramoso; tab. 25, fig. 6.
Reperta fuit adhærens in *cyclope quadricorni.*

(5) Figura aucta V. *digitalis*; (a) capitula in ombellam congesta; (b) capitula truncata incisaque; (c) capitula contracta ovata; (d) pedunculus communis; (e) ramuli.

74. VORTICELLA *polypina.*

V. composita ovato-truncata, pedunculo reflexili ramosissimo; tab. 25, fig. 7—9.

Reperitur frequenter supra *fucum nodosum.* maris balthici.

(*) Les *Vorticelles composées* sont celles dont le pédoncule se divise en plusieurs plus petits, qui soutiennent autant de têtes ou d'animalcules distincts. On rencontre souvent des animalcules simples, appartenans à des *Vorticelles composées.*

(*) *Vorticella composita* dicuntur quarum pedunculi in plures alios minores dividuntur in apice capitula gerentes. *Vorticella composita* sæpe simplices occurrunt.

(7) V. *polypine* vue à travers une loupe. (8) La même plus groffe. (9) La même confidérablement groffie ; (*a*) les pédoncules communs ; (*b*) les rameaux ; (*c*) les pédicules ; (*d*) les têtes étendues montrant ou cachant les cils de l'organe rotifère ; (*e*) les têtes contractées & réunies en un peloton globuleux ; (*f*) les écailles du pédoncule commun & des rameaux ; (*g*) le pédoncule commun fe tortillant.

(7) V. *polypina* lenti vitreæ infpecta. (8) Eadem magis aucta. (9) Eadem magnopere ampliata ; (*a*) pedunculi communes ; (*b*) ramuli ; (*c*) pedicelli ; (*d*) capitula extenfa , cum ciliis organi rotatorii exfertis , aut conditis ; (*e*) capitula contracta & in globulum conglomerata ; (*f*) fquamulæ pedunculo & ramulis adhærentes ; (*g*) pedunculus communis intortus.

75. VORTICELLE *œuvée*. Dict.

V. compofée, en forme de cône renverfé, tronqué, pédoncule roide, fiftuleux vers le haut, rameaux ovifères fe pelotonnant; pl. 25, fig. 10—15, *d'après Spallanzani.*
Se trouve dans les eaux douces, ftagnantes.

Figures groffies. (10) V. *œuvée* développée avec fes têtes épanouies. (11) La même après que fes têtes fe font détachées, ne confervant que des œufs. (12) Morceau d'un rameau foutenant deux têtes, très-groffi. (13) Bafe du pédoncule commun, très-groffie. (14) Sommité du pédoncule commun pendant la contraction de fes rameaux. (15) Œuf groffi ou ovaire.

(*a*) Pédoncule commun; (*b*) rameaux; (*c*) têtes épanouies ; (*d*) pédicules ; (*e*) portion des pédicules qui refte fur les rameaux, après que les têtes fe font détachées ; (*f*) rameaux pendant leur contraction ; (*g*) canal qu'on diftingue dans la partie fupérieure du pédoncule commun; (*h*) bafe élargie du pédoncule commun ; (*i*) œufs ; (*k*) embrion ; (*l*) courbure du pédoncule commun, pendant la contraction des rameaux.

75. VORTICELLA *ovifera*.

V. compofita, inverfe conica truncata, pedunculo rigido fuperne fiftulofo, ramulis oviferis conglomerantibus ; tab. 25, fig. 10-15. è *Spallanzanio.*
Reperitur in aquis dulcibus ftagnantibus.

Figuræ valdè auctæ. (10) V. *ovifera* extenfa cum capitulis exfertis. (11) Eadem poft projectionem capitulorum, ovis folis refiduis. (12) Portio ramuli cum capitulis binis pedicellatis magnopere auctis. (13) Bafis pedunculi communis maximè aucta. (14) Apex pedunculi communis, inftante contractione ramulorum. (15) Ovum ampliatum, feu ovarium.

(*a*) Pedunculus communis ; (*b*) ramuli ; (*c*) capitula exferta ; (*d*) pedicelli ; (*e*) pars pedicellorum, fupra ramulos poft capitulorum emiffionem fuperftes ; (*f*) ramuli conglomerati ; (*g*) canalis in parte fuperiori pedunculi communis confpicuus ; (*h*) bafis dilatata pedunculi communis ; (*i*) ovula ; (*k*) embrio ; (*l*) curvatura pedunculi communis, inftante correptione ramulorum.

76. VORTICELLE *en grappe*. Dict.

V. compofée, pédoncule roide, pédicules longs, divifés en grappe; pl. 25, fig. 16, 17.
Se trouve dans les eaux ftagnantes & dans les ruiffeaux.

(16) V. *en grappe* de grandeur naturelle. (17) La même groffie; (*a*) pédoncule commun, roide; (*b*) rameaux; (*c*) petites têtes développées ; (*d*) rameau contracté, avec fon pédicule tortillé.

76. VORTICELLA *racemofa*.

V. compofita, pedunculo rigido, pedicellis longis racemofis; tab. 25, fig. 16, 17.
Reperitur in aquis ftagnantibus & in rivulis.

(16) V. *racemofa* magnitudine naturali. (17) Eadem aucta magnitudine ; (*a*) pedunculus communis rigidus ; (*b*) ramuli ; (*c*) capitula extenfa ; (*d*) ramulus in glomerem correptus, cum pedicello fpiraliter torto.

77. VORTICELLE *en ombelle*. Dict.

V. compofée, globuleufe, pédoncule divifé en ombelle; pl. 26, fig. 1-7, *d'après Roëfel.*
Se trouve, comme la précédente, dans les eaux ftagnantes.

(1) V. *en ombelle* de grandeur naturelle. (2) La même groffie. (3) Une tête féparée de fa tige, fermée & globuleufe. (4) Autre tête, ouverte, féparée de fa tige. (5) Animalcule fimple pourvu de fon pédicule. (6) Portion de plante aquatique foutenant de

77. VORTICELLA *umbellaria*.

V. compofita, globofa, pedunculo fubumbellato; tab. 26, fig. 1-7, è *Roefelio.*
Reperitur ficut præcedens in aquis ftagnantibus.

(1) V. *umbellaria* magnitudine naturali. (2) Eadem aucta. (3) capitulum a ftipite folutum, claufum globofum. (4) Alium Capitulum a ftipite feparatum patulum. (5) Animalculum fimplex pedicello donatum. (6) Pars plantæ cujufdam aquaticæ V. *umbella-*

ces animalcules simples & d'autres composés; également-ment grossis. (7) V. *en ombelle* très-grossie & très-composée.

(a) Tête globuleuse ouverte, parsemée de points noirs. (b) convexité de sa base par où elle adhère à son pédicule; (c) organe rotifère vu presque en face; (a) le même vu par derrière; (c) pédoncule commun; (f) tige dont les têtes se font détachées; (g) têtes fermées presque en forme de poire; (h) portion d'une plante aquatique sur laquelle ces animalcules sont attachés; (k) tête se détachant de son pédicule.

rias simplices & compositas, æqualiter auctas sustinens. (7) V. *umbellaria* valdè aucta, magisque composita.

(a) Capitulum globosum apertum, punctis nigris sparsis; (b) baseos convexitas, qua capitulum adhæret pedicello; (c) organum rotatorium obversum; (d) organum rotatorium aversum; (e) pedunculus communis; (f) truncus capitulis spoliatus; (g) capitula clausa subpyriformia; (h) pars plantæ aquaticæ supra quam sedent animalcula; (k) capitulum in instante divisione a pedicello.

78. VORTICELLE *berberine*. Dict.

V. composée, oblongue-ovale, pédicules élargis vers le haut; pl. 26, fig. 10-17, d'après Roësel. Se trouve dans les ruisseaux & les fontaines.

Figures très-grossies. (10) V. *berberine* à pédicule simple. (11) Autre à pédicule bifide. (12) Autre à pédicule divisé en trois. (13) Groupe de V. *berberines* à pédicules plus composés. (14) Groupe de V. *berberines*, dont les têtes se font détachées en partie, & dont les autres sont prêtes à se détacher. (15) V. *berberine*, dont le pédicule est divisé en quatre vers le haut. (17) Groupe de V. *berberines*, dont les têtes sont entièrement détachées. (A) Cinq têtes séparées de leurs pédicules, dont les lignes ponctuées indiquent la direction.

(a) têtes marquées au milieu d'une tache blanchâtre; (b) ouverture; (c) pédicule simple; (d) pédicule bifide; (e) pédicules composés; (f) têtes détachées de leur pédicule; (h) extrémité supérieure des pédicules, trois fois plus élargie que leur base; (i) extrémité inférieure des pédicules.

78. VORTICELLA *berberina*.

V. composita, oblongo-ovata, pedicellis superne dilatatis; tab. 26, fig. 10—17, è Roeselio. Reperitur in fontibus & rivulis.

Figuræ valdè auctæ. (10) V. *berberina* pedicello simplici. (11) Alia pedicello bifido. (12) Alia pedicello trifido. (13) Acervus V. *berberina*, pedicellis magis compositis. (14) Acervus alter V. *berberina* capitulis partim separatis, partim adhærentibus. (15) V. *berberina* pedicello ultra medium in quatuor minores partito. (17) Acervus pedicellorum V. *berberina* capitulis omnibus deficientibus. (A) Quinque capitula à pedicellis migrata, quorum lineæ punctatæ motus directionem indicant.

(a) Capitula, versus medium macula albida notata; (b) apertura; (c) pedicellus simplex; (d) pedicellus bifidus; (e) pedicelli compositi; (f) capitula à pedicellis separata; (h) extremitas superior pedicellorum, basi triplo magis dilatata; (i) extremitas inferior pedicellorum.

79. VORTICELLE *operculaire*. Dict.

V. composée, pédoncule articulé très-rameux, têtes oblongues-ovales renfermant un opercule cilié; pl. 26, fig. 8, 9, d'après Roësel. Se trouve dans les étangs.

Obs. Cette espèce, tant à cause des articulations de sa tige, qu'à raison de la saillie de son organe rotifère, paroît se rapprocher beaucoup des *sertulaires* marines, & indiquer d'une manière sensible l'affinité naturelle qui joint les *Vorticelles composées* & les Lithophytes polypeux de la mer.

(8) V. *operculaire* très-rameuse grossie. (9) Autre moins composée très-grossie; (a) têtes dont l'opercule est saillant hors de l'ouverture; (b) opercules dont la circonférence est ciliée & le centre inférieur pédicellé; (c) têtes dont l'opercule est rentré, & sur lesquelles on apperçoit le rebord de l'ouverture;

79. VORTICELLA *opercularia*.

V. composita, pedunculo articulato ramosissimo, capitulis oblongo-ovatis operculum ciliatum exserentibus; tab. 26, fig. 8, 9. Reperitur in stagnis, è Roeselio.

Obs. Hæc species tam propter stipitis articulos quam ob organi rotatorii extra aperturam protrusionem, ad *sertularias* marinas plurimum accedit, affinitatemque naturalem qua *Vorticella composita* & Lithophyta polypifera junguntur, apprime indicare videtur.

(8) V. *opercularia* ramosissima aucta. (9) Alia minus composita magnopere ampliata; (a) capitula, operculo extra aperturam exserto; (b) opercula exserta, peripheria ciliata, centroque inferne pedicellato; (c) capitula, operculo retracto, ore superne marginato; (d) pedunculus communis capitulis utrinque denuda-

(*d*) pédoncule commun ; dont les têtes font détachées ; (*e*) pédicules articulés ; (*f*) tourbillon qui eft excité dans l'eau par le mouvement circulaire de l'opercule, que l'on doit confidérer comme l'organe rotifère de cette efpèce.

tus ; (*e*) pedicelli articulati ; (*f*) vortex in aquis excitatus motu circulari operculi, quod organum rotatorium hujus fpeciei, ab aliis tamen diverfum confiderare debemus.

17. BRACHION.

Caract. du genre.

Ver fufceptible de contraction, recouvert par un teft (*), pourvu en avant de cils tourbillonnans.

17. BRACHIONUS.

Charact. generis.

Vermis contractilis, tefta (*) tectus, antice munitus ciliis rotatoriis.

1. BRACHION *ftrié*. Dict. n°. 1.

B. teft univalve, ovoïde ftrié, armé de fix dents fur fon bord antérieur, bafe fimple fans queue ; pl. 27, fig. 1-3.
Se trouve dans l'eau de mer.

Figures groffies. (1) B. *ftrié* vu au dos. (2) Le même allongeant les poils de fon extrémité antérieure. (3) Le même vu fur la face du ventre ; (*e*) dents du teft ; (*b*) petites houppes de poils ; (*c*) piquans arqués du ventre ; (*d*) appendices crochus ; (*e*) organe de la déglutition.

1. BRACHIONUS *ftriatus*.

B. univalvis, tefta ovata ftriata, apice fexdentata, bafi integra ecaudata ; tab. 27, fig. 1-3.

Reperitur in aqua marina.

Figuræ ampliatæ. (1) B. *ftriatus* pronus. (2) Idem pilos fafciculatos extremitatis anticæ exferens. (3) Idem fupinus ; (*a*) dentes teftæ ; (*b*) fafciculi pilorum exferti ; (*c*) cufpides arcuati ventrales ; (*d*) mucrones uncinati ; (*e*) organum deglutorium.

2. BRACHION *écaille*. Dict. n°. 2.

B. teft univalve, orbiculaire, tronqué en avant, & armé de quatre dents, bafe fimple fans queue, pl. 27, fig. 4-7.
Se trouve dans les marais, où croît la *lenticule commune*.

Figures également groffies. (4, 7) B. *écailles* vus au dos. (5) Autre vu de côté. (6) Autre préfentant le ventre ; (*a*) quatre dents antérieures du teft ; (*b*) deux petits denticules placés entre les dents latérales ; (*c*) cils de l'extrémité antérieure ; (*d*) machoires fermées ; (*e*) œufs.

2. BRACHIONUS *fquamula*.

B. univalvis, tefta orbiculari apice truncata quadridentata, bafi integra ecaudata ; tab. 27, fig. 4-7.
Reperitur in paludofis ubi crefcit *lemna minor*.

Figuræ æqualiter auctæ. (4, 7) B. *fquamula* à dorfo vifi. (5) Alius à latere confpectus. (6) Alter à ventre confpicuus ; (*a*) teftæ quatuor dentes antici ; (*b*) bini denticuli dentibus lateralibus interpofiti ; (*c*) cilia extremitatis anterioris ; (*d*) maxillæ conniventes ; (*e*) ova.

3. BRACHION *pêle*. Dict. n°. 3.

B. teft univalve, oblong, concave en-def-

3. BRACHIONUS *pala*.

B. univalvis, tefta oblonga infernè excavata ;

(*) Le teft des *Brachions* eft roide & membraneux ; on le nomme *univalve*, lorfqu'il n'eft compofé que d'une feule pièce qui recouvre en tout ou en partie le dos de l'animalcule ; *bivalve* quand il eft divifé fur toute fa longueur en deux pièces égales rapprochées, & *capfulaire* lorfqu'étant d'une feule pièce, il enveloppe le corps de l'animalcule comme un fourreau.

(*) Tefta *Brachionorum* rigida eft & membranacea ; *univalvis* dicitur, quando unica componitur valvula quæ animalculi dorfum integre aut partialiter tegit ; *bivalvis* dum in duas valvulas longitudinaliter cohærentes dividitur ; tandem *capfularis* quando corpus animalculi, ficut vagina univalvi inclufum, undique obtegit.

fous, armé en avant de quatre dents, bafe fimple fans queue; pl. 27, fig. 8, 9.
Se trouve dans l'eau des marais.

Figures groffies. (8) B. *péle* préfentant le ventre. (9) Le même préfentant le dos; (*a*) organes rotifères; (*b*) élévation conique, dont le bout eft garni de poils; (*c*) machoire bilobée; (*d*) dents antérieures du teft; (*e*) ovaire fufpendu à fon extrémité poftérieure.

4. BRACHION *bêche*. B. *bipale*. Dict. n°. 4.

B. teft univalve, oblong, replié en-deffous, bord antérieur armé de dix dents, bafe fimple fans queue; pl. 27, fig. 10 - 12.
Se trouve dans l'eau de mer.

Figures groffies. (10) B. *bêche* vu fur la face du ventre, avec les cils tournoyants de fon extrémité antérieure développés. (11) Autre préfenté fur la même face dont les cils font rentrés. (12) Le même vu au dos; (*a*) dents du teft difpofées fur deux rangs; (*b*) foyes menues; (*c*) organe rotifère; (*d*) trois élévations en forme de crète; (*e*) organe de la déglutition.

5. BRACHION *patène*. Dict. n°. 5.

B. teft univalve, orbiculaire fimple, queue nue; pl. 27, fig. 13-17.
Se trouve dans les eaux ftagnantes, parmi la *lenticule commune*.

Figures groffies. B. *patene* vu en deffous, ayant fes organes rotifères étendus. (14) Le même vu au dos. (15) Le même vu en deffous, ayant fes organes rotifères retirés. (16) Autre vu dans la même pofition, dont tous les organes font contractés. (17) Organe de la déglutition très-groffi; (*a*) organe rotifère double, faillant; (*b*) le même rentré ou en contraction; (*c*) grands lobes; (*d*) petits lobes; (*e*) languettes pointues; (*f*) queue; (*g*) membrane crènelée; (*h*) organe de la déglutition; (*i*) le même, avec les mâchoires ouvertes; (*k*) le même, avec les mâchoires fermées.

6. BRACHION *bouclier*. Dict. n°. 6.

B. teft univalve, oblong, échancré en avant, bafe fimple, queue nue; pl. 27, fig. 18-21.

Se trouve dans l'eau de mer.

Figures groffies. (18) B. *bouclier* vu au dos, avec fon organe rotifère développé. (19) Le même préfentant le ventre. (20) Autre vu de côté. (21) Autre dont l'organe rotifère eft rentré; (*a*) poils des côtés; (*b*) cils; (*c*) crochets antérieurs; (*d*) organe de la déglutition; (*e*) queue; (*f*) partie antérieure du teft, échancrée, & couverte par une membrane.

quadridentata, bafi integra ecaudata; tab. 27, fig. 8, 9.
Reperitur in aqua paluftri.

Figuræ auctæ. (8) B. *pala* fupinus. (9) Idem pronus organis rotatoriis retractis; (*a*) organa rotatoria; (*b*) colliculus conicus apice pilofus; (*c*) maxilla didyma; (*d*) dentes anteriores teftæ; (*e*) ovarium poftice fufpenfum.

4. BRACHIONUS *bipalium*.

B. univalvis, tefta oblonga inflexa, apice decem dentata, bafi integra ecaudata; tab. 27, fig. 10-12.
Reperitur in aqua marina.

Figuræ auctæ. (10) B. *bipalium*, ciliis rotatoriis extremitatis anticæ exfertis, è ventre confpectus. (11) Alter eadem facie vifus, ciliis retractis. (12) Idem è dorfo confpicuus; (*a*) dentes teftæ duplici ferie ordinatæ; (*b*) fetæ ftrictæ laterum; (*c*) organum rotatorium; (*d*) colliculi tres antici in formam criftæ extenfi; (*e*) organum deg'utorium.

5. BRACHIONUS *patina*.

B. univalvis, tefta orbiculari integra, cauda mutica; tab. 27, fig. 13--17.
Reperitur in aquis ftagnantibus inter *lemnam minorem*.

Figuræ ampliatæ. (13) B. *patina* fupinus, organis rotatoriis exfertis. (14) Idem pronus. (15) Idem fupinus, organis rotatoriis retractis. (16) Alter quoque fupinus, organis omnibus retractis. (17) Organum deglutorium valdè auctum, feu maxillæ; (*a*) Organum rotatorium duplex exfertum; (*b*) idem retractum; (*c*) lobuli majores; (*d*) lobuli minores; (*e*) fpicula acuminata; (*f*) cauda; (*g*) membrana crenulata; (*h*) organum deglutorium, (*i*) organi deglutorii maxillæ apertæ; (*k*) maxillæ claufæ.

6. BRACHIONUS *clypeatus*.

B. univalvis, tefta oblonga, apice emarginata, bafi integra, cauda mutica; tab. 27, fig. 18-21.
Reperitur in aqua marina.

Figuræ auctæ. (18) B. *clypeatus* pronus, organo rotatorio exferto. (19) Idem fupinus. (20) Idem à latere confpectus. (21) Alter organo rotatorio retracto; (*a*) pili laterales; (*b*) cilia; (*c*) hami anteriores; (*d*) organum deglutorium; (*e*) cauda; (*f*) pars anterior teftæ emarginata, cum membrana fubjacente.

7. BRACHION *lamellé*. Dict. n°. 7.

B. test univalve, oblong, face antérieure simple, base tricorne, queue terminée par deux poils; pl. 27, fig. 22-25.
Se trouve dans l'eau des marais.

Figures également grossies. (22) B. *lamellé* présentant le dos, ayant sa tête saillante. (23) Le même dont la tête est rentrée. (24) Autre vu de côté, ayant la tête rentrée. (25) Autre vu en dessous dont la tête est très-saillante; (*a*) lame antérieure orbiculaire; (*b*) cone de la tête; (*c*) mamelons des côtés; (*d*) petites cornes; (*e*) lame de l'extrémité postérieure du test tridentée; (*f*), le tronc; (*g*) petits corps ovales; (*h*) queue composée de deux articulations; (*i*) deux poils qui la terminent; (*k*) les deux poils de la queue recourbés.

8. BRACHION *patelle*. Dict. n°. 8.

B. test univalve, ovoïde, bidenté en avant, échancré en arrière, queue terminée par deux soyes; pl. 27, fig. 26-30.
Se trouve avec le précédent.

Figures grossies. (26) B. *patelle* dont la tête est rentrée. (27) Autre dont la tête n'est pas tout-à-fait rentrée sous le test. (28) Autre dont la tête est saillante au dehors. (29) Autre, vu sur la face du ventre, dont la tête est saillante & ciliée. (30) Autre présentant le dos, dont la tête est également ciliée.

(*a*) Dents antérieures du test; (*b*) la tête; (*c*) les cils de l'organe rotifère; (*d*) le tronc; (*e*) l'extrémité postérieure du test, échancrée; (*f*) la queue; (*g*) les deux poils du bout de la queue.

9. BRACHION *bractée*. Dict. n°. 9.

B. test univalve, presque orbiculaire, échancré en avant en forme de croissant, simple en arrière, queue terminée par deux épines; pl. 27, fig. 31, 32.
On ne connoît pas le lieu natal de cette espèce.

Figures grossies. (31) B. *bractée* vu au dos, avec sa tête étendue. (32) Le même vu du côté du ventre, avec sa tête rentrée; (*a*) test en forme de bractée ou de lame; (*b*) la tête; (*c*) l'organe de la déglutition; (*d*) deux crochets de la face postérieure; (*e*) la queue; (*f*) les deux épines de la queue; (*g*) l'extrémité antérieure du test, échancrée en forme de croissant; (*h*) pli du test; (*i*) viscères blanchâtres; (*k*) l'ovaire.

10. BRACHION *plissé*. Dict. n°. 10.

B. test univalve oblong, crenelé en avant,

7. BRACHIONUS *lamellaris*.

B. univalvis, testa producta apice integra; basi tricorni, cauda bipili; tab. 27, fig. 22-25.
Reperitur in aqua palustri.

Figuræ æqualiter auctæ. (22) B. *lamellaris* dorsum ostendens & caput productum. (23) Idem capite retracto. (24) Alter capite retracto à latere conspicuus. (25) Alter supinus, capite valdè producto; (*a*) lamella antica orbicularis; (*b*) conus capitis; (*c*) papillæ laterales; (*d*) cornicula; (*e*) lamella extremitatis posticæ testæ tridentata; (*f*) truncus; (*g*) corpuscula ovalia; (*h*) cauda articulis binis composita; (*i*) pili duo caudales; (*k*) pili caudales reflexi.

8. BRACHIONUS *patella*.

B. univalvis, testa ovata, apice bidentata, basi emarginata, cauda biseta; tab. 27, fig. 26-30.
Reperitur cum præcedenti.

Figuræ ampliatæ. (26) B. *patella*, capite retracto. (27) Idem capite intra testam ferè retracto. (28) Alter capite exserto non ciliato. (29) Alter è ventre conspectus, capite valdè exserto & ciliato. (30) Idem dorsum exhibens caputque exsertum ciliatum.

(*a*) Dentes anteriores testæ; (*b*) caput; (*c*) cilia organi rotatorii; (*d*) truncus; (*e*) extremitas posterior testæ emarginata; (*f*) cauda; (*g*) pili bini caudales.

9. BRACHIONUS *bractea*.

B. univalvis, testa suborbiculari, apice lunata, basi integra, cauda spina duplici; tab. 27, fig. 31, 32.

Locus natalis hujus speciei ignoratur.

Figuræ auctæ. (31) B. *bractea* è dorso conspectus, capite exserto. (32) Idem è ventre conspectus, capite retracto; (*a*) testa in formam bracteæ aut laminæ; (*b*) caput; (*c*) organum deglutorium; (*d*) uncinuli bini faciei posterioris; (*e*) cauda; (*f*) spinulæ duo caudales; (*g*) extremitas anterior testæ in formam lunæ emarginata; (*h*) plica seu inflexio testæ; (*i*) vascula albicantia; (*k*) ovarium.

10. BRACHIONUS *plicatilis*.

B. univalvis, testa oblonga, apice acuminata;

échancré en arrière, queue longue, terminée par deux pointes ; pl. 27, fig. 33--40.
Se trouve dans l'eau de mer.

   Figures groffies. (33) B. *pliffé* couché fur le dos,
avec les organes de fon extrémité antérieure develop-
pés. (34) Le même couché fur le ventre, dont les
organes de la tête font rentrés. (35) Autre vu de
côté. (36, 37, 38) Extrémité antérieure de l'animalcule préfentée dans des états différens. (39, 40)
Organe de la déglutition très-groffi ; (*a*) tubercule intermédiaire de la tête, velu; (*b*) tubercules latéraux
inclinés & velus ; (*c*) poils pendans, fitués au bas de
la tête; (*d*) bord antérieur du teft crenelé ; (*e*) fecond
rang de crenelures du bord antérieur du teft ; (*f*)
organe de la déglutition ; (*g*) bords latéraux du teft
repliés vers le ventre ; (*h*) la queue; (*i*) pointes de la
queue ; (*k*) véficules intérieures ; (*l*) œuf fufpendu à
la naiffance de la queue ; (*m*) mâchoires fermées ; (*n*)
mâchoires écartées ; (*o*) centre noir ; (*p*) Deux points
qu'on diftingue pendant l'écartement des mâchoires.

11. BRACHION *ovale*. Dict. n°. 11.

B. teft bivalve aplati, échancré aux deux
bouts, queue terminée par deux cirres ;
pl. 28, fig. 1-3.
Se trouve parmi les *conferves* des marais.

   Figures groffies. (1) B. *ovale* nageant, ayant les
cils des côtés ployés. (2) Le même pendant le repos,
ayant fes cils dreffés. (3) Autre dont les cils font
rentrés ; (*a*) pointes antérieures du teft ; (*b*) échancrure poftérieure du teft ; (*c*) cils inclinés ou ployés ;
(*d*) cils droits ; (*e*) organe de la déglutition; (*f*)
membranes qui entourent le corps ; (*g*) queue; (*h*)
appendices linéaires ; (*i*) cirres de la queue ; (*k*)
cils faillans de l'extrémité antérieure ; (*l*) maffe ovale
qui eft peut-être l'ovaire.

12. BRACHION *tricorne*. Dict. n°. 12.

B. teft bivalve ventru, bord antérieur fimple,
bafe tricorne, queue munie de deux épines ;
pl. 28, fig. 4, 5.
Se trouve dans l'eau des marais.

   Figures groffies repréfentant le *Brachion tricorne* ?
en deux différentes pofitions ; (*a*) cils des côtés réunis
en faifceau ; (*b*) appendicules de l'extrémité antérieure ; (*c*) organe de la déglutition ; (*d*) maffe opaque
des entrailles ; (*e*) épines de l'extrémité poftérieure ;
(*f*) pointe poftérieure du teft ; (*g*) foyes de la queue;
(*h*) cils du double organe rotifère.

13. BRACHION *denté*. Dict. n°. 13.

B. teft bivalve arqué, muni de deux dents

---

bafi emarginata, cauda longa bicufpi ; tab.
27; fig. 33--40.
Reperitur in aqua marina.

   Figuræ ampliatæ. (33) B. *plicatilis* fupinus, organis cunctis extremitatis anterioris exfertis. (34) Idem
pronus, organis capitis retractis. (35) Alter a latere
confpectus, capite exferto. (36, 37, 38) Extremitas
anterior animalculi, fubdiverfo fitu & ftatu. (39, 40)
Organum deglutorium maxime ampliatum ; (*a*) colliculus capitis pilofus intermedius; (*b*) colliculi laterales fubconniventes pilofi ; (*c*) pili bafeos capitis ex-
trorfum procumbentes ; (*d*) margo anterior teftæ crenulatus; (*e*) fecunda feries crenularum marginis anterioris teftæ ; (*f*) organum deglutorium ; (*g*) margines
teftæ introrfum plicati ; (*h*) cauda; (*i*) cufpides caudæ ; (*k*) veficulæ interiores ; (*l*) ovulum bafi caudæ
adhærens ; (*m*) maxillæ conniventes ; (*n*) maxillæ
fecedentes; (*o*) centrum nigrum ; (*p*) puncta duo
inter hiatum maxillarum confpicua.

11. BRACHIONUS *ovalis*.

B. bivalvis, tefta depreffa extremitatibus
emarginata, cauda cirro duplici ; tab. 28,
fig. 1--3.
Reperitur in paludofis inter *confervas*.

   Figuræ auctæ. (1) B. *ovalis* natans, ciliis lateralibus
deflexis. (2) Idem quiefcens, ciliis omnibus porrectis. (3) Alter ciliis omnibus conditis ; (*a*) mucrones
teftæ antici ; (*b*) incifura poftica teftæ ; (*c*) cilia incli-
nata aut deflexa ; (*d*) cilia ftricta ; (*e*) organum deglutorium ; (*f*) membranulæ truncum cingentes;
(*g*) cauda ; (*h*) appendiculæ lineares ; (*i*) cirri caudales ; (*k*) cilia extremitatis anterioris porrecta ; (*l*)
maffa ovalis, quæ forte ovarium.

12. BRACHIONUS *tripos*.

B. bivalvis, tefta ventrofa, apice mutica, bafi
tricorni, cauda fpina duplici ; tab. 28, fig.
4, 5.
Reperitur in aquâ paluftri.

   (4, 5) Figuræ auctæ *Brachionum tripodem* ? duplici fitu repræfentantes ; (*a*) cilia lateralia fafciculata;
(*b*) appendiculæ extremitatis anterioris, feu ligulæ ;
(*c*) organum deglutorium; (*d*) maffa opaca interaneorum ; (*e*) fpinæ extremitatis pofticæ ; (*f*) mucro
teftæ pofticus; (*g*) fetæ caudales; (*h*) cilia organi
rotatorii duplicis.

13. BRACHIONUS *dentatus*.

B. bivalvis, tefta arcuata, apice & bafi utrin-

à

à chaque bout, queue armée de deux épines;
pl. 28, fig. 6, 7.
Se trouve dans les eaux où croît la *lenticule*.

(6,7) Figures représentant le B. *denté* grossi sous deux différens aspects; (*a*) valves du test écartées; (*b*) les deux dents antérieures du test; (*c*) les doubles dents postérieures du test; (*d*) queue; (*e*) épines de la queue; (*f*) petites soyes flexibles, dont les épines de la queue sont terminées; (*g*) cils brillans; (*h*) cils tournoyans; (*i*) valves du test, rapprochées; (*k*) organe de la déglutition; (*l*) masse opaque des viscères.

que dentata, cauda spina duplici; tab. 28, fig. 10, 11.
Reperitur in aquis ubi *lemna vegetat*.

(6,7) Figuræ representantes B. *dentatum* auctum duplici situ variantem; (*a*) valvulæ testæ dimotæ; (*b*) duo dentes antici testæ; (*c*) bini dentes testæ postici; (*d*) cauda; (*e*) spinæ caudales; (*f*) setulæ binæ, caudæ spinas terminantes, quas unguiculos nominavit Mullerus; (*g*) cilia micantia; (*h*) cilia rotantia; (*i*) valvulæ testæ, sibi arcte incumbentes; (*k*) organum deglutorium; (*l*) massa opaca interaneorum.

14. BRACHION *armé*. Dict. n°. 14.

B. test bivalve presque carré, muni de deux dents pointues à chaque bout, queue armée de deux épines; pl. 28, fig. 8, 9.
Se trouve dans les marais.

Figures grossies. (8) B. *armé* vu au dos, ayant ses cils rentrés. (9) Le même nageant vu sur le côté, ayant ses cils saillans; (*a*) dents pointues de l'extrémité antérieure du test; (*b*) dents de l'extrémité postérieure du test; (*c*) épines de la queue; (*d*) organe de la déglutition; (*e*) masse oblongue des entrailles; (*f*) cils tournoyans; (*g*) intestins.

14. BRACHIONUS *mucronatus*.

B. bivalvis, testa subquadrata, apice & basi utrinque mucronata, cauda spina duplici; tab. 28, fig. 8, 9.
Reperitur in paludibus.

Figuræ auctæ. (8) B. *mucronatus* à dorso inspectus, ciliis conditis. (9) Idem innatans à latere visus, ciliis exsertis; (*a*) dentes mucronati extremitatis anterioris testæ; (*b*) dentes extremitatis posterioris testæ; (*c*) spinæ caudales; (*d*) organum deglutorium; (*e*) massa interaneorum oblonga; (*f*) cilia micantia; (*g*) intestinula.

15. BRACHION *crochet*. Dict. n°. 15.

B. test bivalve ovale, simple en avant, pointu en arrière, queue ridée terminée par deux soyes; pl. 28, fig. 10-12.
Se trouve dans l'eau de mer & dans l'eau douce des fossés.

Figures également grossies. (10) B. *crochet* présentant le dos. (11, 12) Deux autres nageant, vus sur le côté; (*a*) les deux valvules jointes longitudinalement; (*b*) les mêmes baillantes vers la queue; (*c*) extrémité postérieure du test, pointue; (*d*) corps de l'animalcule; (*e*) crochet de l'extrémité antérieure de l'animalcule, saillant hors du test; (*f*) le même rentré sous le test; (*g*) organe rotifère placé sur les côtés de l'extrémité antérieure; (*h*) la queue; (*i*) soyes terminant la queue.

15. BRACHIONUS *uncinatus*.

B. bivalvis, testa ovali, apice integra, basi mucronata, cauda rugosa biseta; tab. 28, fig. 10--12.
Reperitur in aqua marina, & in foveis aqua dulci inundatis.

Figuræ æqualiter auctæ. (10) B. *uncinatus* dorsum ostendens. (11, 12) Duo B. *uncinati* natantes è latere visi; (*a*) valvulæ testæ longitudinaliter connexæ; (*b*) eædem versus caudam hiantes; (*c*) extremitas postica testæ mucronata; (*d*) corpus animalculi; (*e*) uncus extra testam porrectus; (*f*) uncus ejusdem extremitatis anterioris animalcu i, intra testam retractus; (*g*) organum rotatorium collaterale; (*h*) cauda; (*i*) setæ caudam terminantes.

16. BRACHION *cirreux*. Dict. n°. 16.

B. test capsulaire, prolongé en avant, tronqué & armé de deux cornes en arrière, queue terminée par deux soyes; pl. 28, fig. 13.
Se trouve dans les eaux douces.

(13) B. *cirreux* grossi; (*a*) la tête; (*b*) demi-cercle environnant la tête; (*c*) cils de l'organe rotifère; (*d*) le col; (*e*) test capsulaire recouvrant le corps de l'ani-

16. BRACHIONUS *cirratus*.

B. capsularis, testa apice producta, basi curta bicorni, cauda biseta; tab. 28, fig. 13.

Reperitur in aquis dulcibus.

(13) B. *cirratus* auctus; (*a*) caput; (*b*) semi-circulus caput ambiens; (*c*) cilia organi rotatorii; (*d*) collum; (*e*) testa capsularis, corpus animalculi ves-

malcule; (*f*) petites cornes de l'extrémité poſtérieure du teſt; (*g*) lobe de la queue; (*h*) queue articulée; (*i*) les deux ſoyes de la queue.

tiens; (*f*) cornicula extremitatis poſterioris teſtæ; (*g*) lobus caudalis; (*h*) cauda articulata; (*i*) ſetæ binæ caudales.

17. BRACHION *cornet*. Dict. n°. 17.

B. teſt capſulaire, cylindracé, muni à ſon bord antérieur de deux cirres pendants, terminé en arrière par un cil; pl. 28. fig. 14—16.
Se trouve dans les bourbiers les plus ſales.

Figures groſſies. (14) B. *cornet* rentré dans ſon teſt, ayant ſes deux cirres droits & écartés. (15) Le même avec ſa tête ſaillante hors du teſt, & ſes deux cirres pendans. (16) Le même, avec ſa tête ſortie hors du teſt & ſes deux cirres étendus & rapprochés; (*a*) partie tranſparente du teſt; (*b*) le corps de l'animalcule rentré; (*c*) cirres frontaux; (*d*) ſoye de la queue; (*e*) cils de l'organe rotifère; (*f*) organe de la déglutition.

17. BRACHIONUS *paſſus*.

B. capſularis, teſta cylindracea, frontis cirris binis pendulis, ſetaque caudali unica; tab. 28, fig. 14—16.
Reperitur in vadis ſordidis.

Figuræ àuctæ. (14) B. *paſſus* intra teſtam retractus, cirris binis exſertis patulis. (15) Idem, capite exſerto, cirriſque pendulis; (16) Idem, capite exſerto, cirris recta extenſis approximatis; (*a*) pars teſtæ pellucida; (*b*) corpuſculum animalculi retractum; (*c*) cirri frontales; (*d*) ſeta caudalis; (*e*) cilia organi rotatorii; (*f*) organum deglutorium.

18. BRACHION *carré*. Dict. n°. 18.

B. teſt capſulaire, quadrangulaire, bidenté en avant, baſe bicorne ſans queue; pl. 28, fig. 17, 18.
Se trouve dans l'eau des marais.

Figures groſſies. (17) B. *carré* dont les organes rotifères ſont développés. (18) Autre, dont les cils des organes rotifères ſont pendans; (*a*) organes rotifères; (*b*) cornes de l'extrémité poſtérieure du teſt; (*c*) dents antérieures du teſt; (*d*) cils pendants des organes rotifères; (*e*) partie arrondie de l'extrémité poſtérieure de l'animalcule.

18. BRACHIONUS *quadratus*.

B. capſularis, teſta quadrangula apice bidentata, baſi bicorni, cauda nulla; tab. 28, fig. 17, 18.
Reperitur in aquis paluſtribus.

Figuræ auctæ. (17) B. *quadratus* organis rotatoriis exſertis. (18) Alter, cujus cilia organorum utrinque deflectuntur; (*a*) organa rotatoria; (*b*) cornicula extremitatis poſterioris teſtæ; (*c*) dentes anteriores teſtæ; (*d*) cilia deflexa organorum rotatoriorum; (*e*) pars rotundata poſtica animalculi.

19. BRACHION *gibecière*. Dict. n°. 19.

B. teſt capſulaire, quadrangulaire, ſimple & & tronqué en avant, arrondi & échancré en arrière, queue onduleuſe; pl. 28, fig. 19—21.
Se trouve dans les eaux ſtagnantes.

Figures groſſies. (19) B. *gibecière* droit, ayant ſes organes rotifères développés. (20) Le même, dont les organes rotifères ſont rentrés. (21) Autre nageant, vu de côté; (*a*) organes rotifères; (*b*) membrane diaphane de l'extrémité antérieure; (*c*) rétréciſſement du corps; (*d*) la queue; (*e*) l'organe de la déglutition.

19. BRACHIONUS *impreſſus*.

B. capſularis, teſta quadrangula apice integra, baſi obtuſe emarginata, cauda flexuoſa. tab. 28, fig. 19—21.
Reperitur in aquis ſtagnantibus.

Figuræ auctæ. (19) B. *impreſſus* erectus, organis rotatoriis exſertis. (20) Idem, organis rotatoriis retractis. (21) Alter natans à latere conſpectus; (*a*) organa rotatoria; (*b*) membrana hyalina extremitatis anterioris; (*c*) coarctatio corporis; (*d*) cauda; (*e*) organum deglutorium.

20. BRACHION *grenade*. Dict. no. 20.

B. teſt capſulaire, ovoïde, garni de ſix dents en avant, échancré en arrière, queue longue terminée par deux pointes; pl. 28, fig. 22.-28.
Se trouve dans les eaux ſtagnantes.

20. BRACHIONUS *urceolaris*.

B. capſularis, teſta ovata apice ſexdentata, baſi inciſa, cauda longa bicuſpi; tab. 28, fig. 22—28.

Reperitur in aquis ſtagnantibus.

Figures grossies. (22) B. *grenade* croît, ayant les organes rotifères développés, & les dents de son test peu prononcées. (23) Autre nageant, vu de côté; (24) Le même, ayant son extrémité antérieure bordée de cils. (25) Autre dont les organes rotifères sont rentrés, qui a les dents du test très-faillantes & un ovaire suspendu à la naissance de la queue. (26) Autre nageant, offrant outre les organes dejà désignés, un cirre droit au-dessus de son extrémité supérieure. (27) Autre, vu pendant le repos, sans cirre ni ovaire. (28) Jeune individu très-grossi, qui ne fait que d'éclore.

(a) Organes rotifères; (b) dents du test; (c) cils; (d) organe de la déglutition; (e) cirre de l'extrémité antérieure; (f) œufs ou ovaires renfermés dans le corps de l'animalcule; (g) grand œuf ou ovaire suspendu extérieurement à la naissance de la queue; (h) échancrure postérieure du test, (i) queue droite; (k) les deux pointes de la queue; (l) queue du jeune individu.

Figuræ ampliatæ. (22) B. *urceolaris* erectus, organis rotatoriis exsertis, dentibusque testæ vix conspicuis. (23) Alter natans è latere conspectus. (24) Idem ciliis exsertis marginem anticum occupantibus. (25) Idem organis rotatoriis retractis, dentibus testæ valdè porrectis, ovarioque in ipsa caudæ origine adhærente. (26) Alius natans, offerens ultrà organa jam memorata, cirrum erectum in parte superiori extremitatis anticæ. (27) Alter quiescens absque cirro & ovario. (28) B. *urceolaris* pullus valdè auctus, paulo post ejectionem.

(a) Organa rotatoria; (b) dentes testæ; (c) cilia; (d) organum deglutorium; (e) cirrus extremitatis anterioris; (f) ova aut ovaria intra corpus animalculi contenta; (g) ovum magnum seu ovarium, extra corpus, caudæ origini suspensum; (h) incisura testæ postica; (i) cauda recta; (k) binæ caudæ cuspides; (l) cauda pulli.

21. BRACHION *de Baker*. Dict. n°. 21.

B. test capsulaire, ventru, armé de quatre dents en avant, & de deux cornes en arrière, queue longue, terminée par deux pointes; pl. 28, fig. 29-31.
Se trouve dans les eaux douces, parmi la *lenticule*.

Figures grossies. (29) B. *de baker*, ayant ses organes rotifères développés. (30) Autre, dont les organes sont rentrées dans la cavité du test. (31) Autre qui paroit une variété de cette espèce, dont les tentacules coincident; (a) organes rotifères; (b) trompe terminée par un globule cilié; (c) tentacules; (d) petits corps orbiculaires ciliés des côtés; (e) dents du test; (f) double rang transversal de cils; (g) organe de la déglutition; (h) cornes postérieures du test; (i) pointes de la queue; (l) l'intestin; (m) l'ovaire suspendu extérieurement à la naissance de la queue. (31 c) Les deux tentacules coincidant.

21. BRACHIONUS *Bakeri*.

B. capsularis, testa ventricosa apice quadri-dentata, basi bicorni, cauda longa bicuspi; tab. 28, fig. 29--31.

Reperitur in aqua dulci, inter *lemnam*.

Figuræ auctæ. (29) B. *bakeri* organis rotatoriis plenè exsertis. (30) Alter, organis rotatoriis intra testæ cavitatem retractis. (31) Alter, forsan varietas ejusce speciei, cujus tentacula paululum connivent; (a) organa rotatoria; (b) ligula intermedia globulo ciliato terminata; (c) tentacula; (d) orbicula lateralia ciliata; (e) dentes testæ; (f) series duplex transversalis ciliorum; (g) organum deglutorium; (h) cornua posteriora testæ; (i) cauda; (k) cuspides caudales; (l) intestinum; (m) ovarium externe caudæ basi suspensum. (31 c) Tentacula duo conniventia.

22. BRACHION *baillant*. Dict. n°. 22.

B. test capsulaire, ventru, armé de huit dents en avant, échancré & quadricorne en arrière, queue courte terminée par deux pointes; pl. 28, fig. 32, 33.
Se trouve dans l'eau des marais.

Figures grossies. (32) B. *baillant*, dont les organes rotifères sont rentrés dans l'intérieur du test. (33) Autre, dont les organes rotifères sont développés; (a) organes rotifères; (b) dents du test; (c) organe de la déglutition; (d) les quatre cornes postérieures du test; (e) la queue terminée par deux pointes.

22. BRACHIONUS *patulus*.

B. capsularis, testa ventrosa apice octo dentata, basi lunata quadricorni, cauda brevi bicuspi; tab. 28, fig. 32, 33.

Reperitur in aqua palustri.

Figuræ auctæ. (32) B. *patulus*, organis rotatoriis intra capsulam retractis. (33) Alter, organis rotatoriis exsertis; (a) organa rotatoria; (b) dentes anteriores testæ; (c) organum deglutorium; (d) cornua quatuor posteriora testæ; (e) cauda apice bicuspidata.

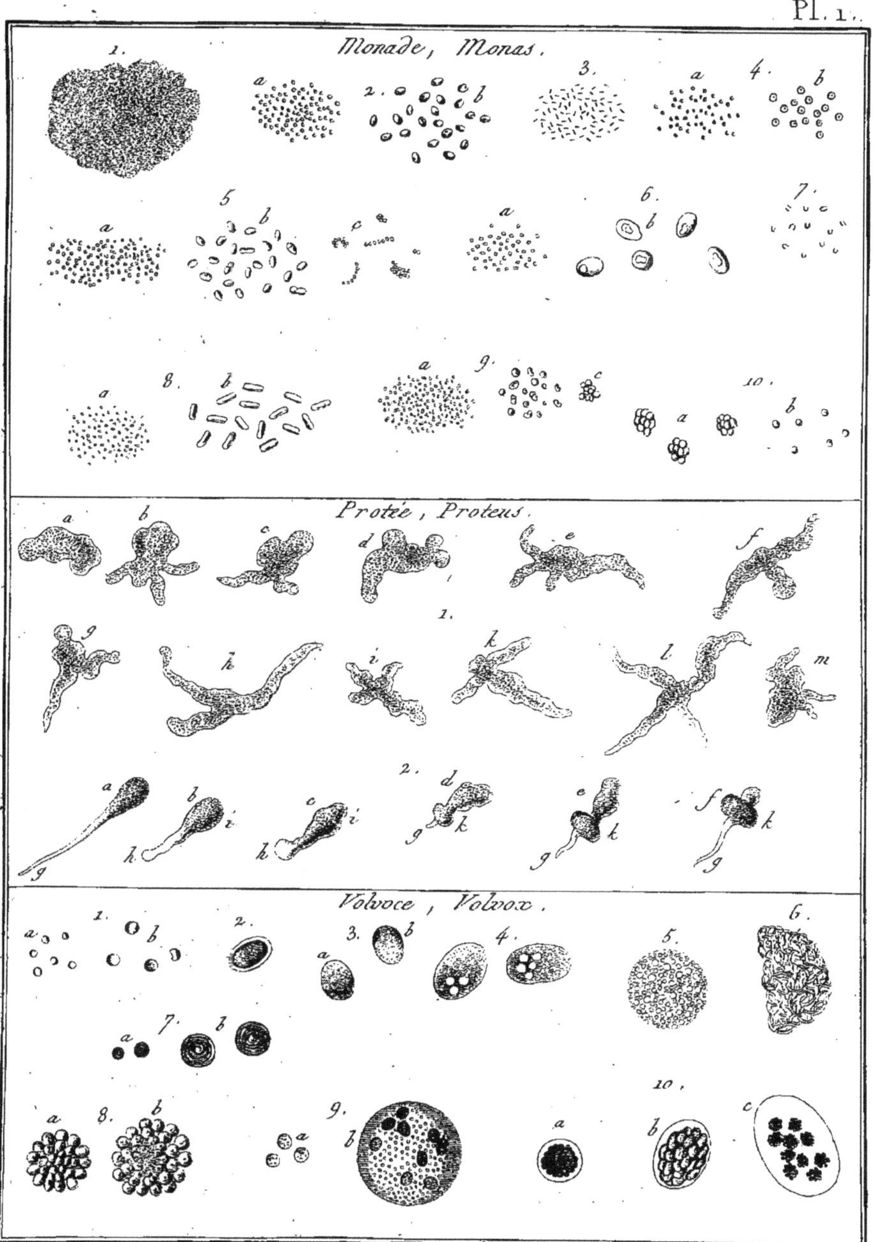

Histoire Naturelle, Vers infusoires.

Benard Direxit.

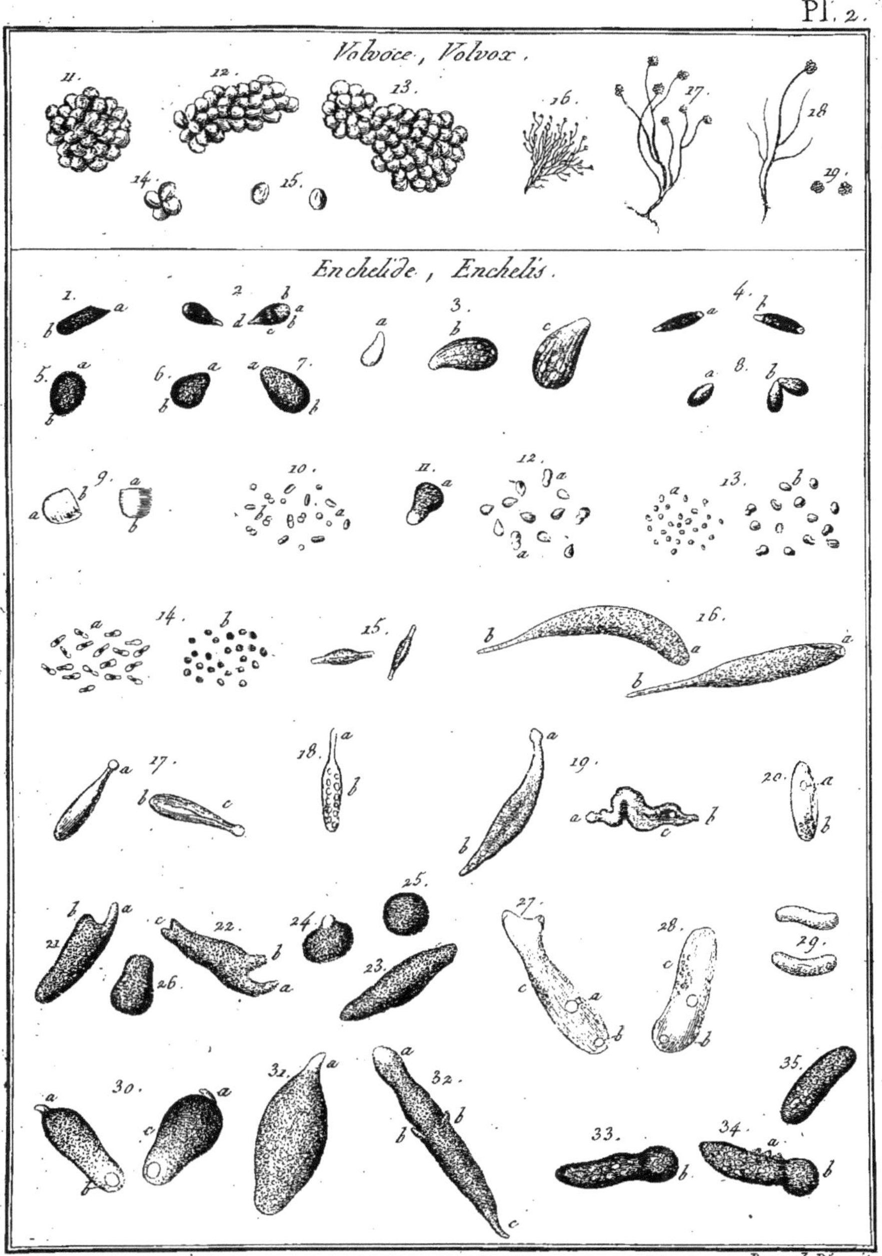

Histoire Naturélle, Vers infusoires.

Benard Direxit

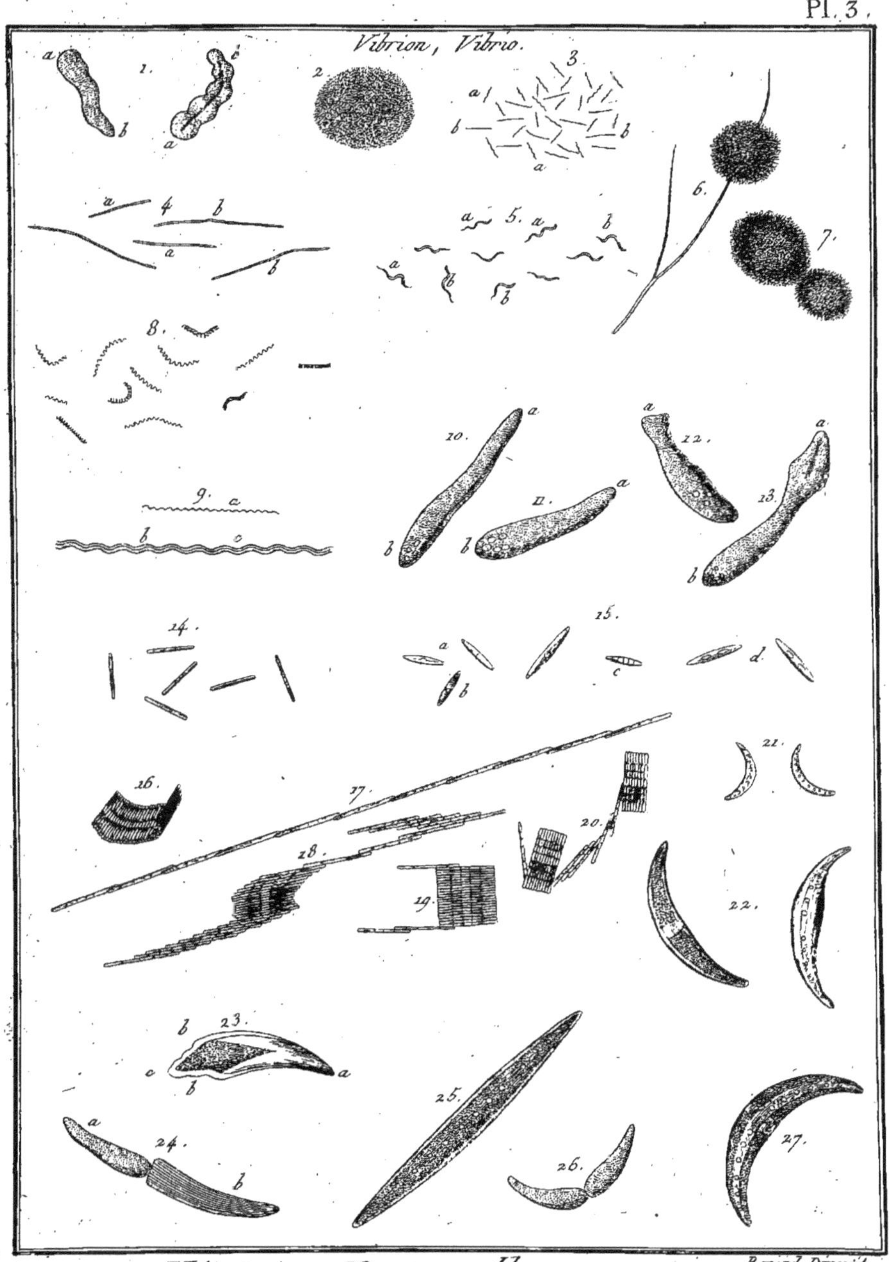

Histoire Naturelle, Vers infusoires.

Benard Direxit.

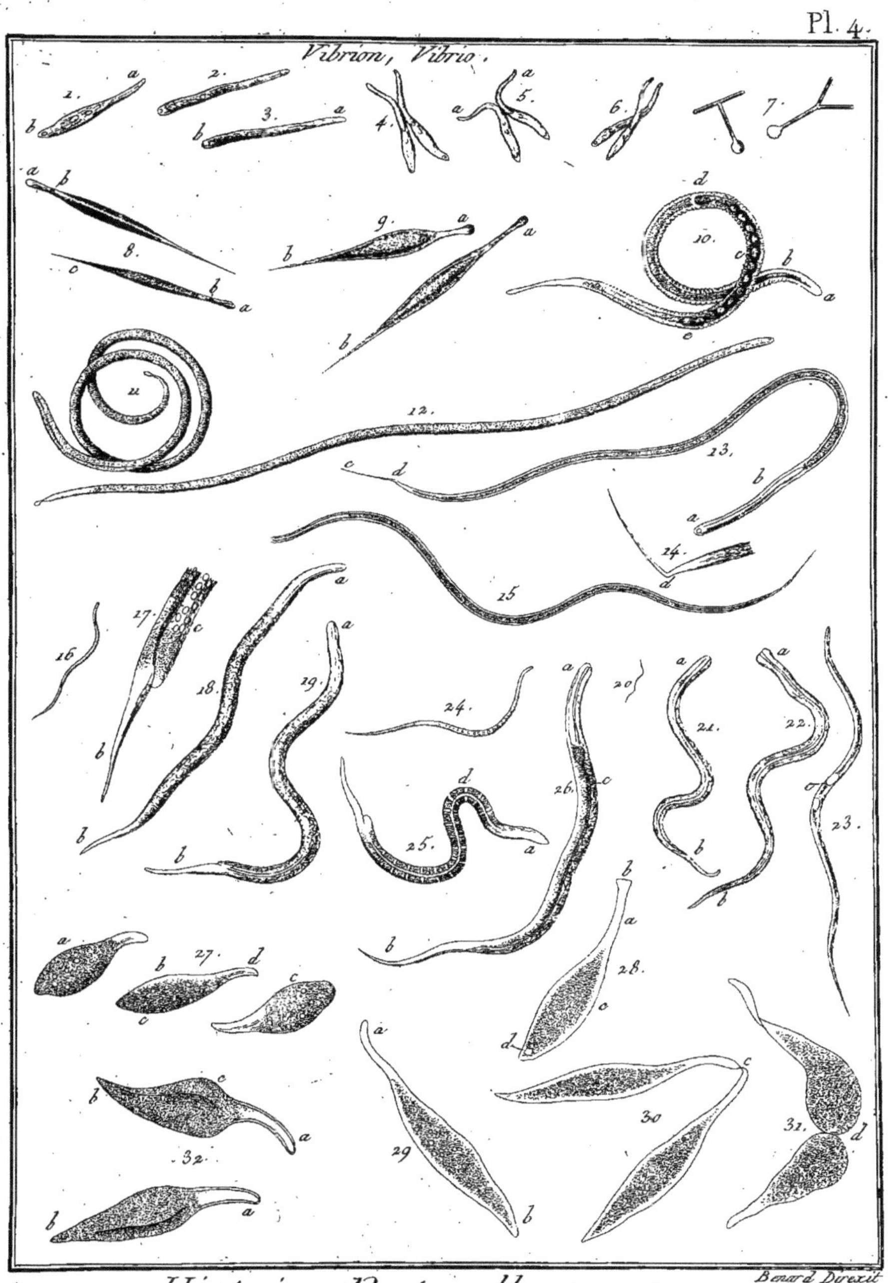

Histoire Naturelle, Vers infusoires.

Benard Direxit

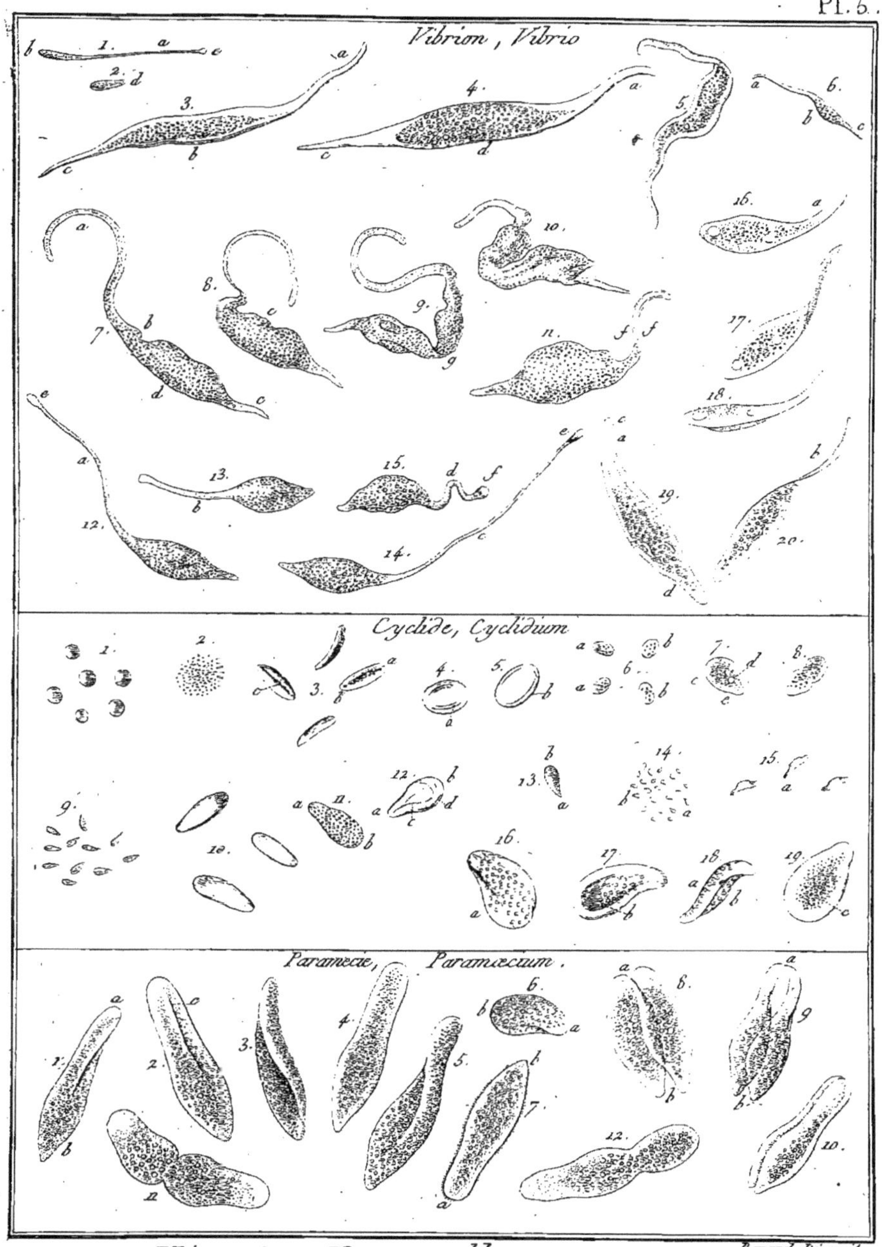

Histoire Naturelle, Vers infusoires.

Benard Direxit.

Paramecae, Paramœcium.

Kolpode, Kolpoda.

Histoire Naturelle, Vers infusoires.

Benard Direxit.

3.

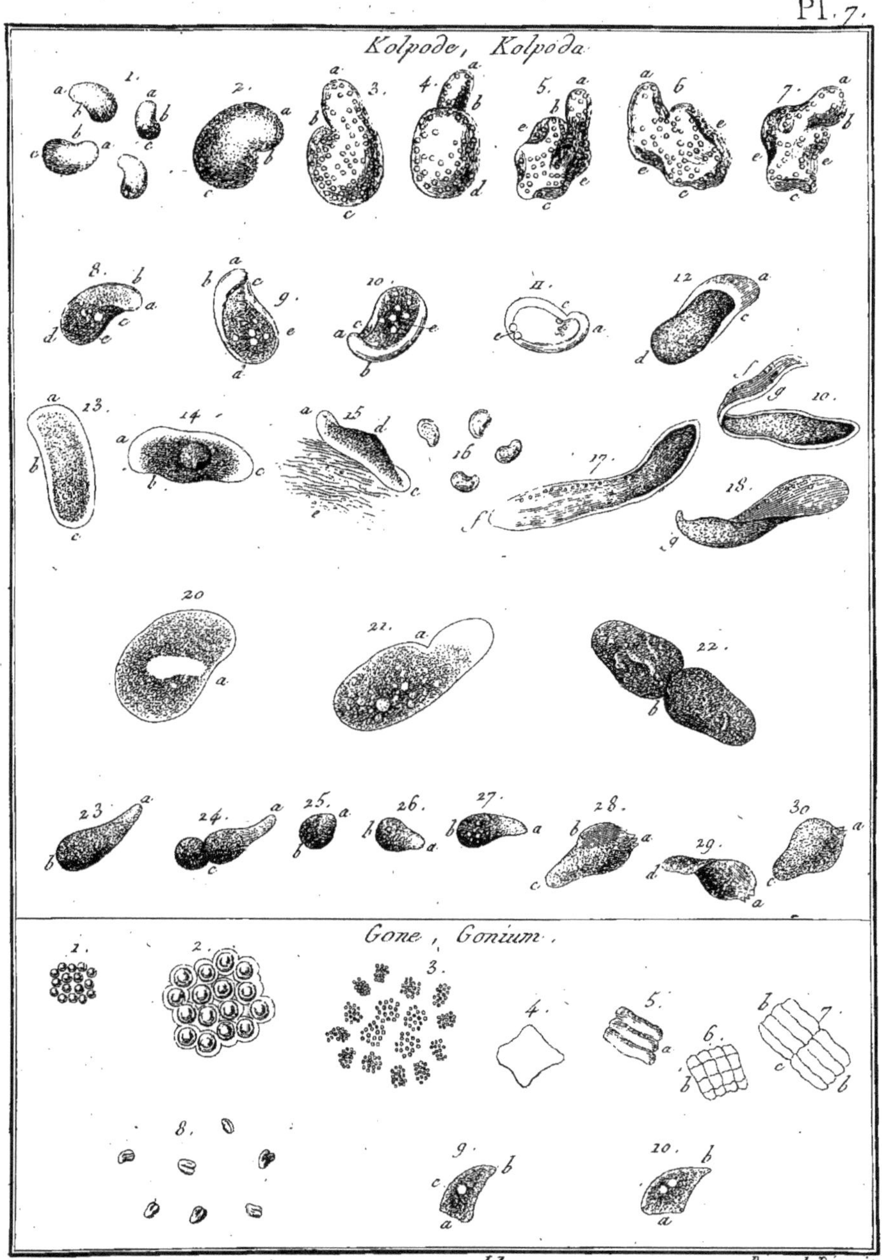

Histoire Naturelle, Vers infusoires.

Benard Direxit.

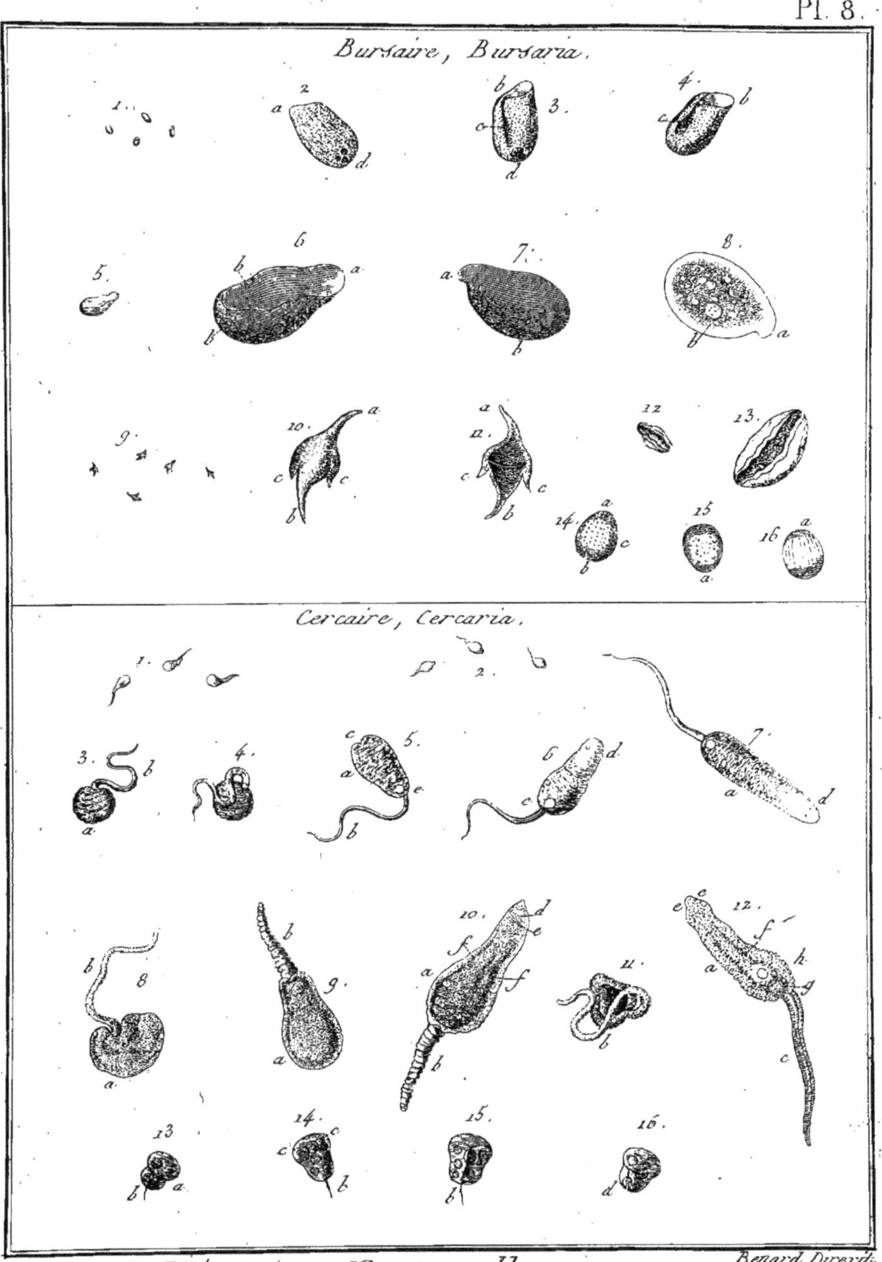

Histoire Naturelle, Vers infusoires.

Benard Direxit.

Cercaire, *Cercaria.*

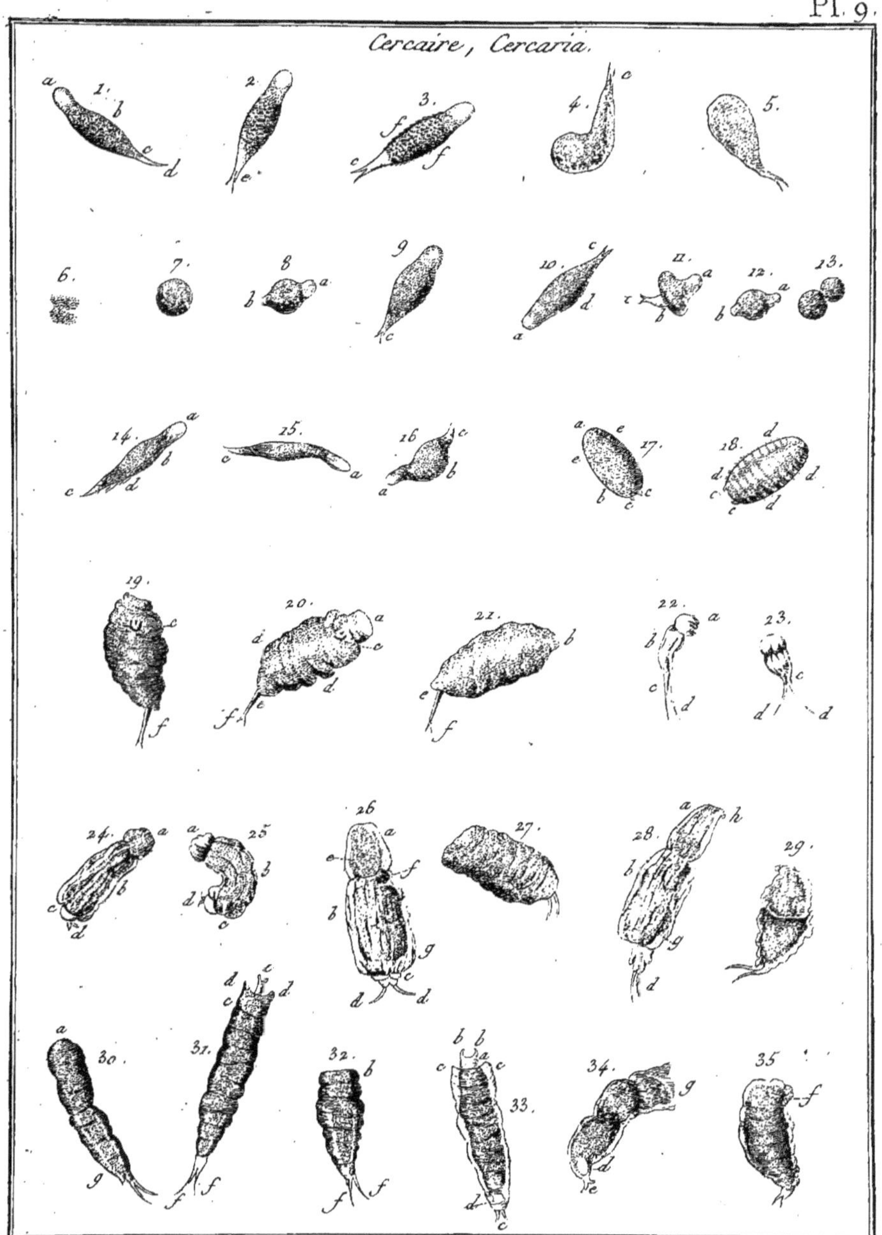

Histoire Naturelle, *Vers infusoires.*

Benard Direxit.

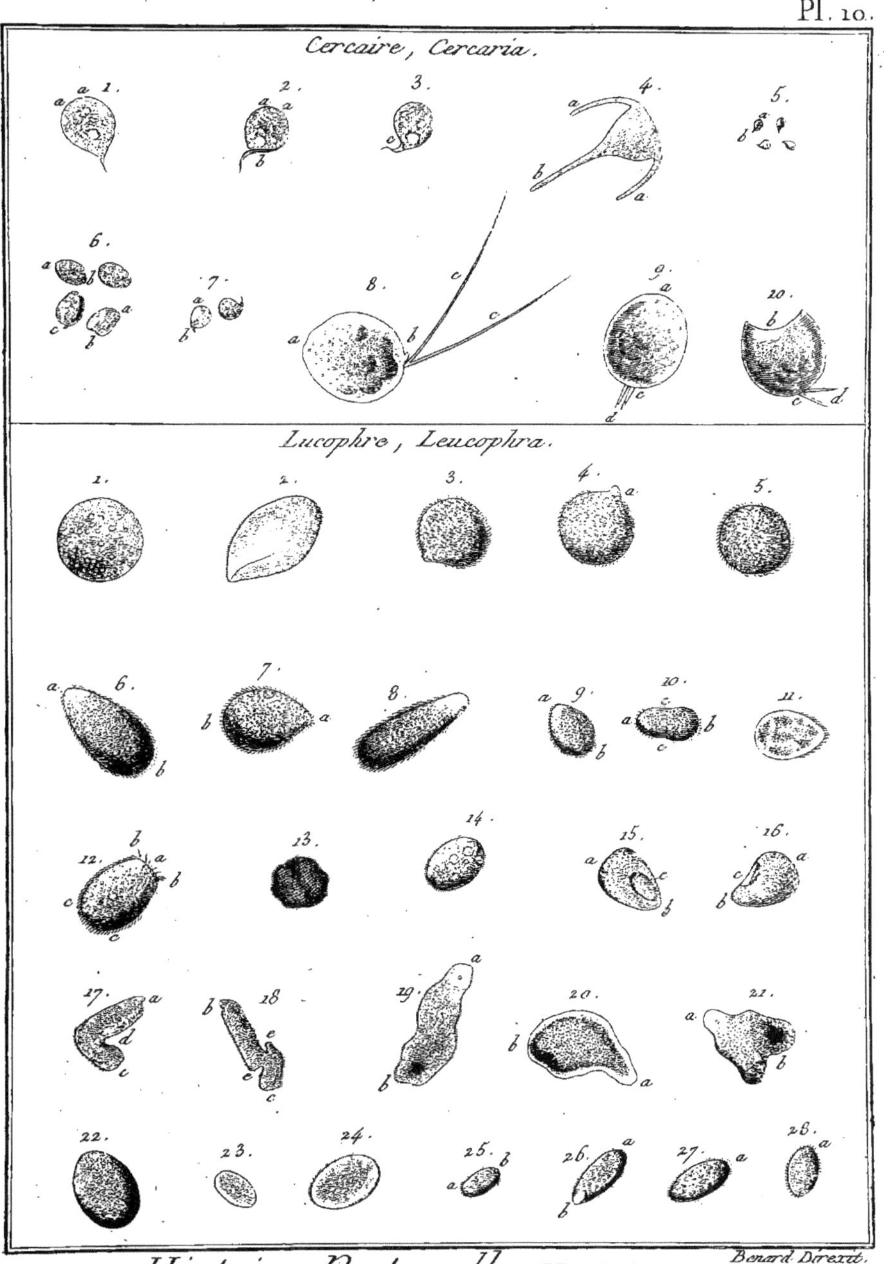

Cercaire, Cercaria.
Lucophre, Leucophra.
Histoire Naturelle, Vers infusoires.
Benard Direxit.

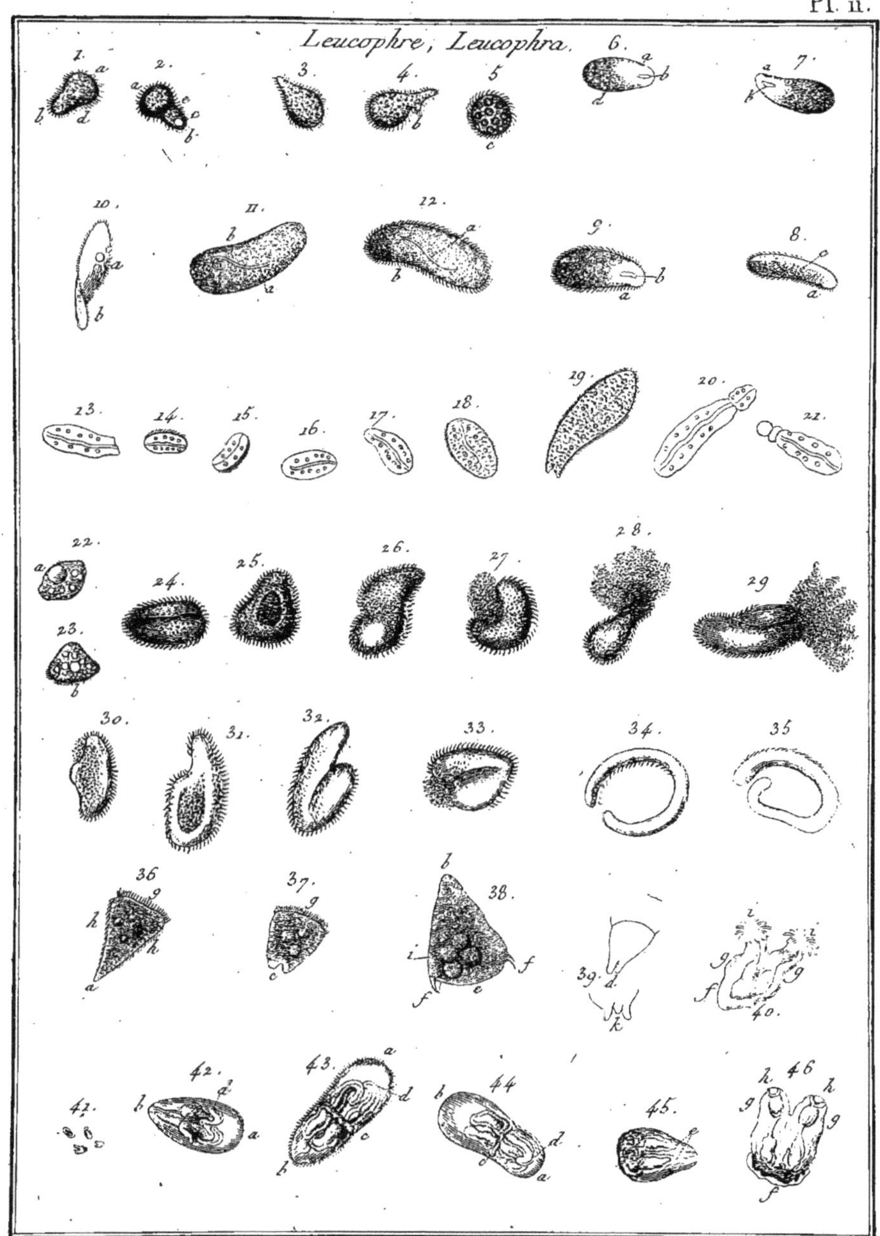

Histoire Naturelle, Vers infusoires.

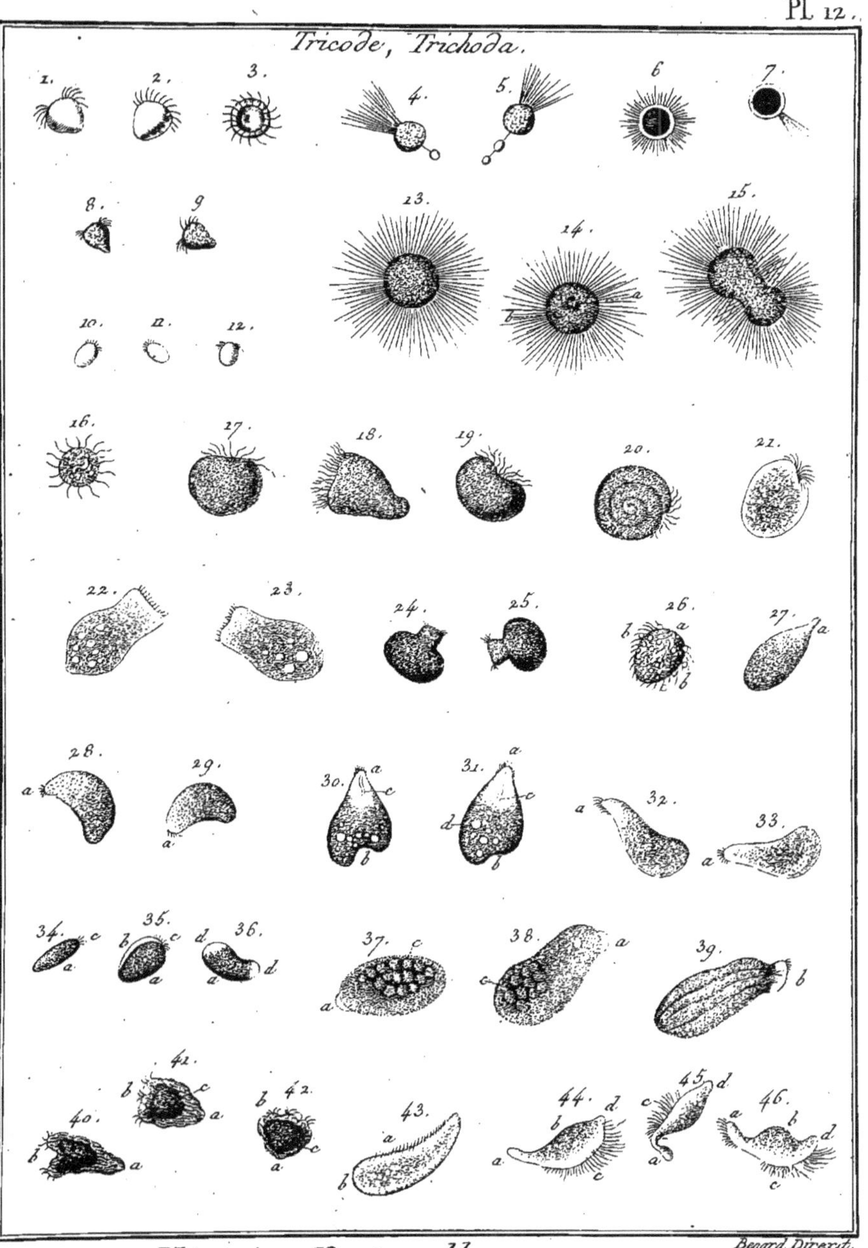

Benard Direxit.

Histoire Naturelle, Vers infusoires.

Tricode, c. Trichoda.

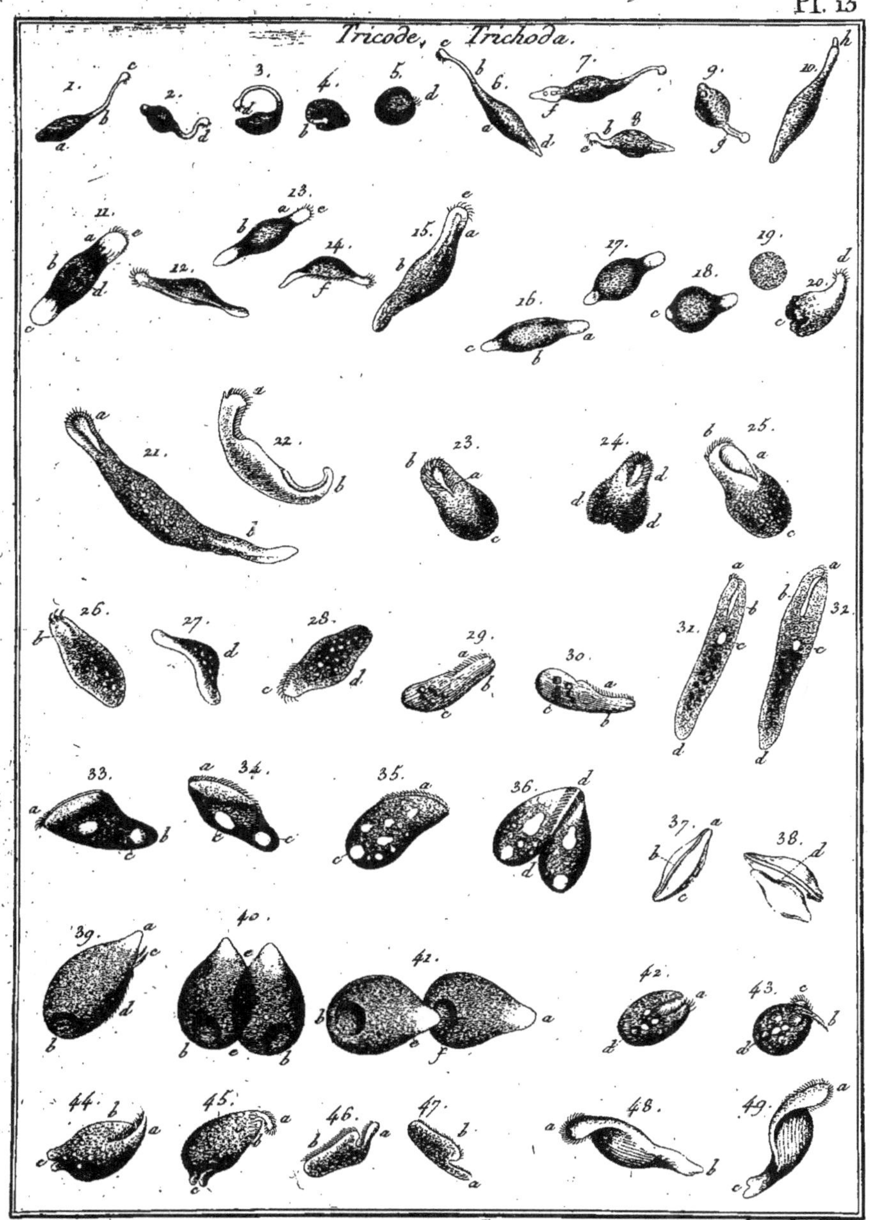

Histoire Naturelle, Vers infusoires.

Benard Direxit.

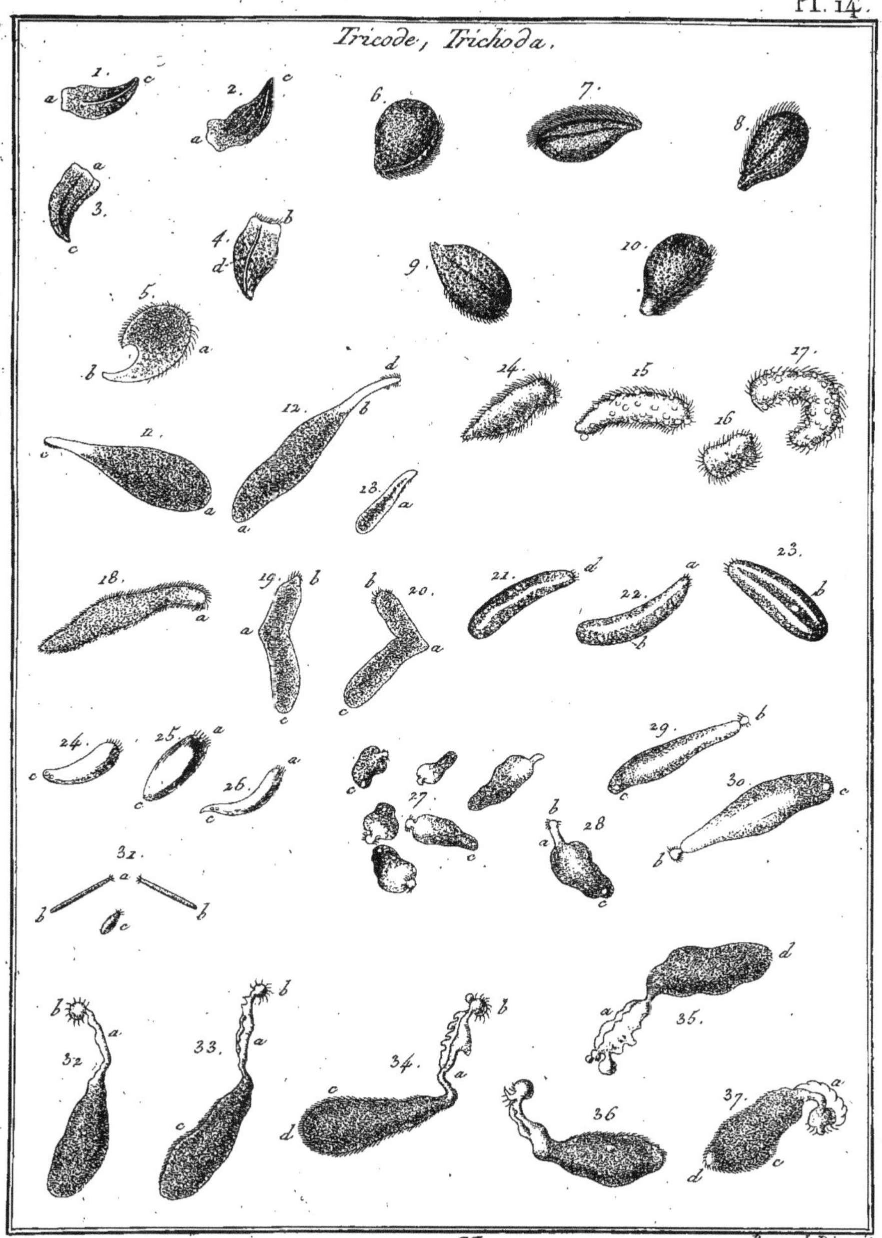

Histoire Naturelle, Vers infusoires.

Benard Direxit.

7.

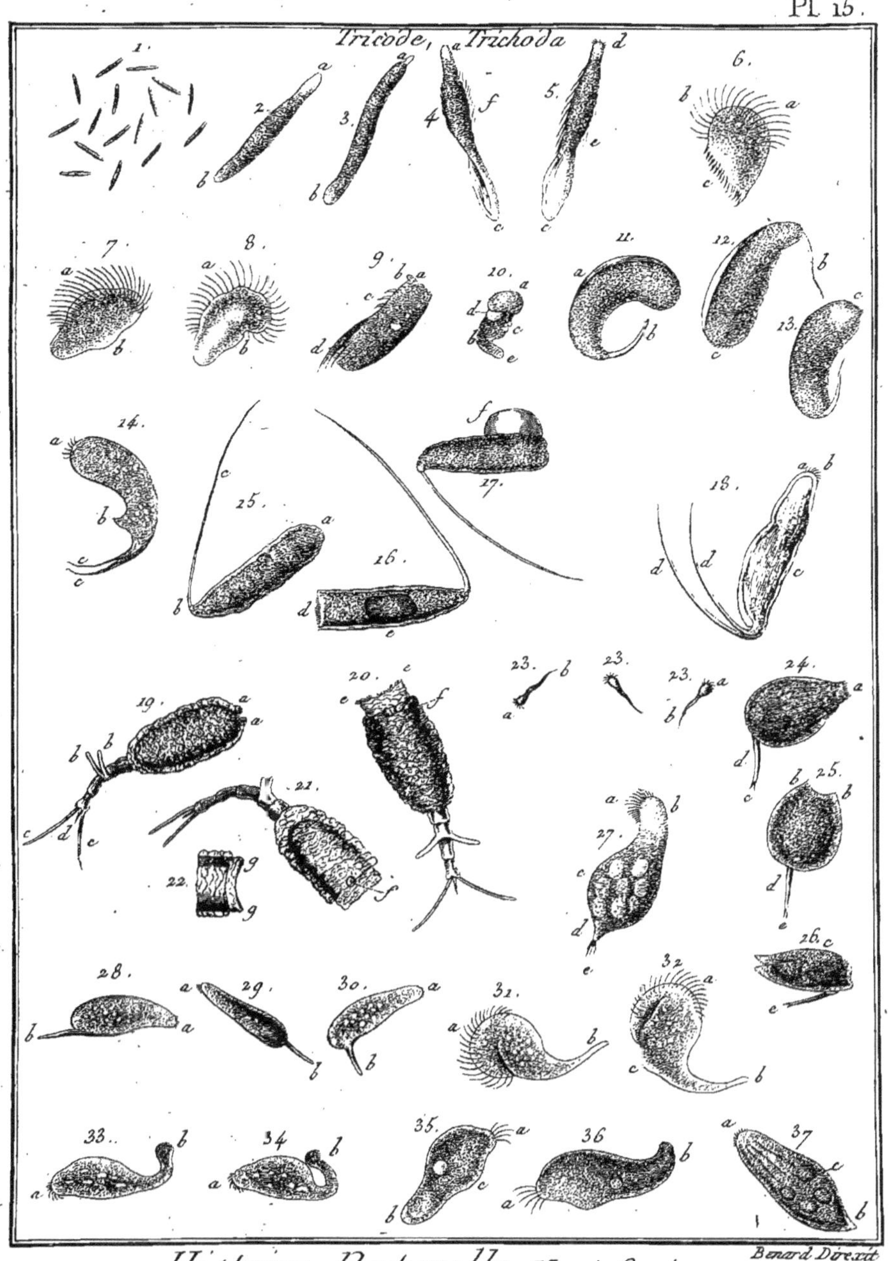

Histoire Naturelle, Vers infusoires.

Benard Direxit

Tricode, Trichoda.

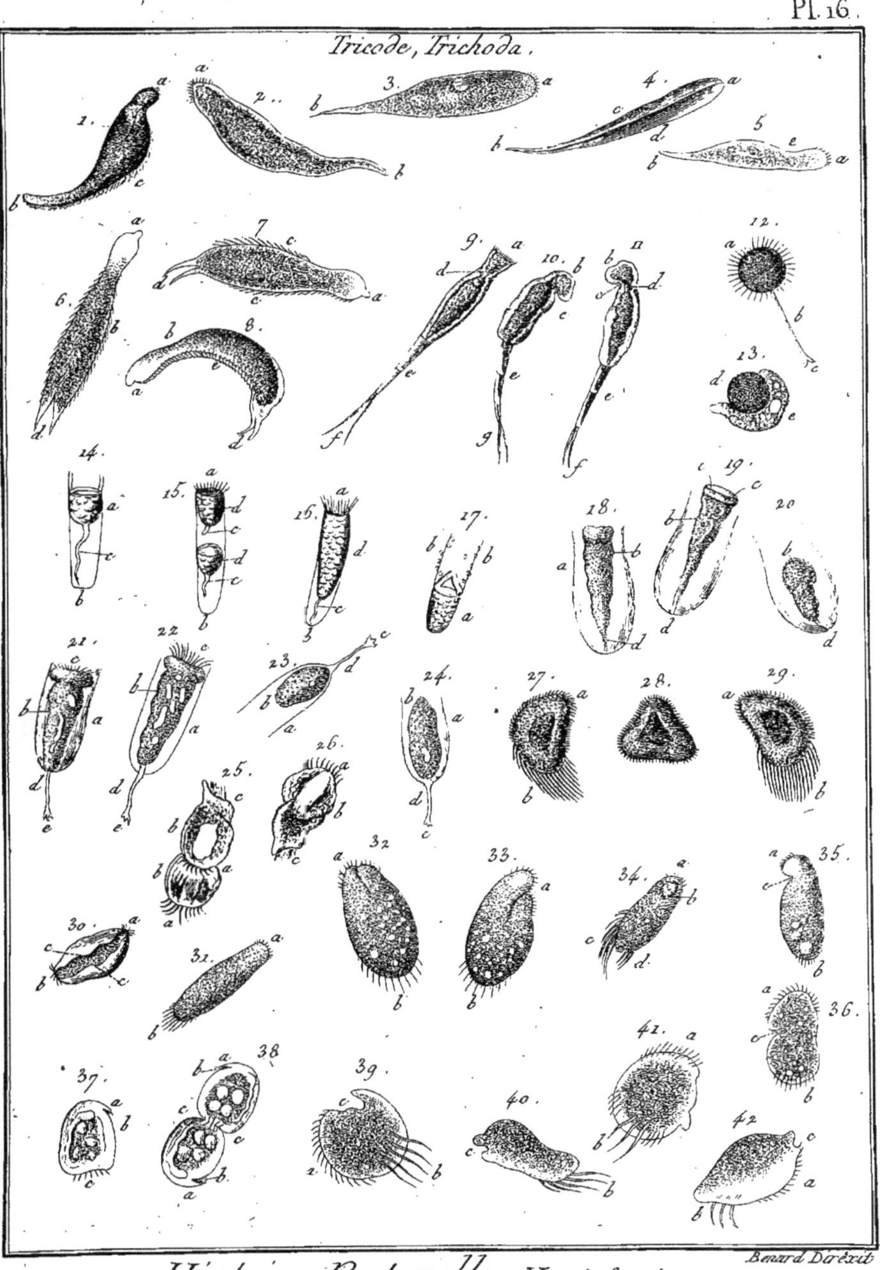

Histoire Naturelle, Vers infusoires.

Benard Direxit

8.

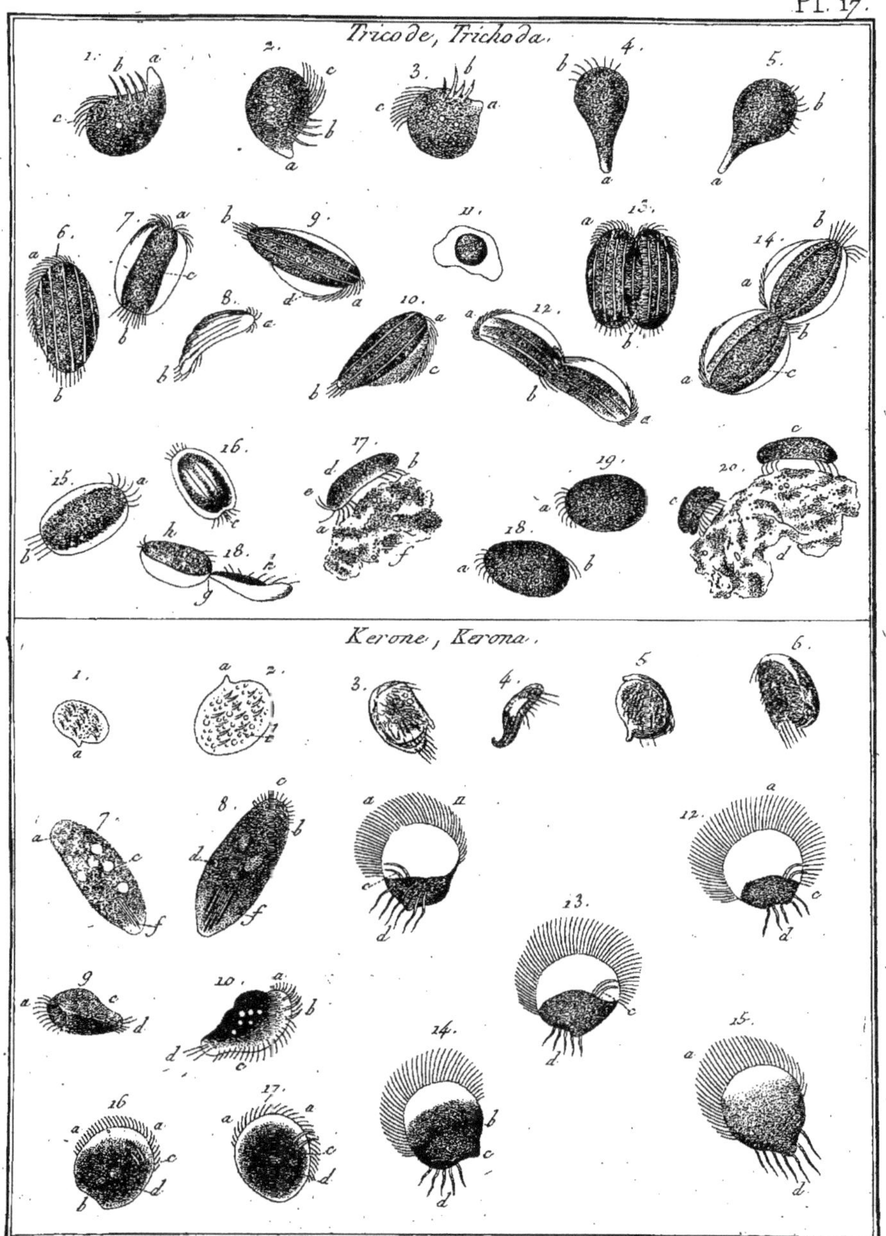
Tricode, Trichoda.
Kerone, Kerona.

Histoire Naturelle, Vers infusoires.
Benard Direxit

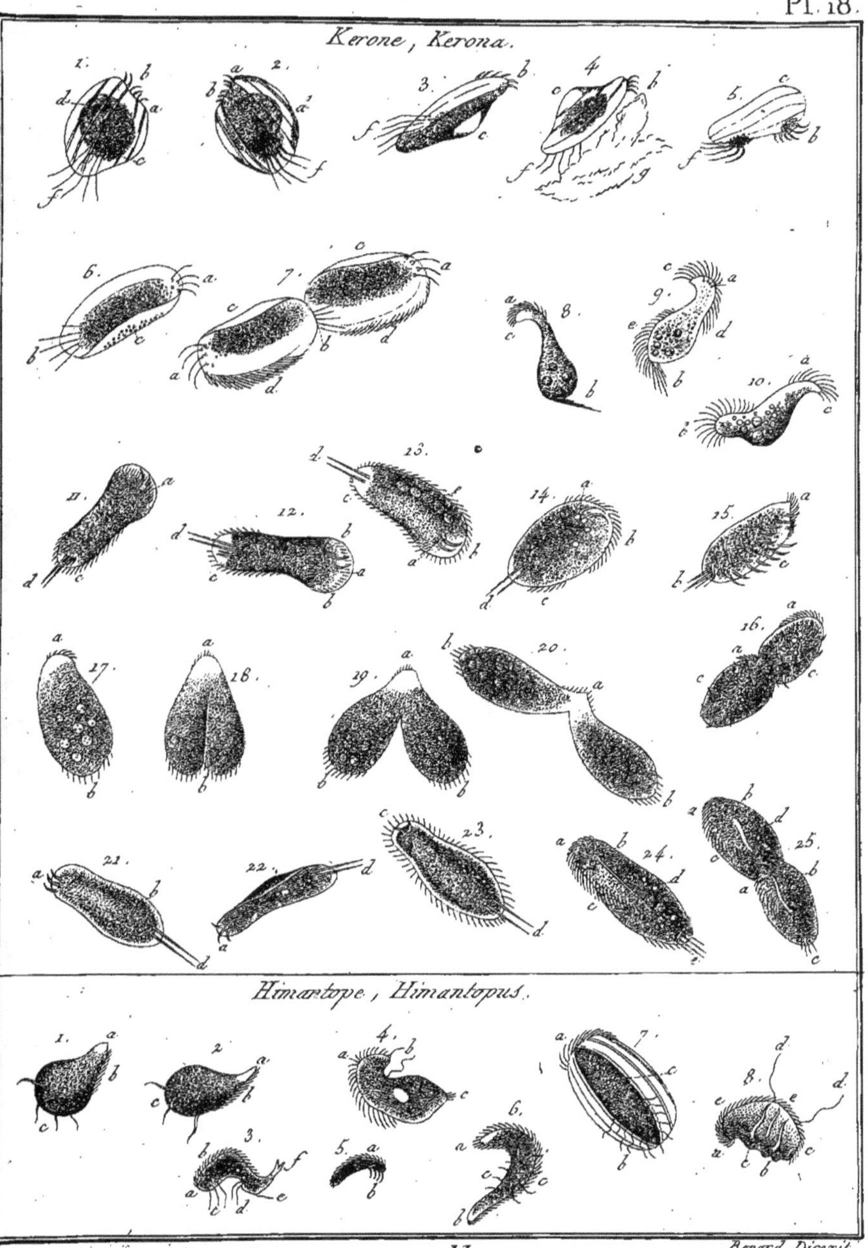

Histoire Naturelle, Vers infusoires.

Benard Direxit.

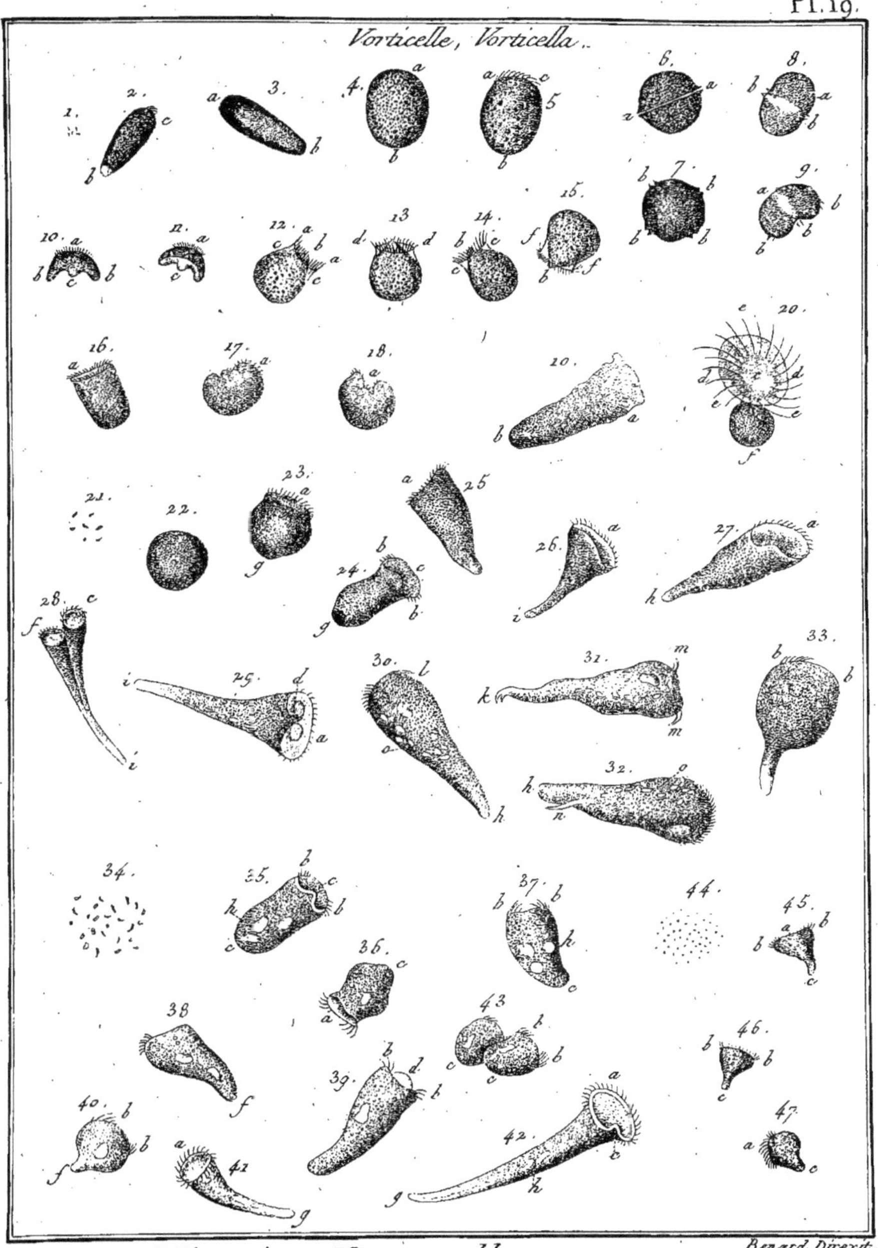

Vorticelle, Vorticella.
Histoire Naturelle, Vers infusoires.
Benard Direxit.

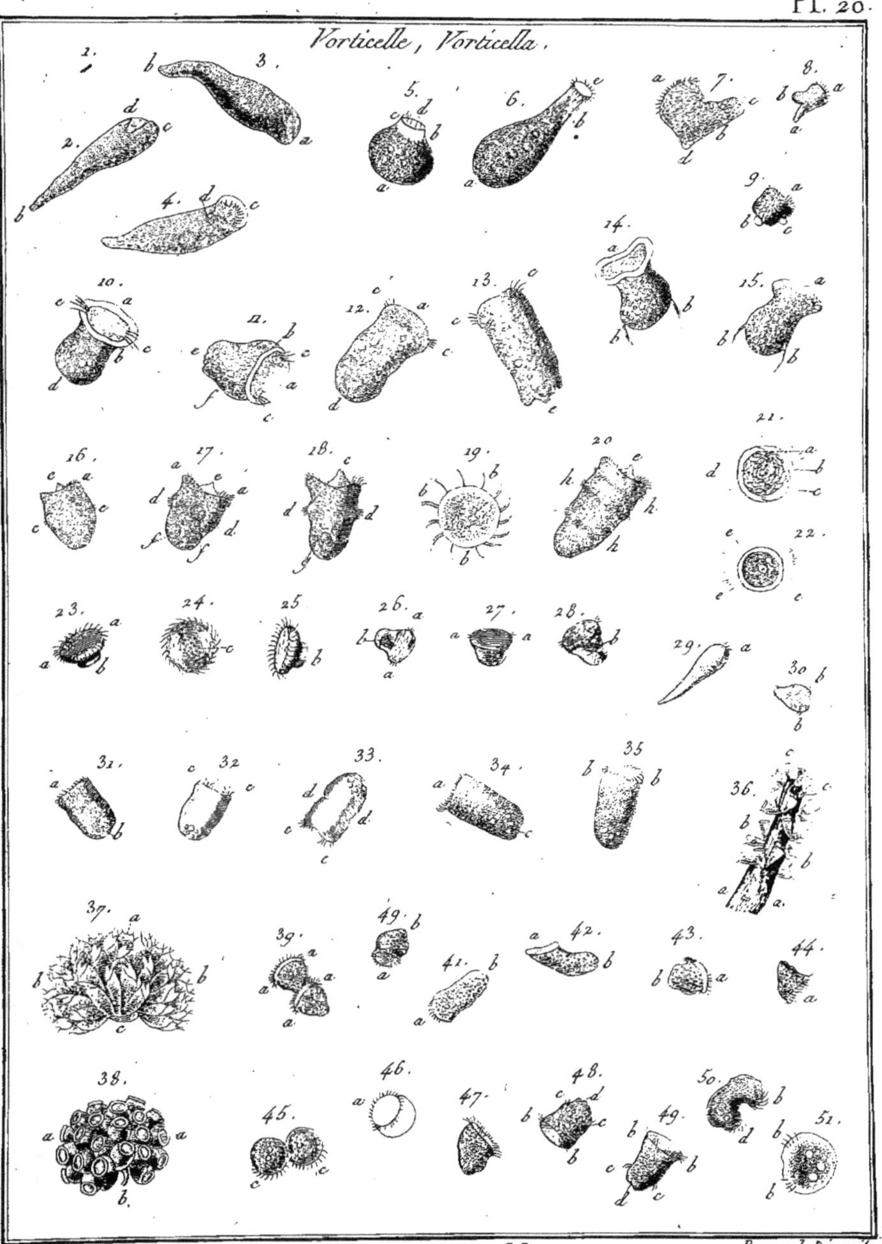

Histoire Naturelle, *Vers infusoires.*

Benard Direxit

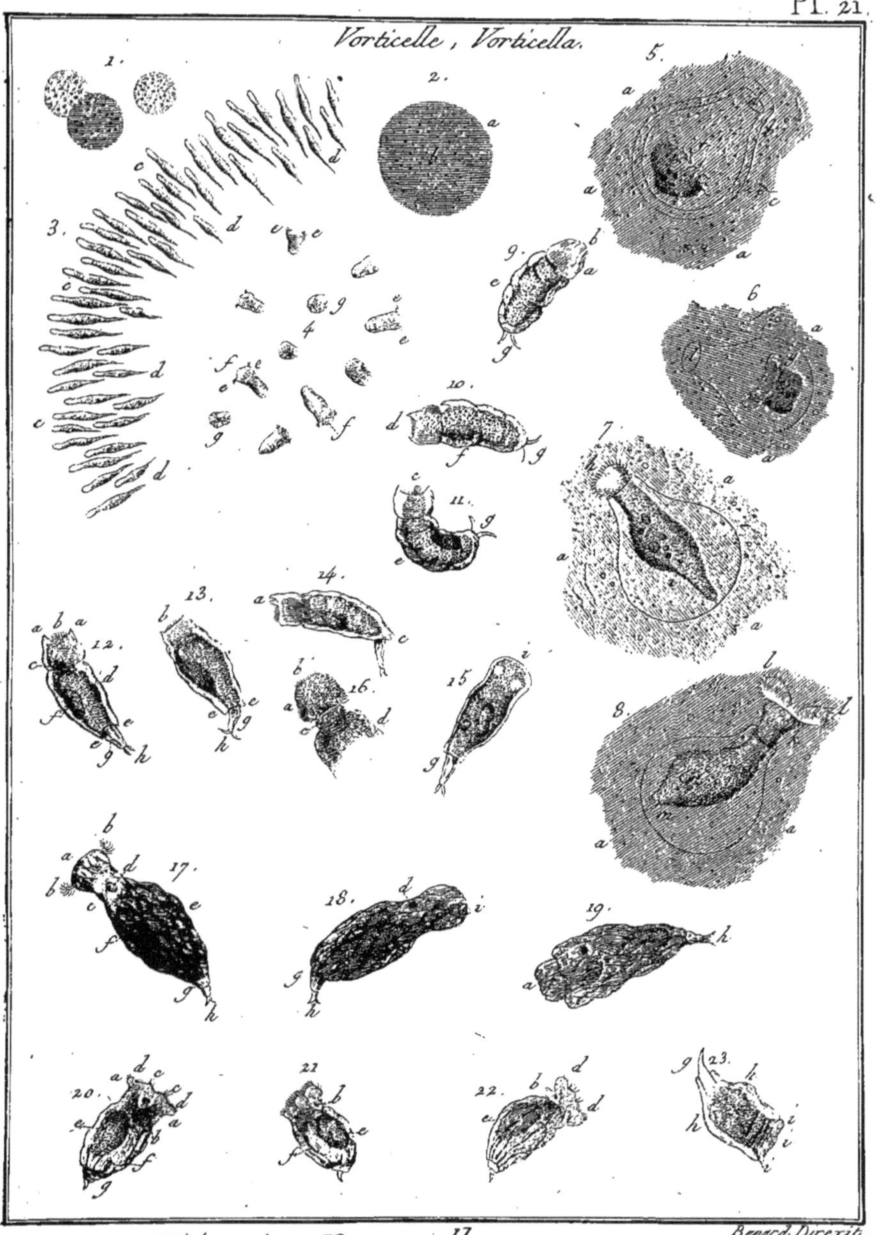

Histoire Naturelle, Vers infusoires.

Benard Direxit.

Vorticelle, *Vorticella.*

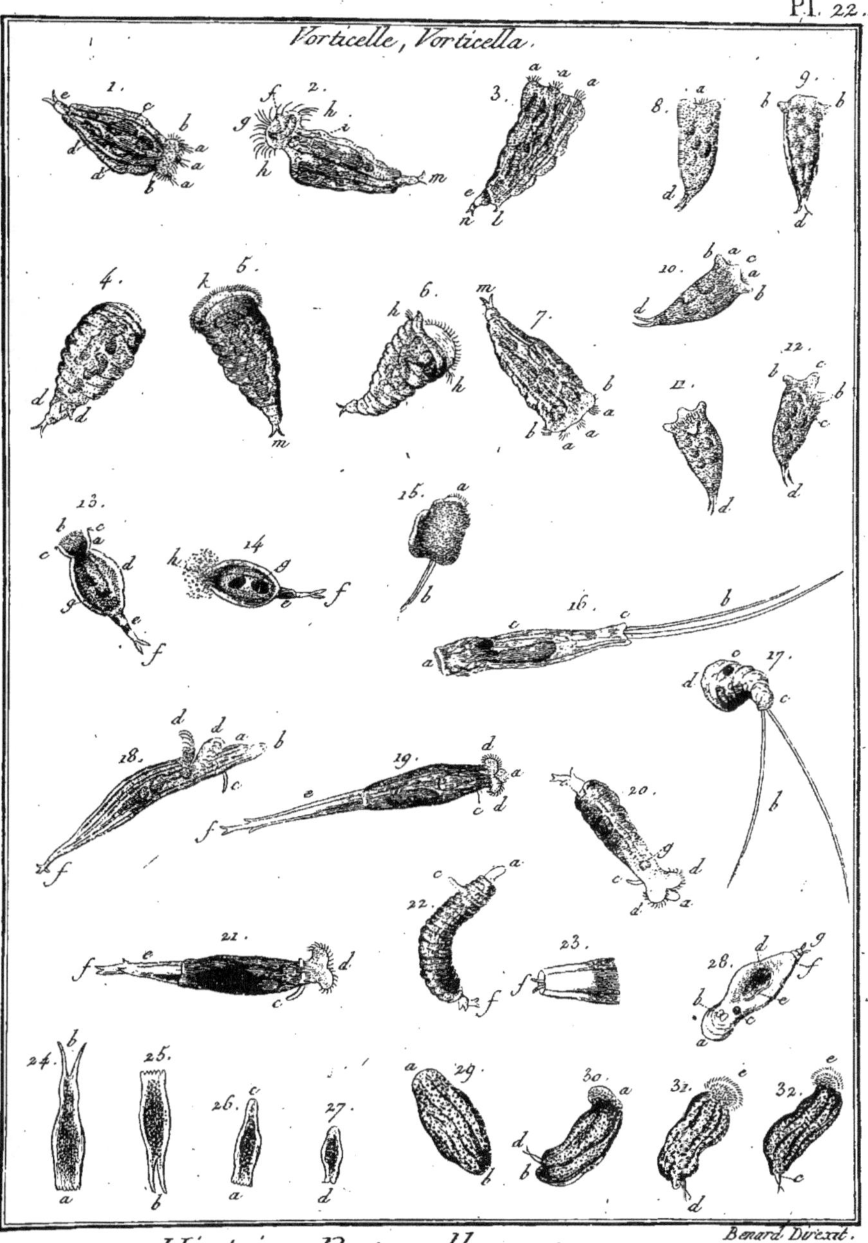

Histoire Naturelle, Vers infusoires.

Benard Direxit.

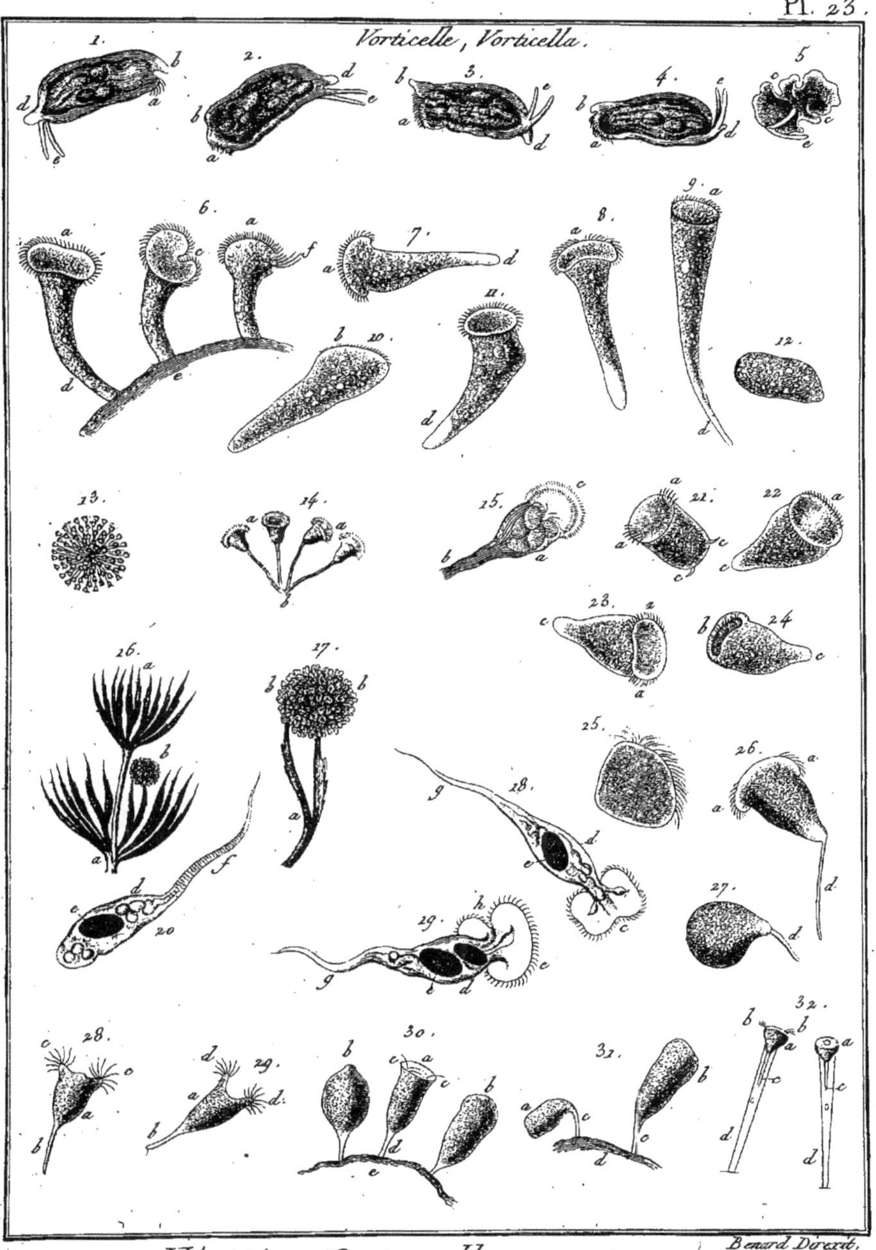

Histoire Naturelle, Vers infusoires.

Benard Direxit.

Histoire Naturelle, *Vers infusoires.*

Histoire Naturelle, Vers infusoires.

Histoire Naturelle, Vers infusoires.

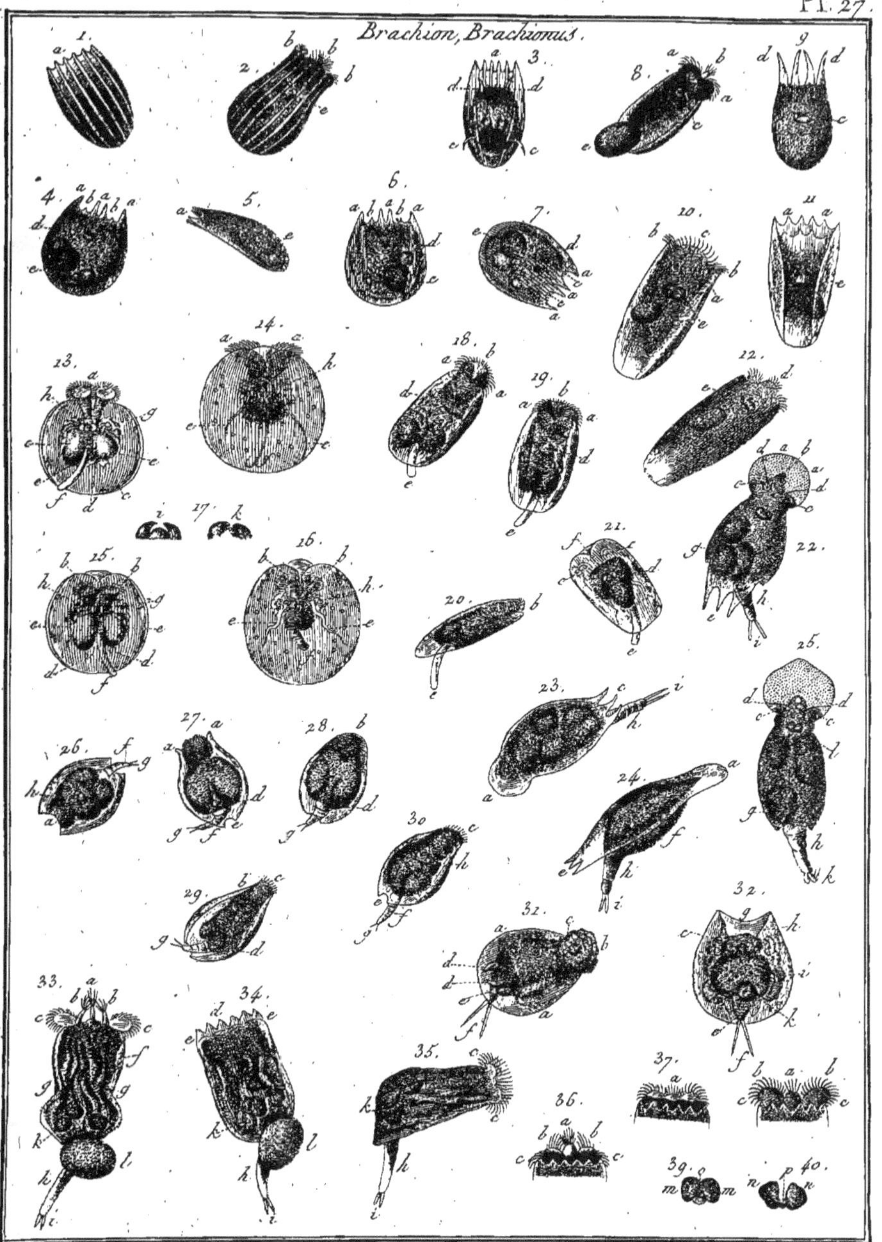
Brachion, Brachionus.

Brachion, Brachionus.

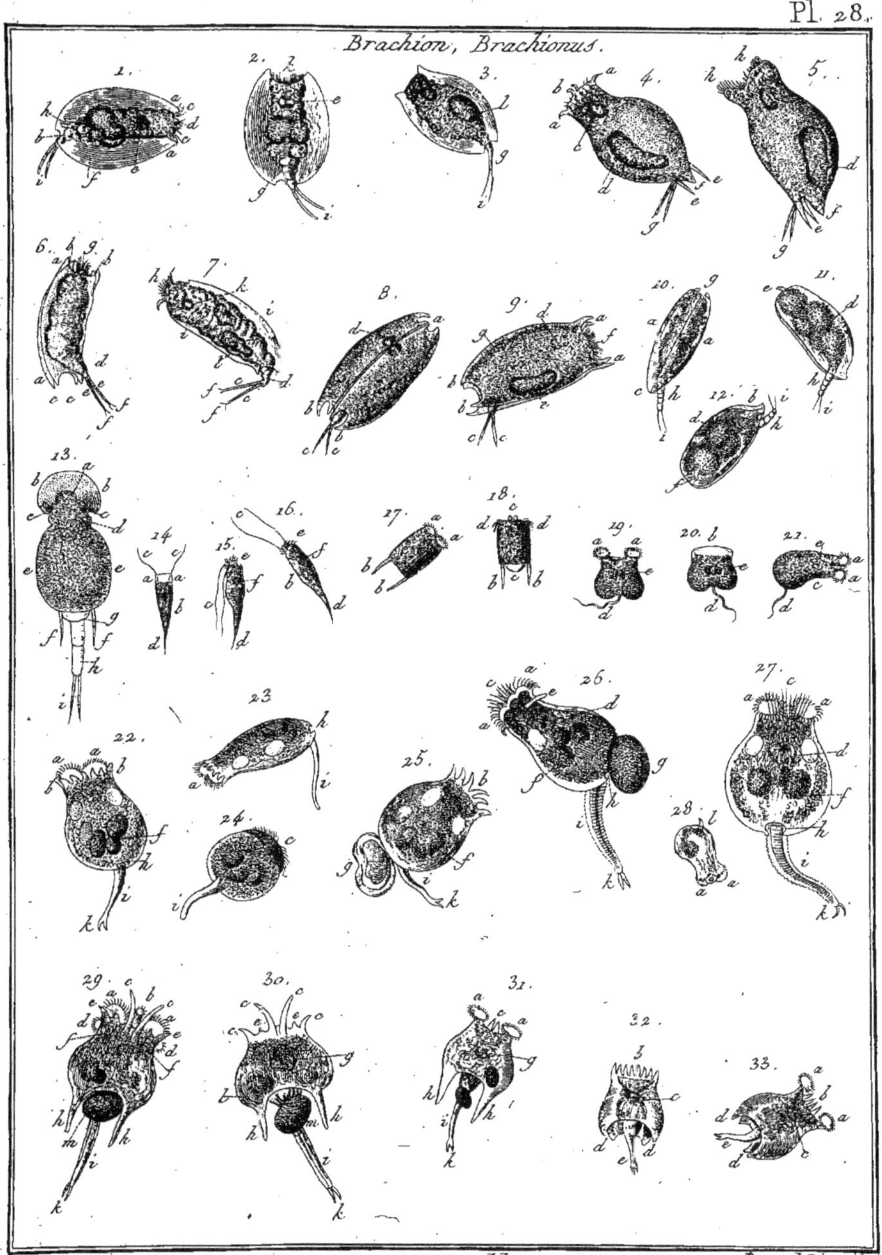

Histoire Naturelle, Vers infusoires.

Benard Direxit.

Dragonneau, Gordius.

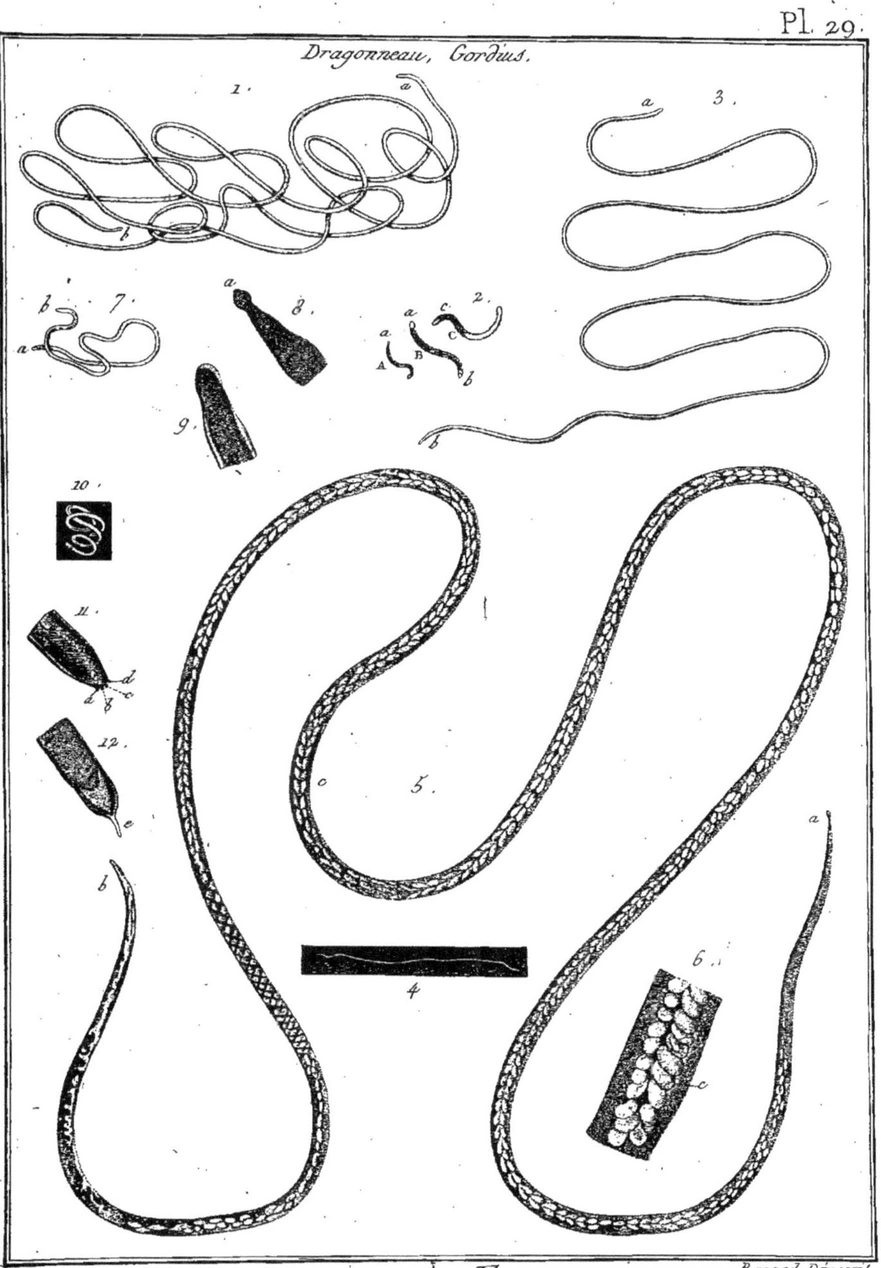

Histoire Naturelle, Vers intestins.

Benard Direxit.

14

Ascaride, Ascaris.

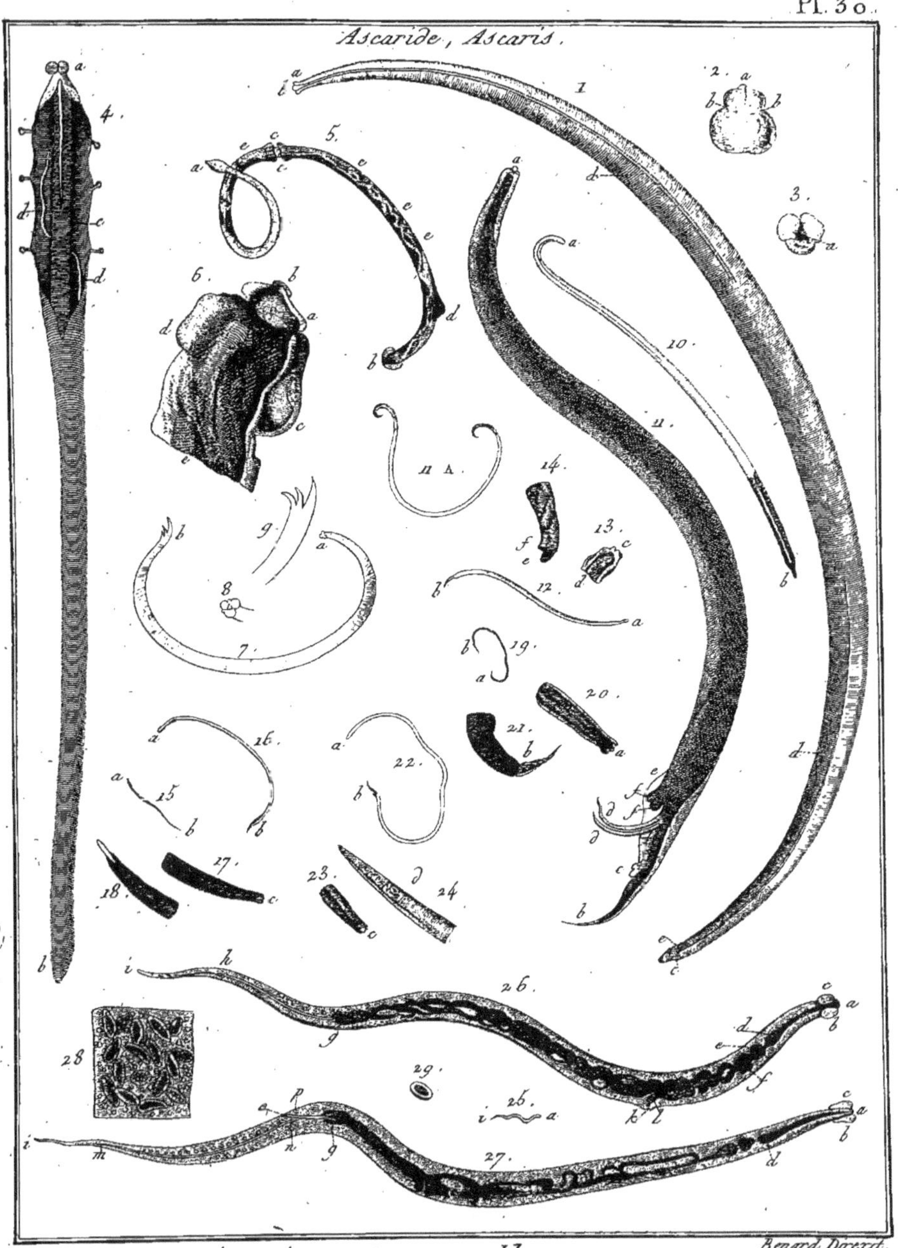

Histoire Naturelle, Vers intestins.

Benard Direxit.

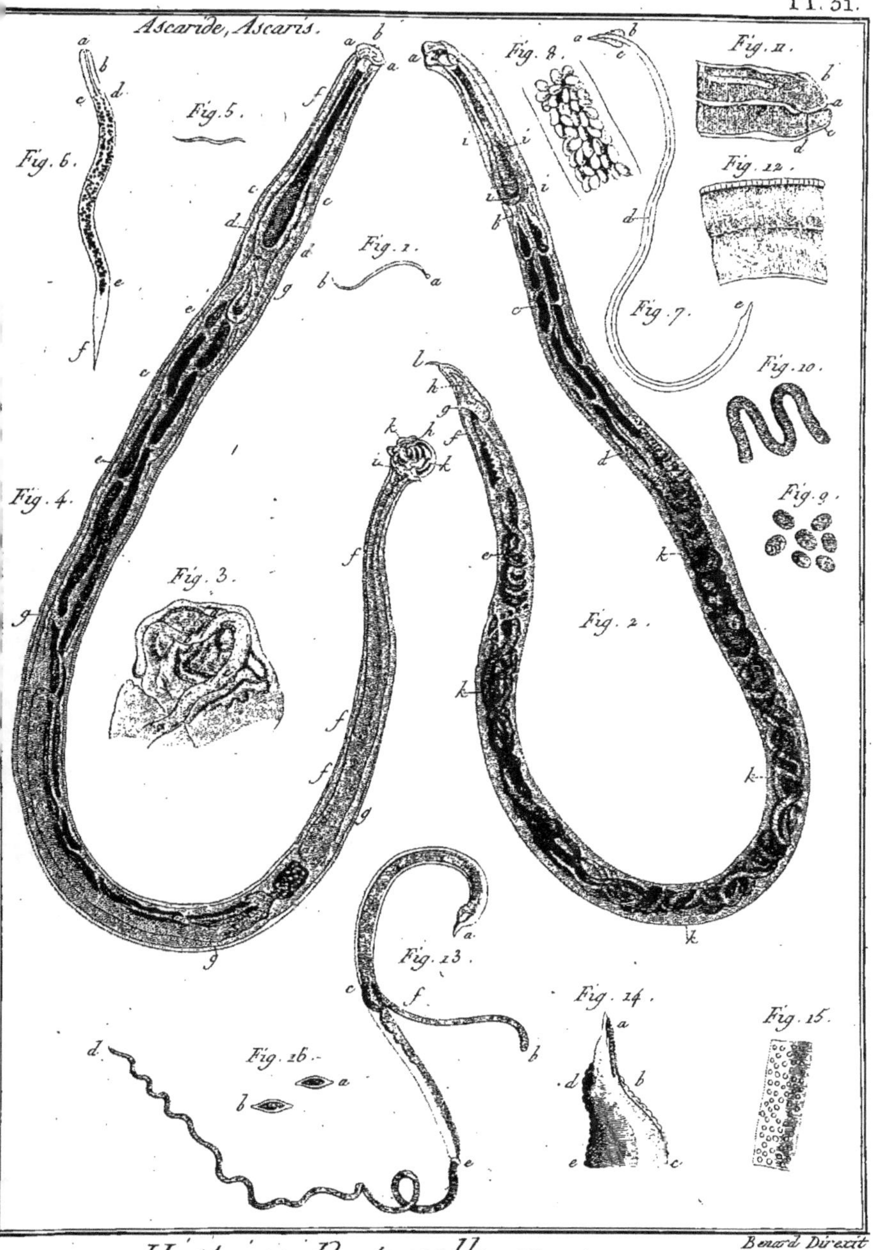

Histoire Naturelle, Vers intestins.

Benard Direxit

15.

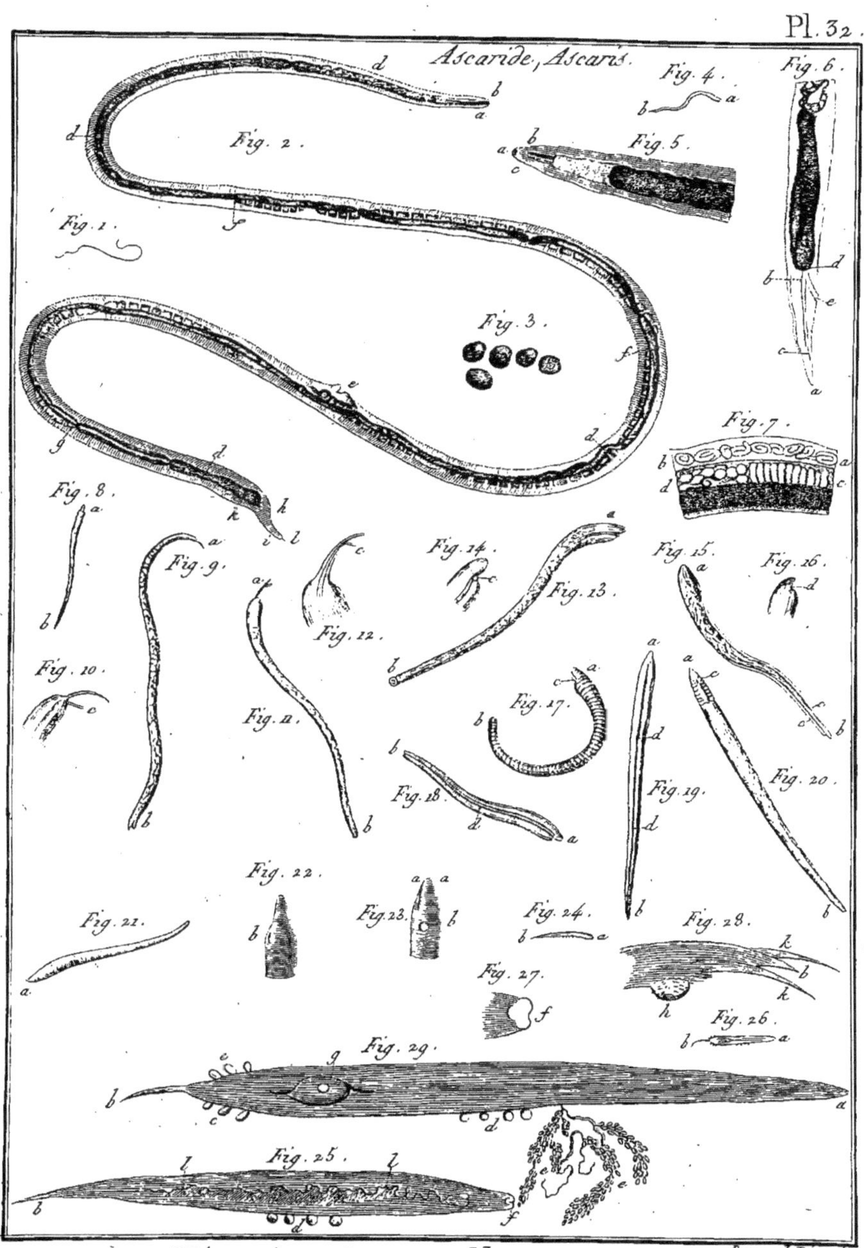

Histoire Naturelle, Vers intestins.

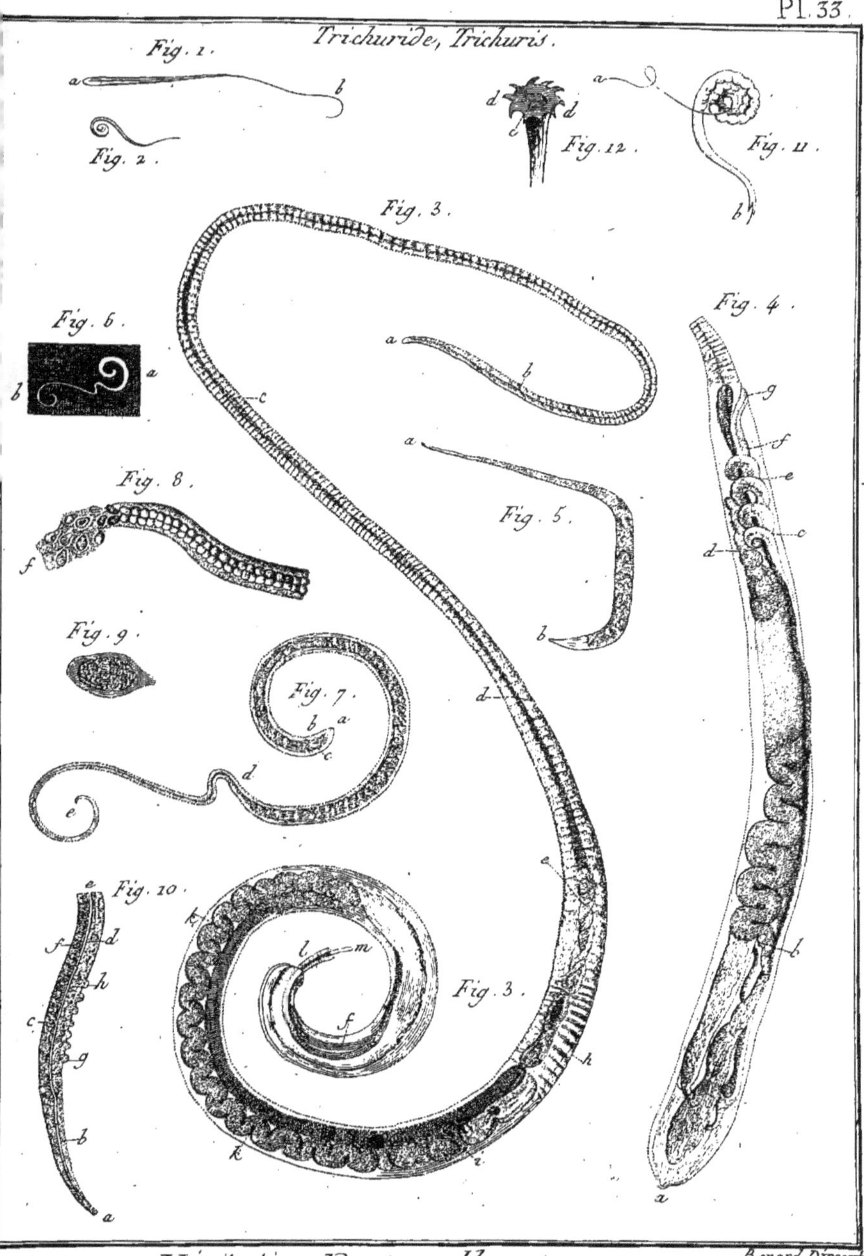
Trichuride, Trichuris.
Fig. 1.
a
b
Fig. 2.
Fig. 12.
d
d
c
Fig. 11.
a
b
Fig. 3.
a
b
a
Fig. 4.
g
f
e
c
d
Fig. 6.
b
a
Fig. 5.
a
b
Fig. 8.
f
Fig. 9.
Fig. 7.
b
a
c
d
d
e
Fig. 10.
e
k
f
d
l
m
h
c
f
g
b
Fig. 3.
h
b
a
k
i
a

Histoire Naturelle, Vers intestins.
Benard Direxit.
16.

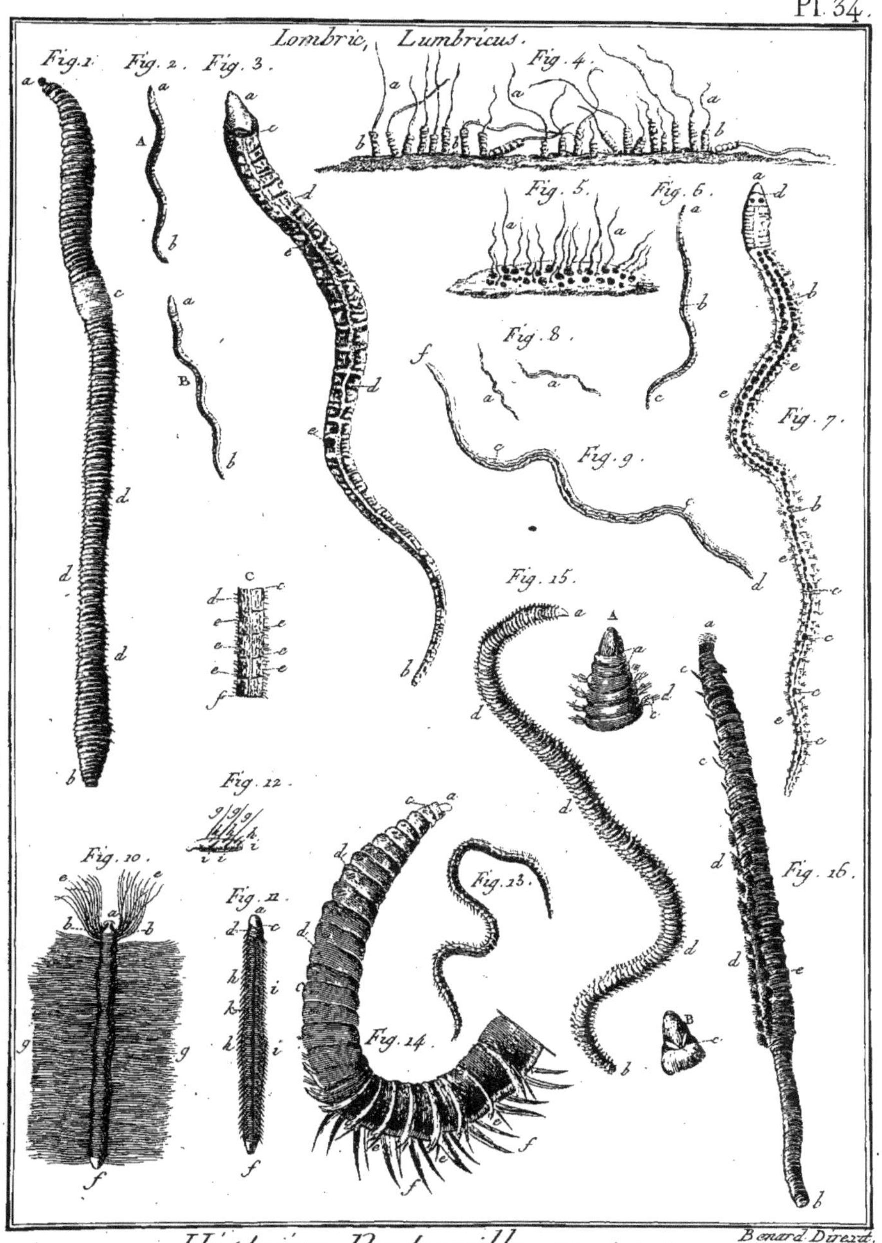

Histoire Naturelle, Vers intestins.

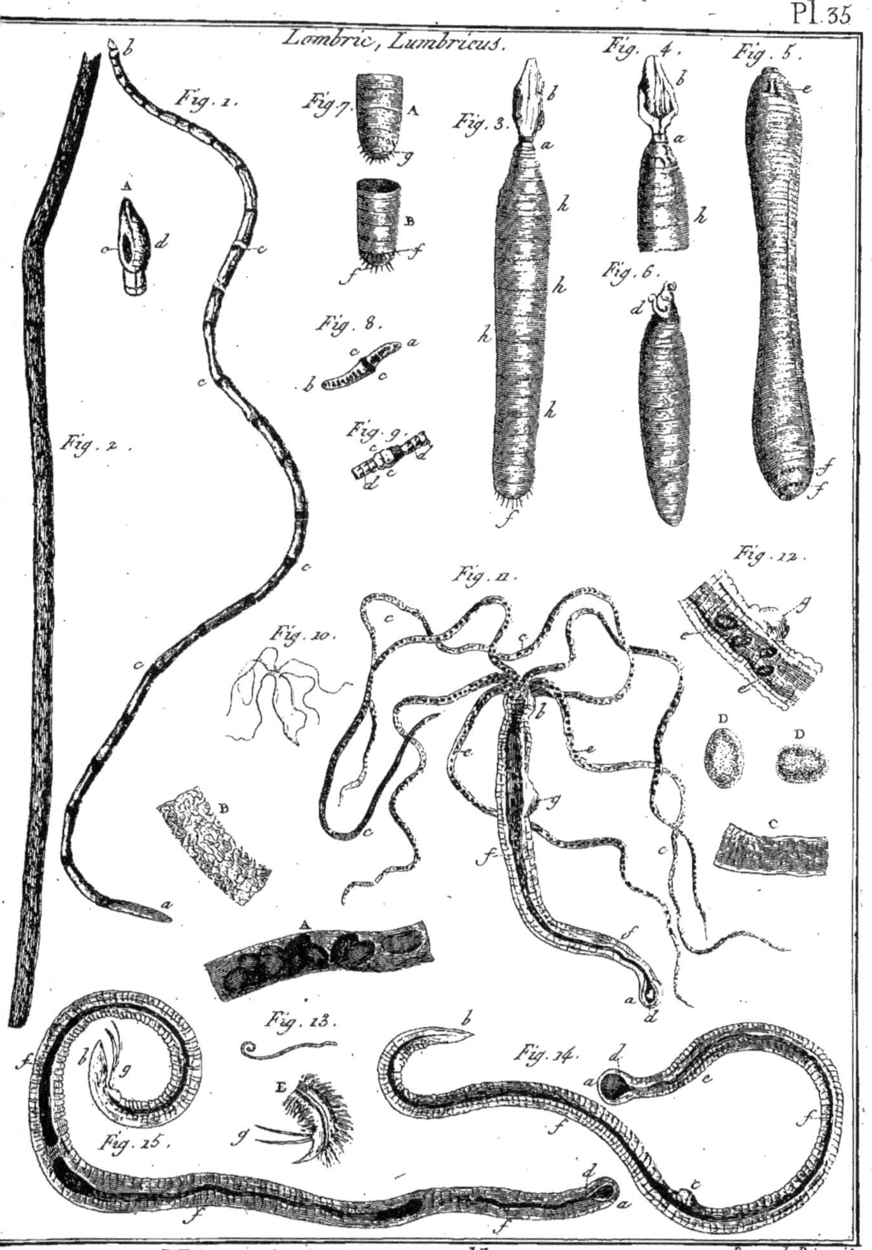

Histoire Naturelle, Vers intestins.

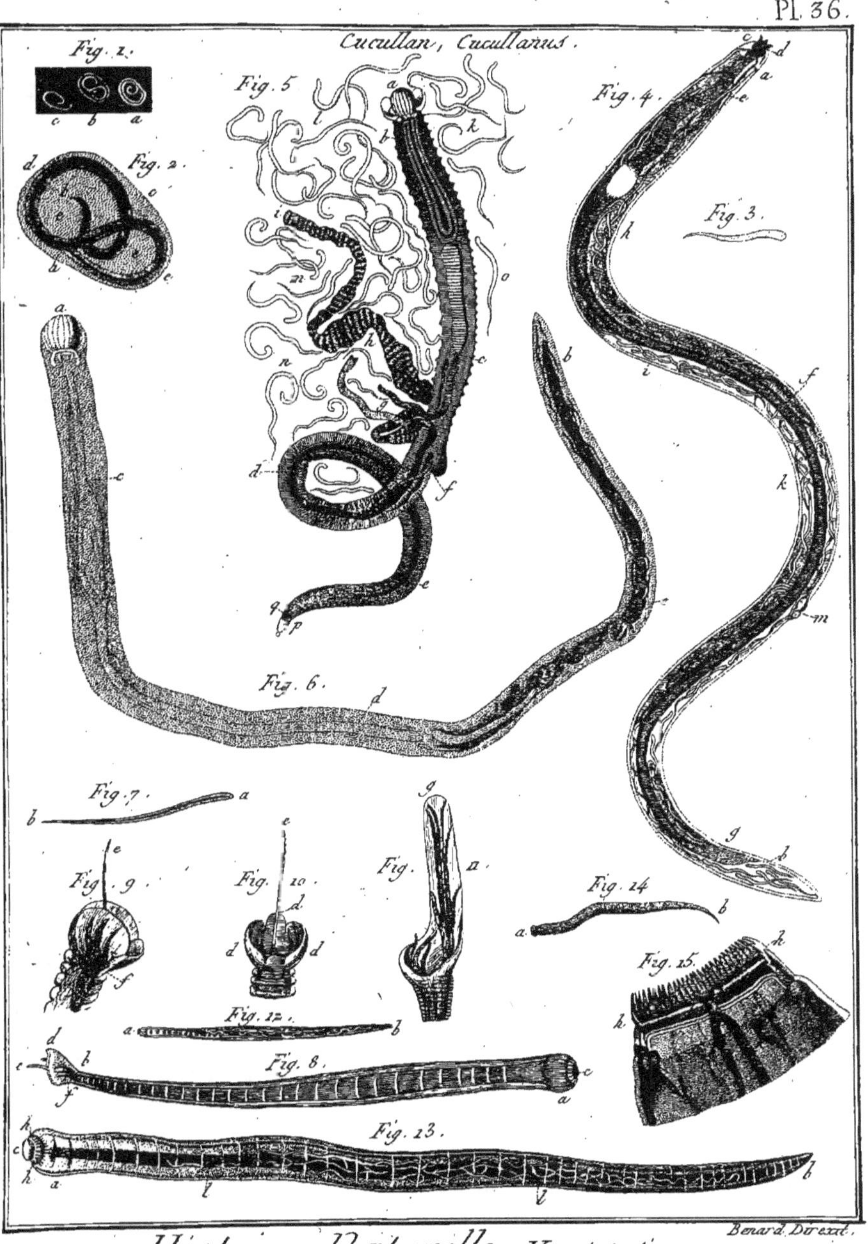

Histoire Naturelle, Vers intestins.

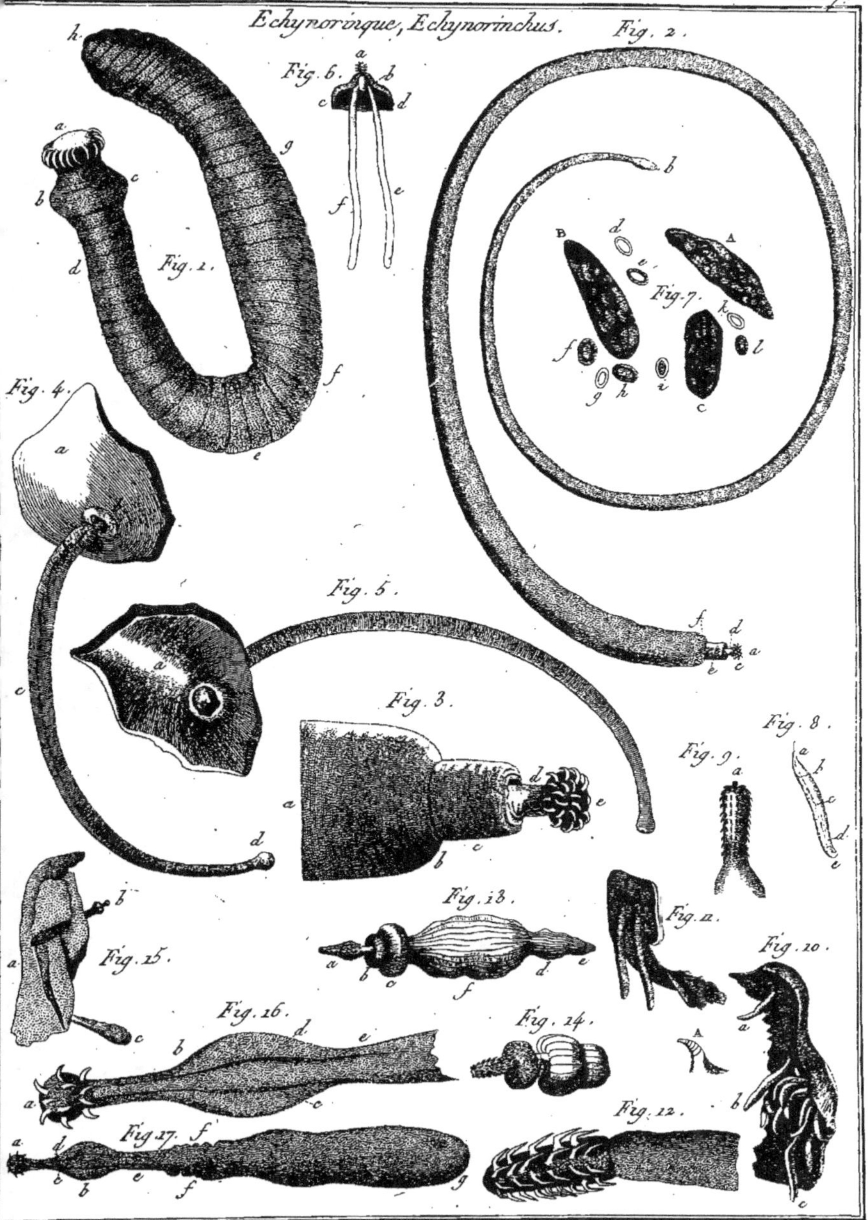

Histoire Naturelle, Vers intestins.

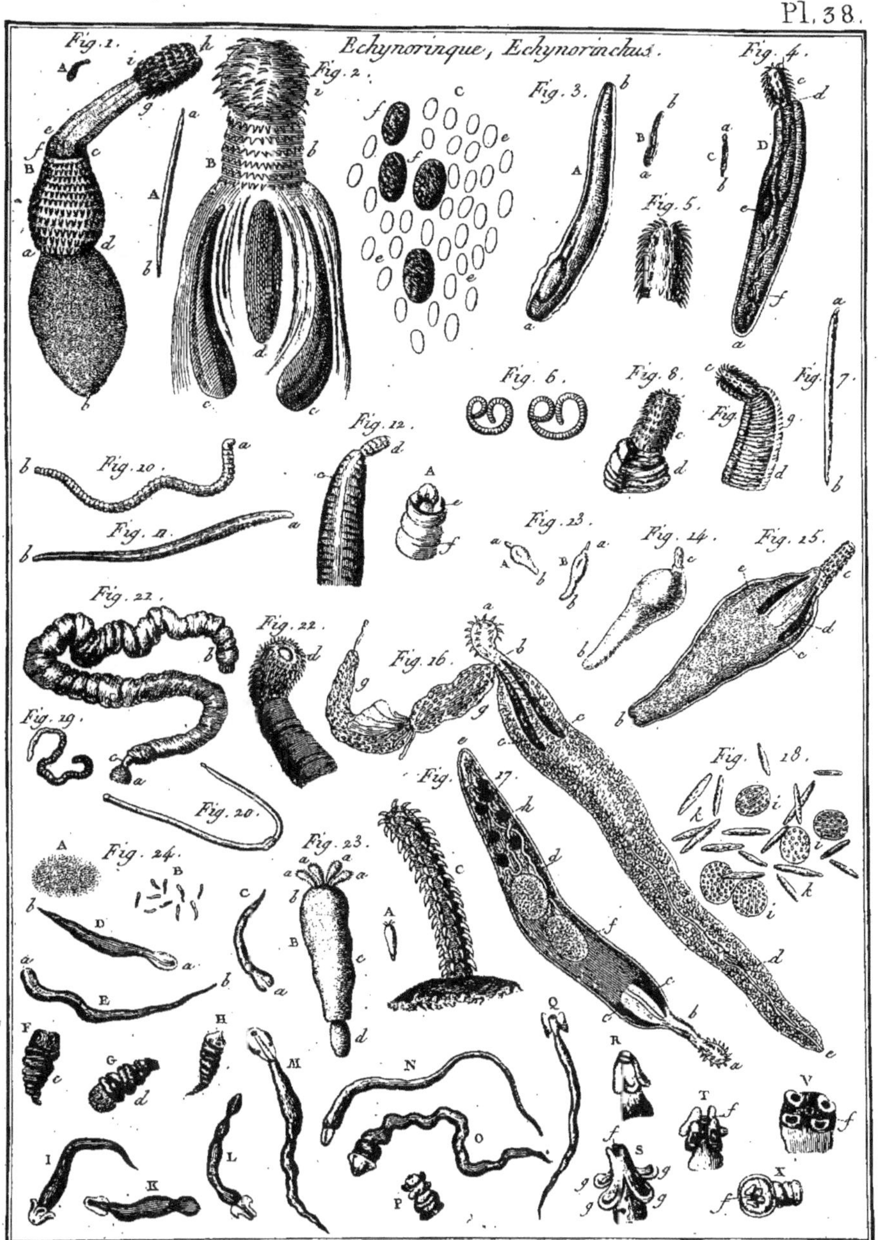

Histoire Naturelle, Vers intestins.

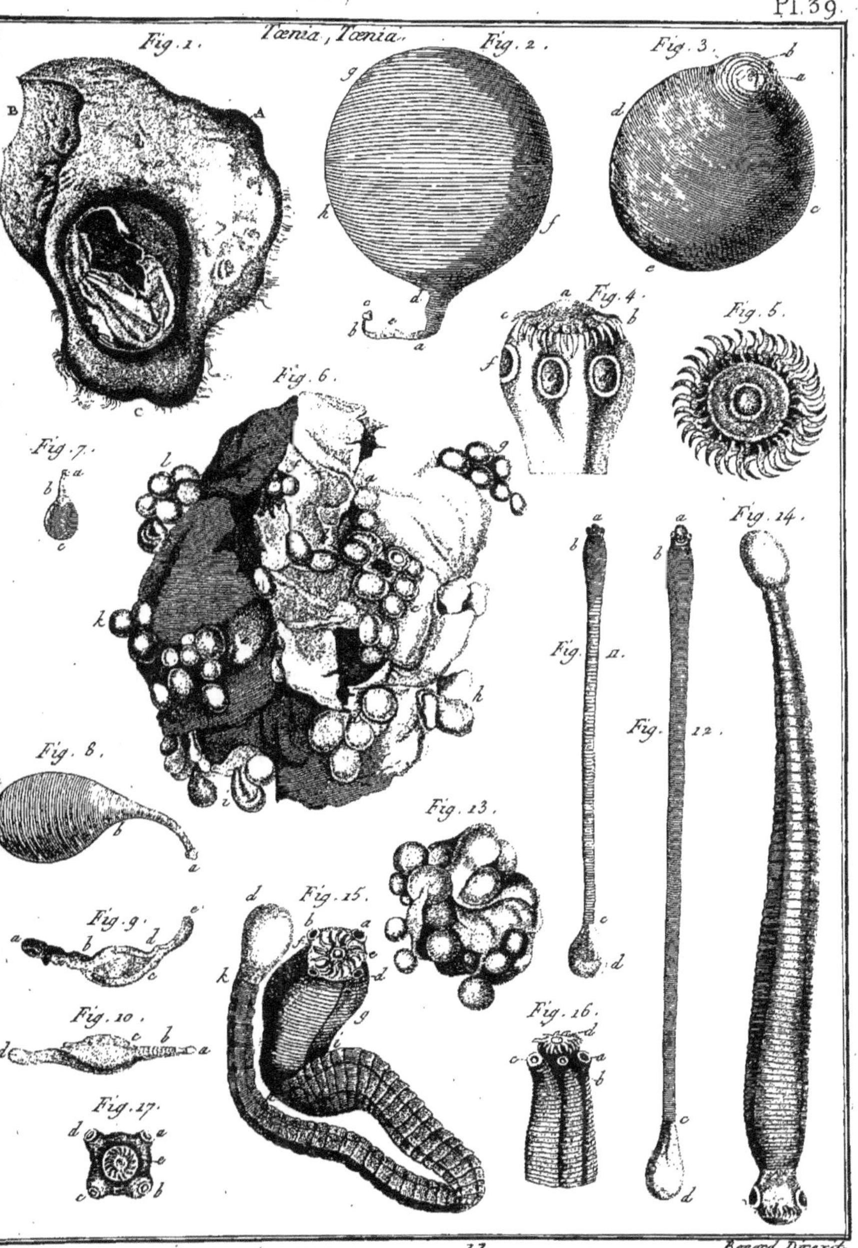

Histoire Naturelle, Vers intestins.

Benard Direxit

29.

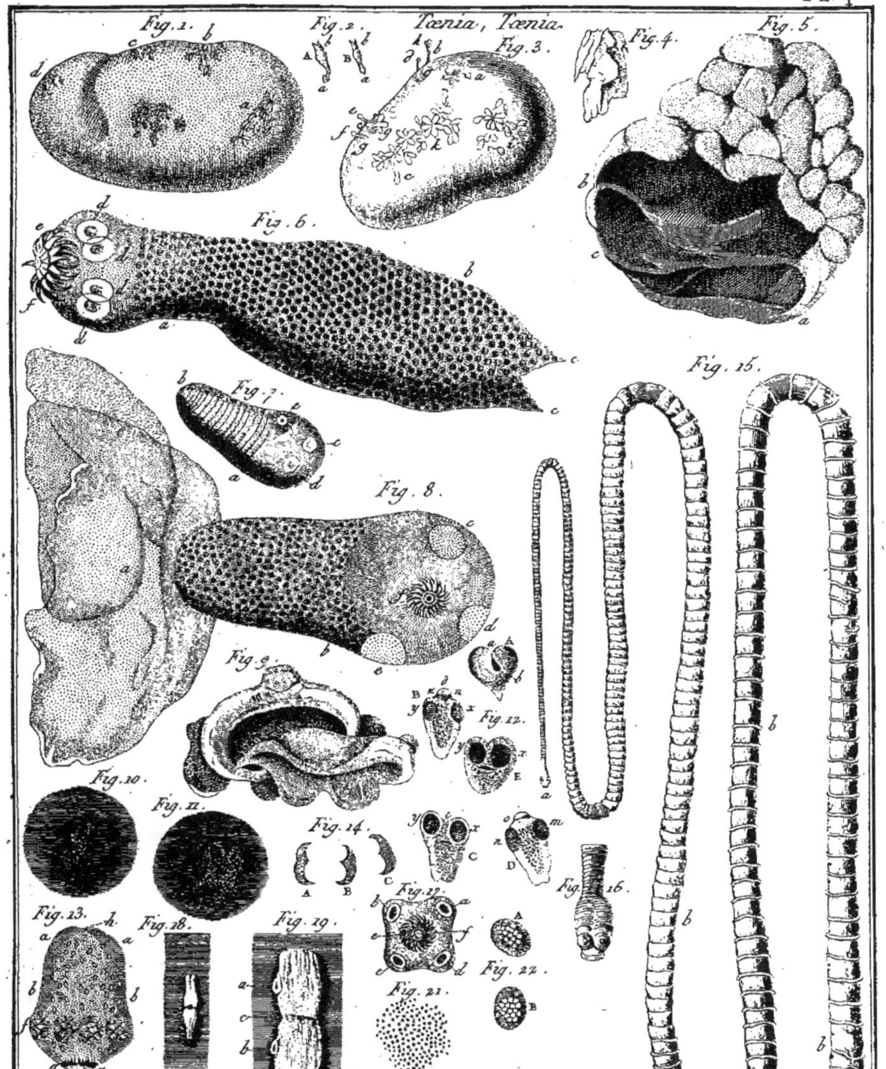

Histoire Naturelle, Vers intestins.

Benard Direxit.

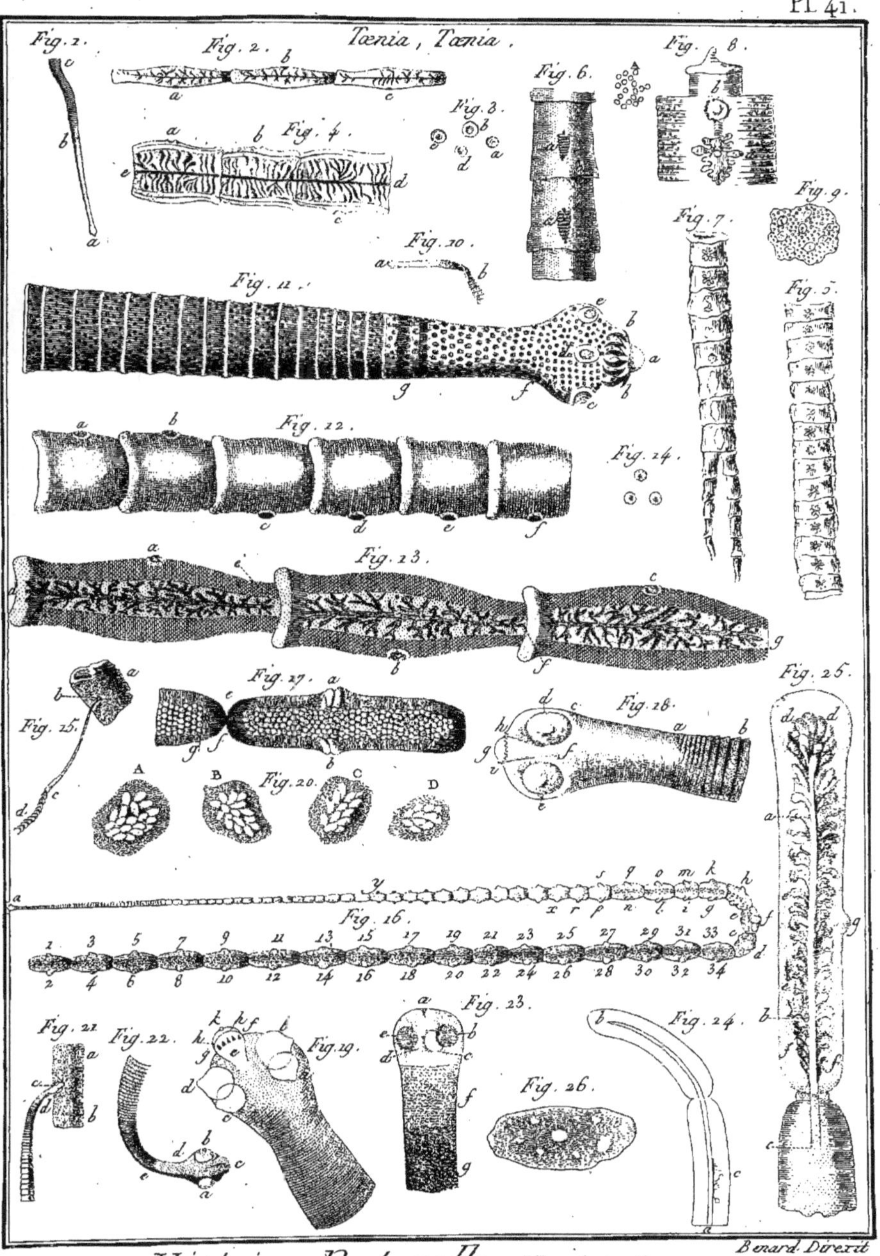

Histoire Naturelle, Vers intestins.

Benard Direxit.

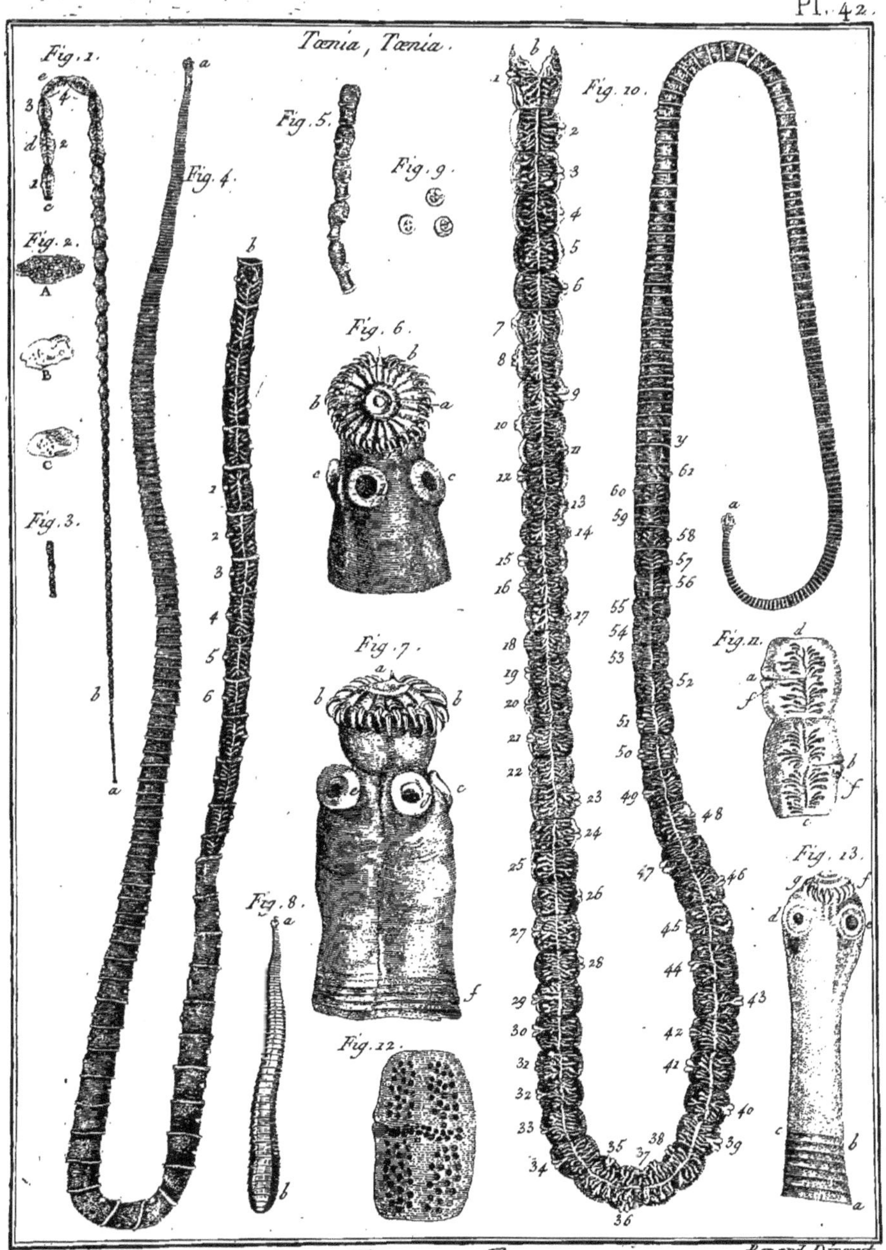

Benard Direxit.

Histoire Naturelle, Vers intestins.

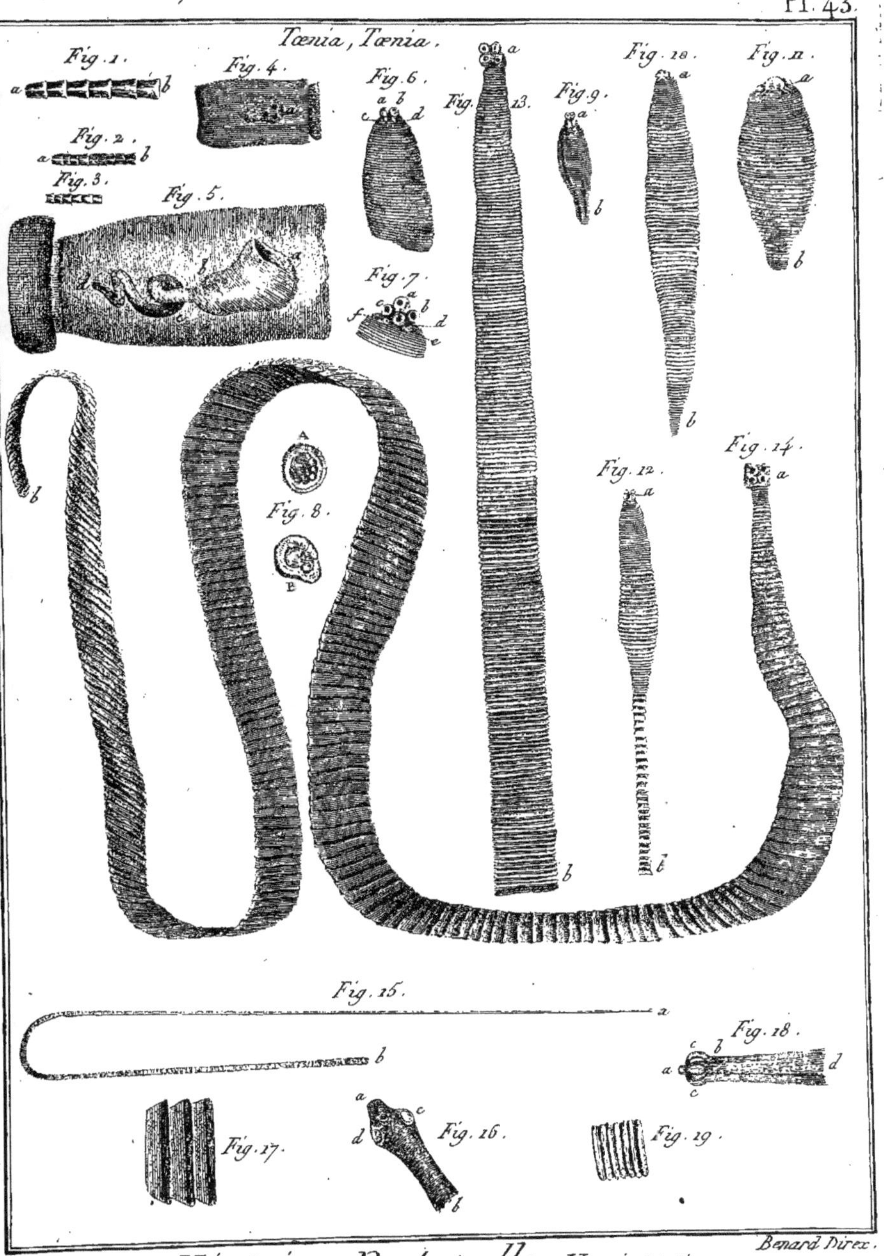

Histoire Naturelle, Vers intestins.

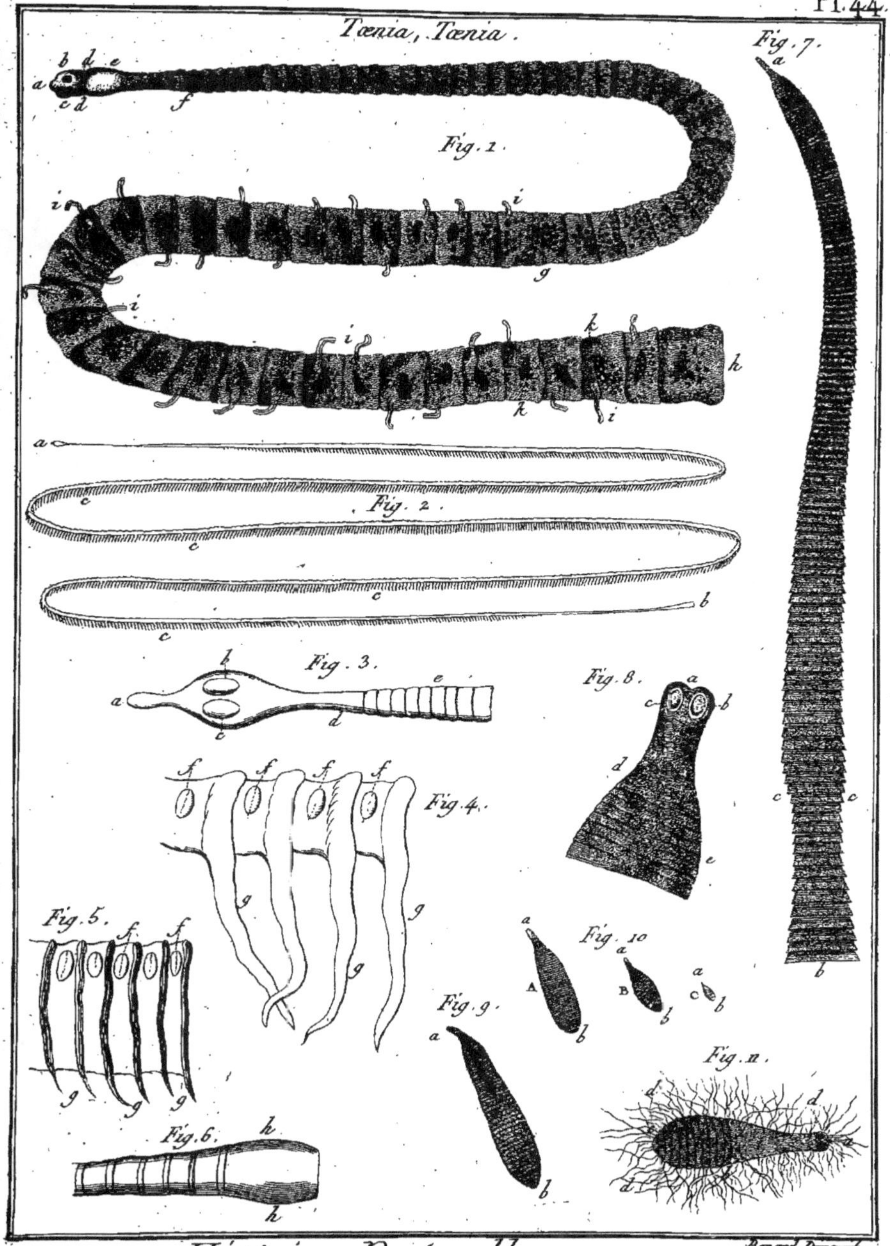

Tænia, Tænia.

Fig. 7.

Fig. 1.

Fig. 2.

Fig. 3.

Fig. 8.

Fig. 4.

Fig. 5.

Fig. 10.

Fig. 9.

Fig. 11.

Fig. 6.

Histoire Naturelle, Vers intestins.

Benard Direxit.

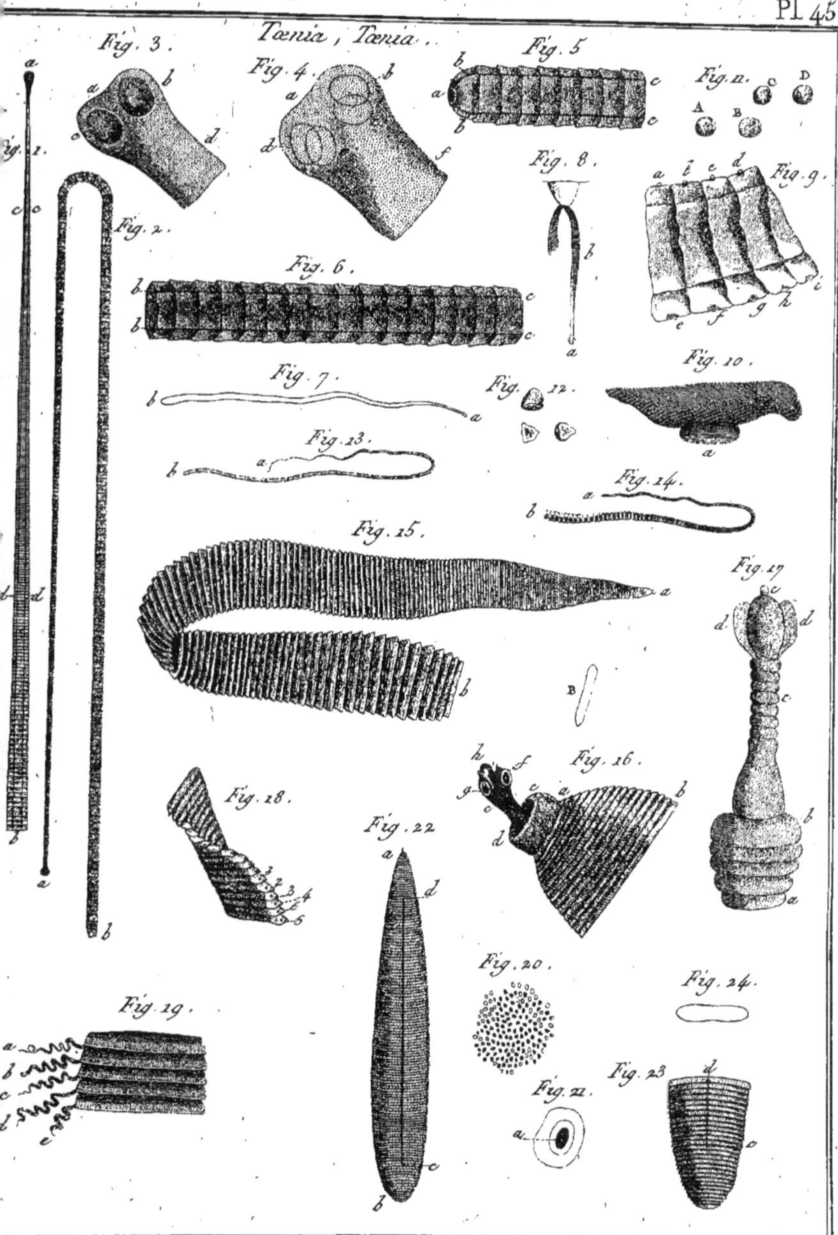

Histoire Naturelle, Vers intestins.

Benard Direxit.

22.

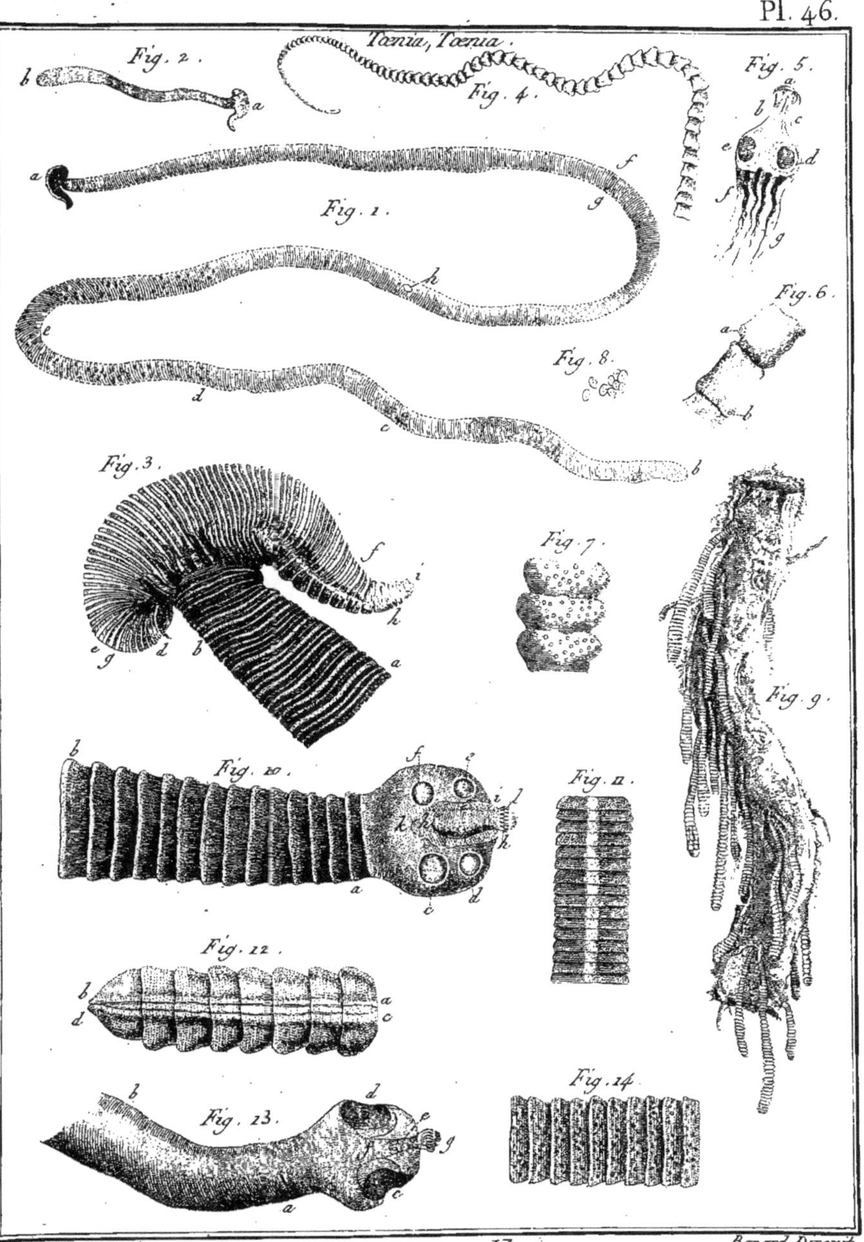

Histoire Naturelle, Vers intestins.

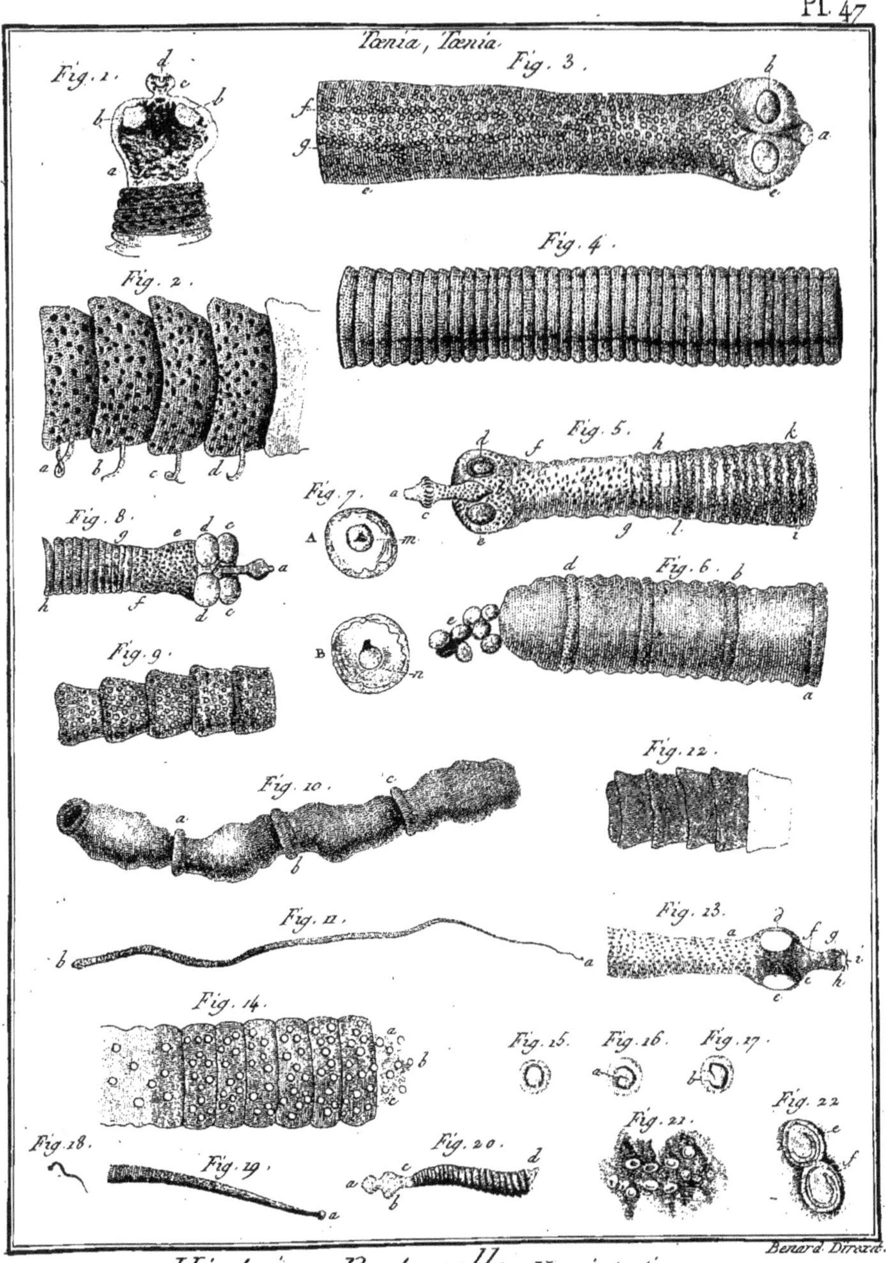

Histoire Naturelle, Vers intestins

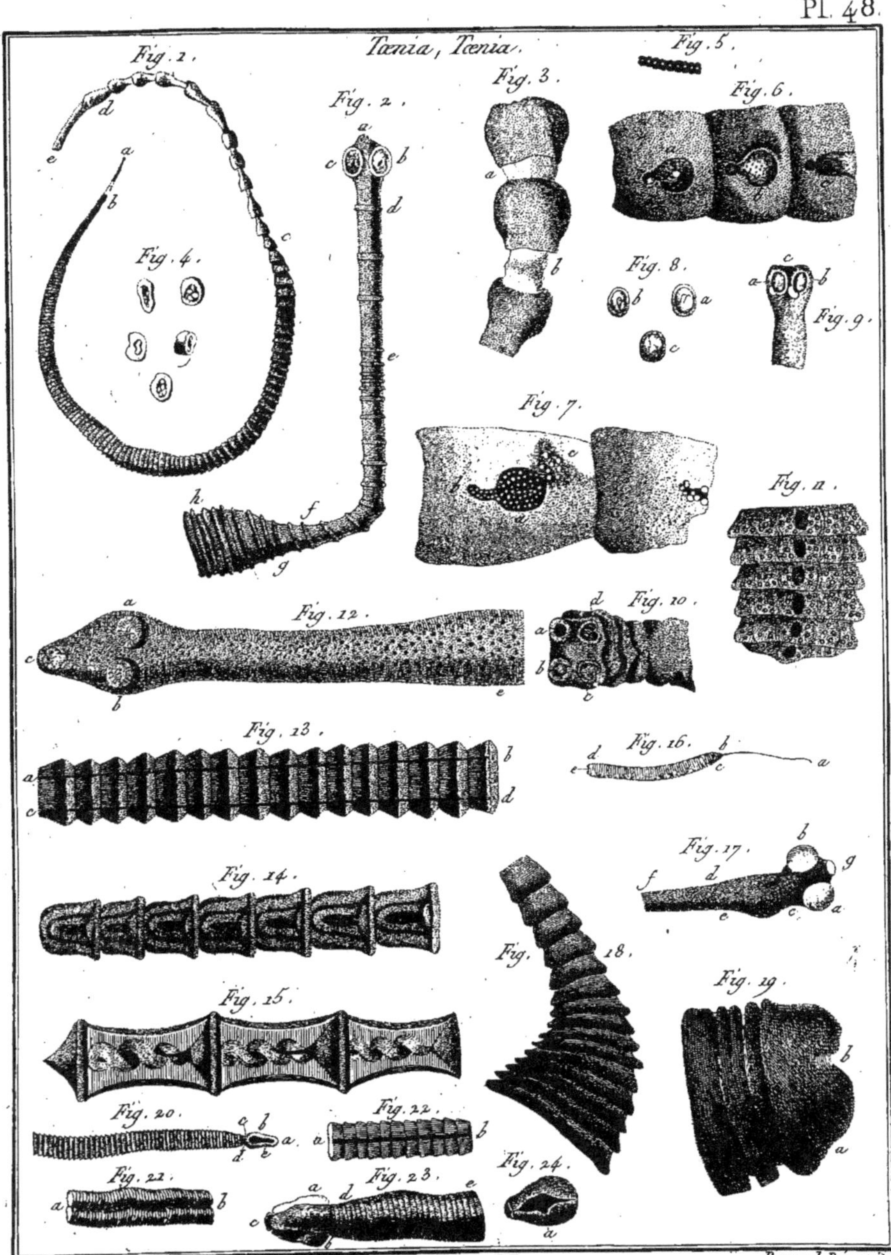

Histoire Naturelle, Vers intestins.

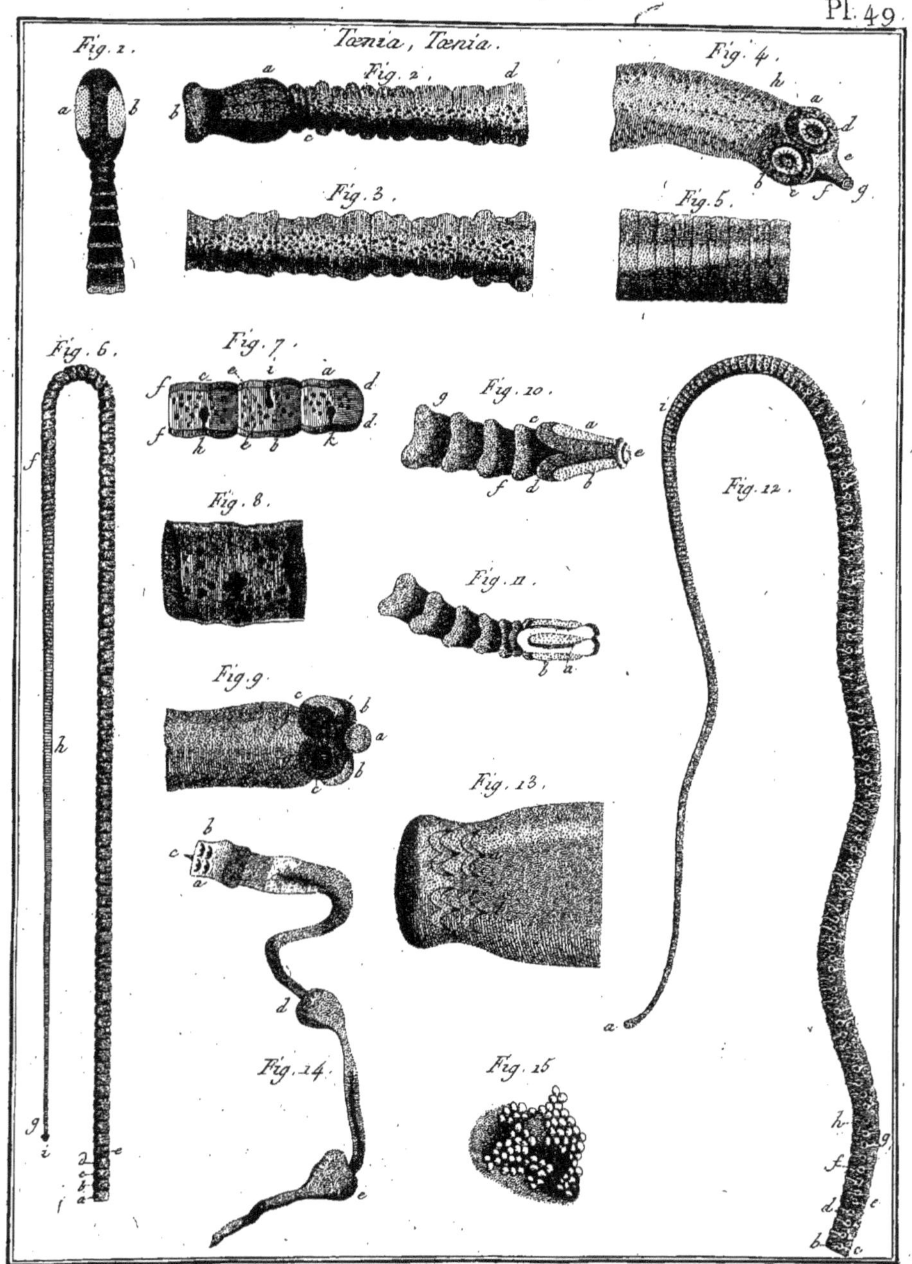

Histoire Naturelle, Vers intestins.

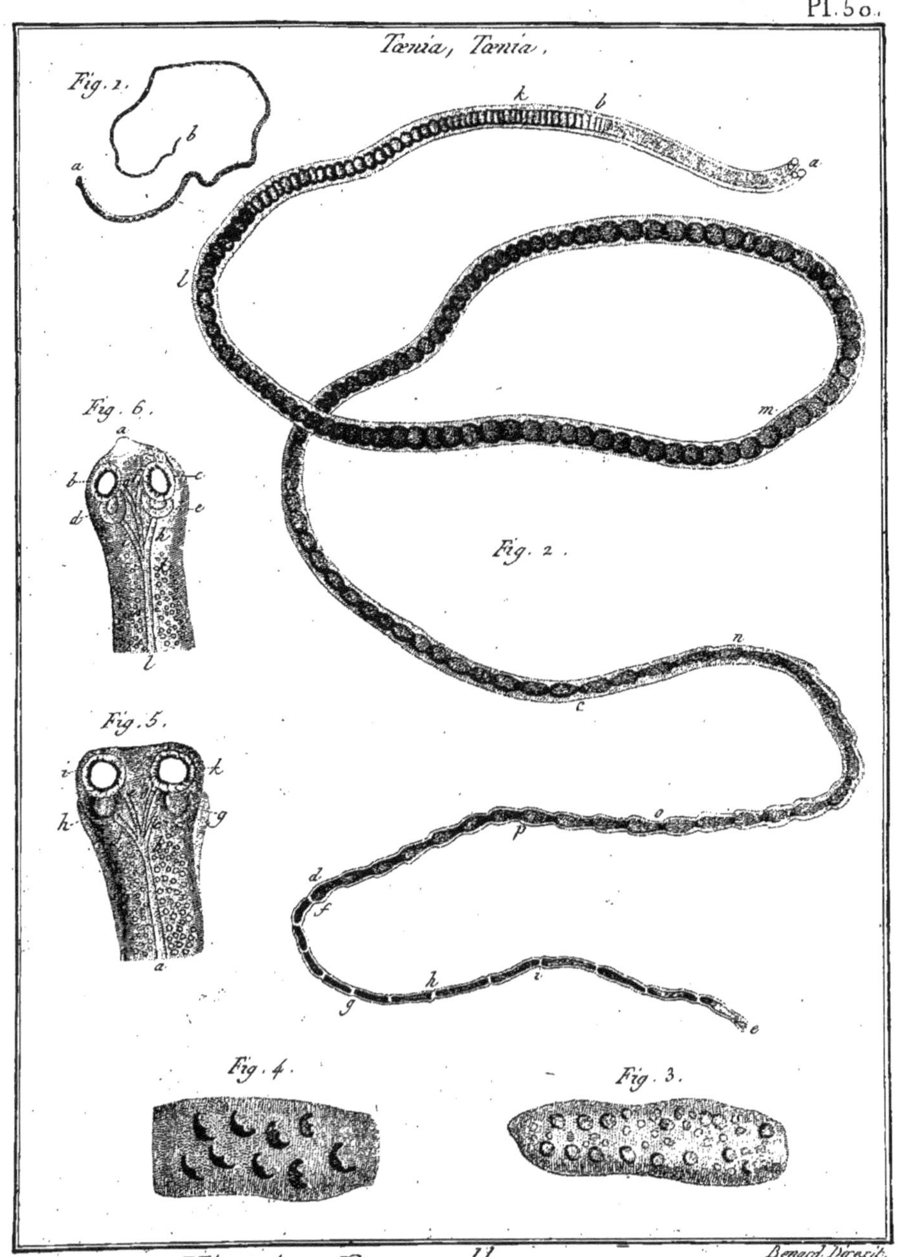

Histoire Naturelle, Vers intestins.

Benard Direxit.

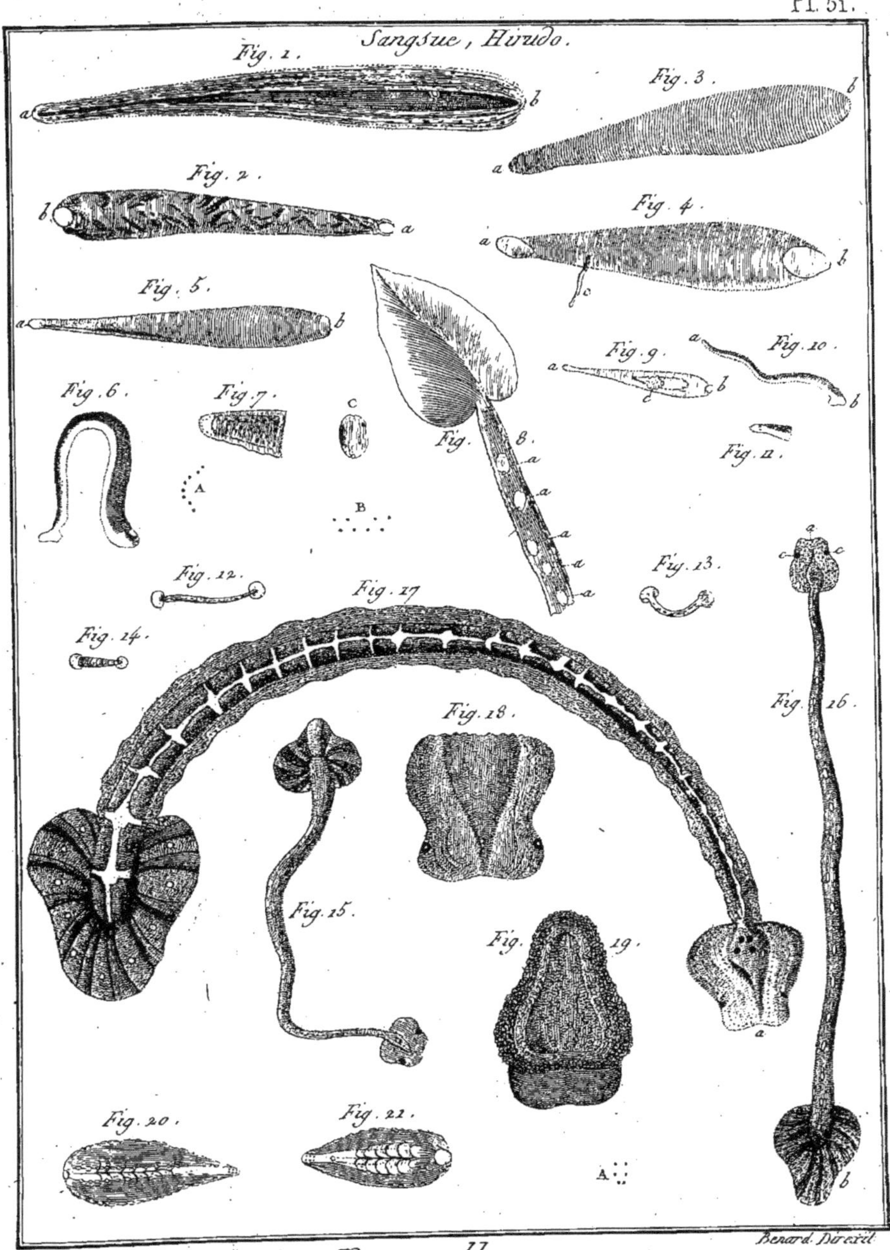

Histoire Naturelle, Vers intestins.

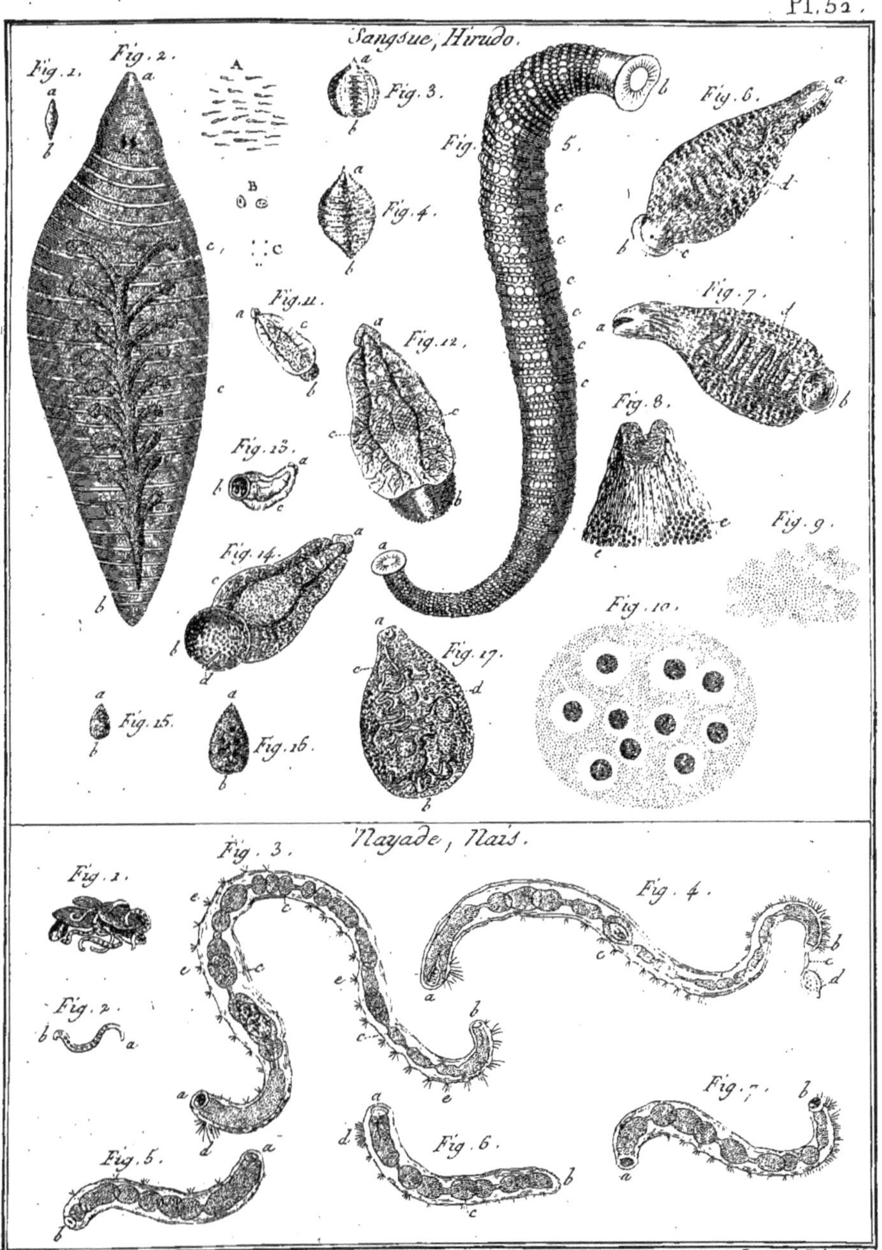

Histoire Naturelle, Vers intestins.

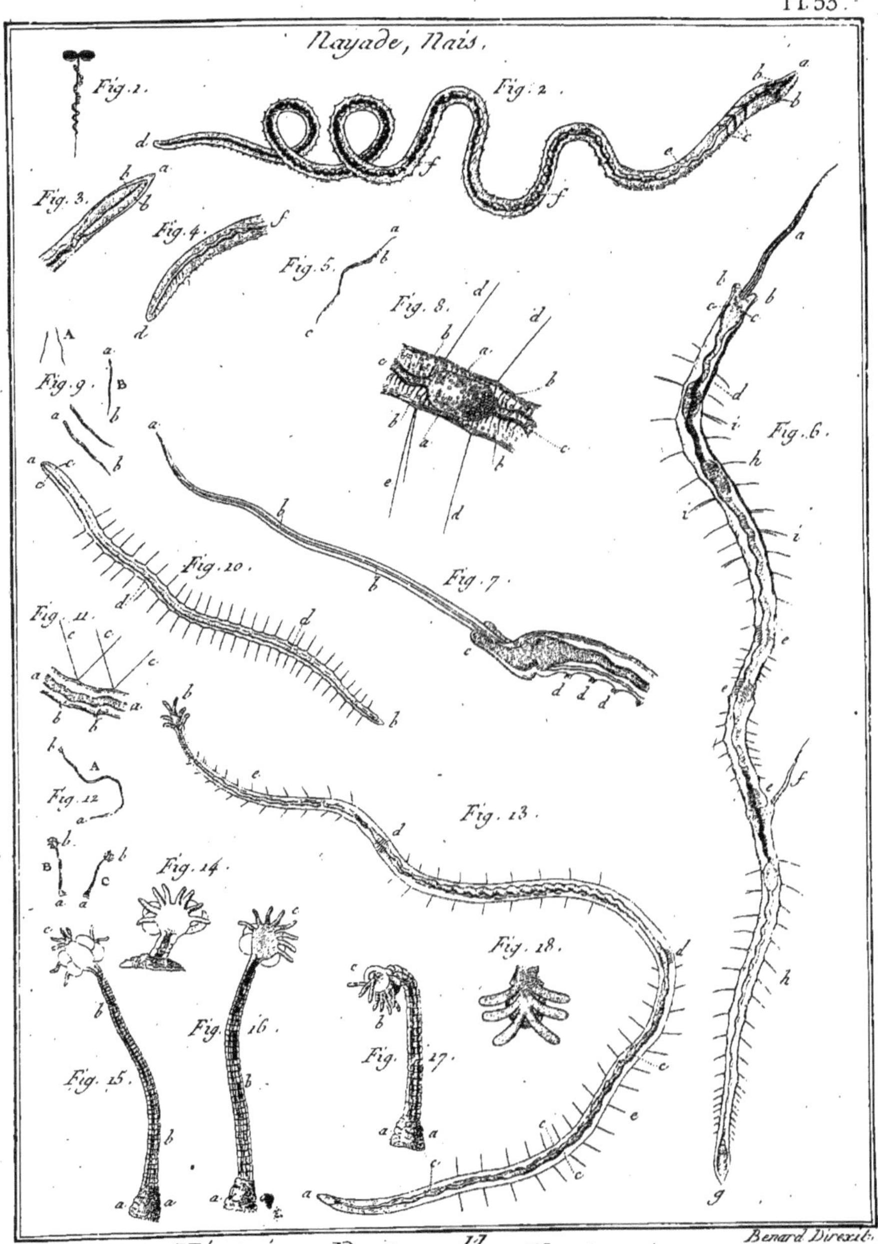

Benard Direxit.

Histoire Naturelle, Vers intestins.

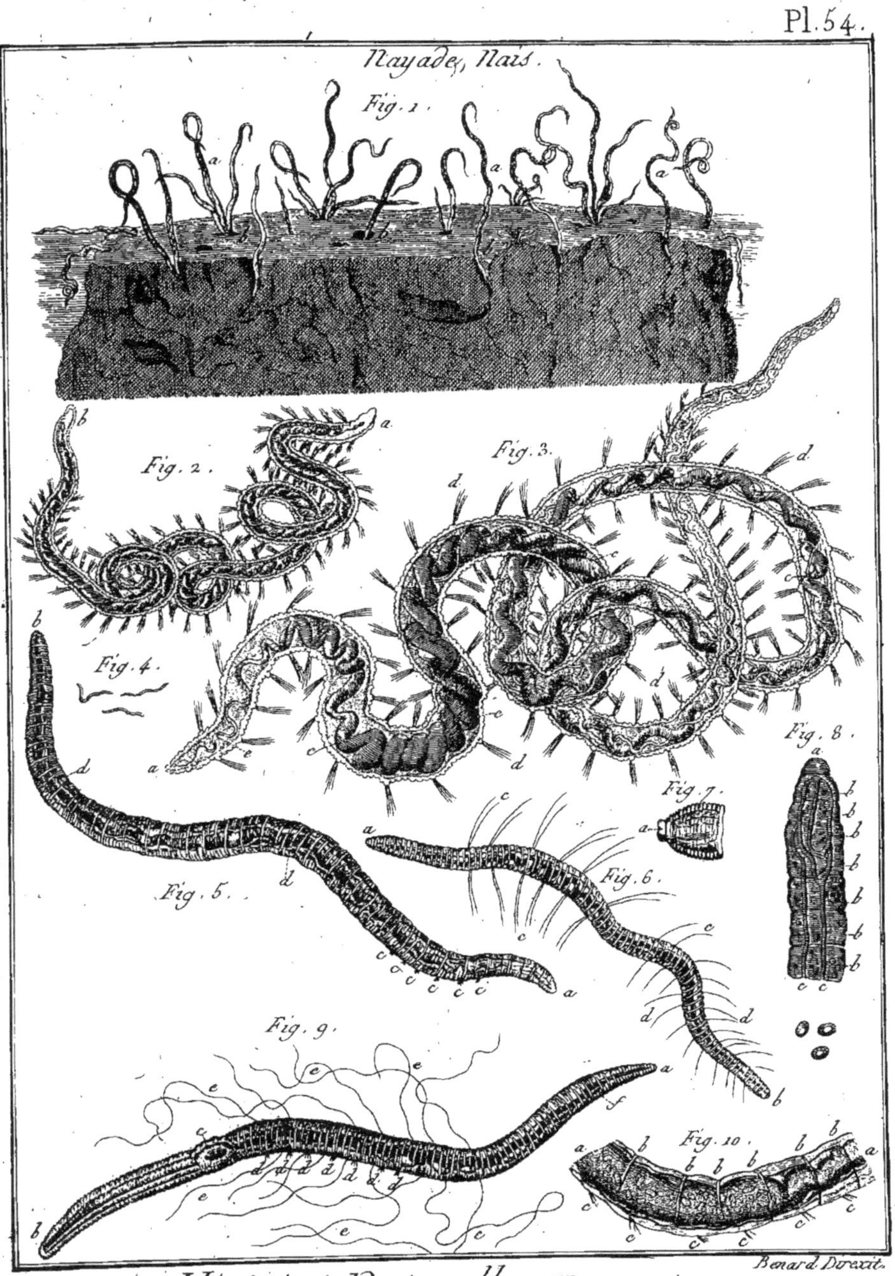

Histoire Naturelle, Vers intestins.

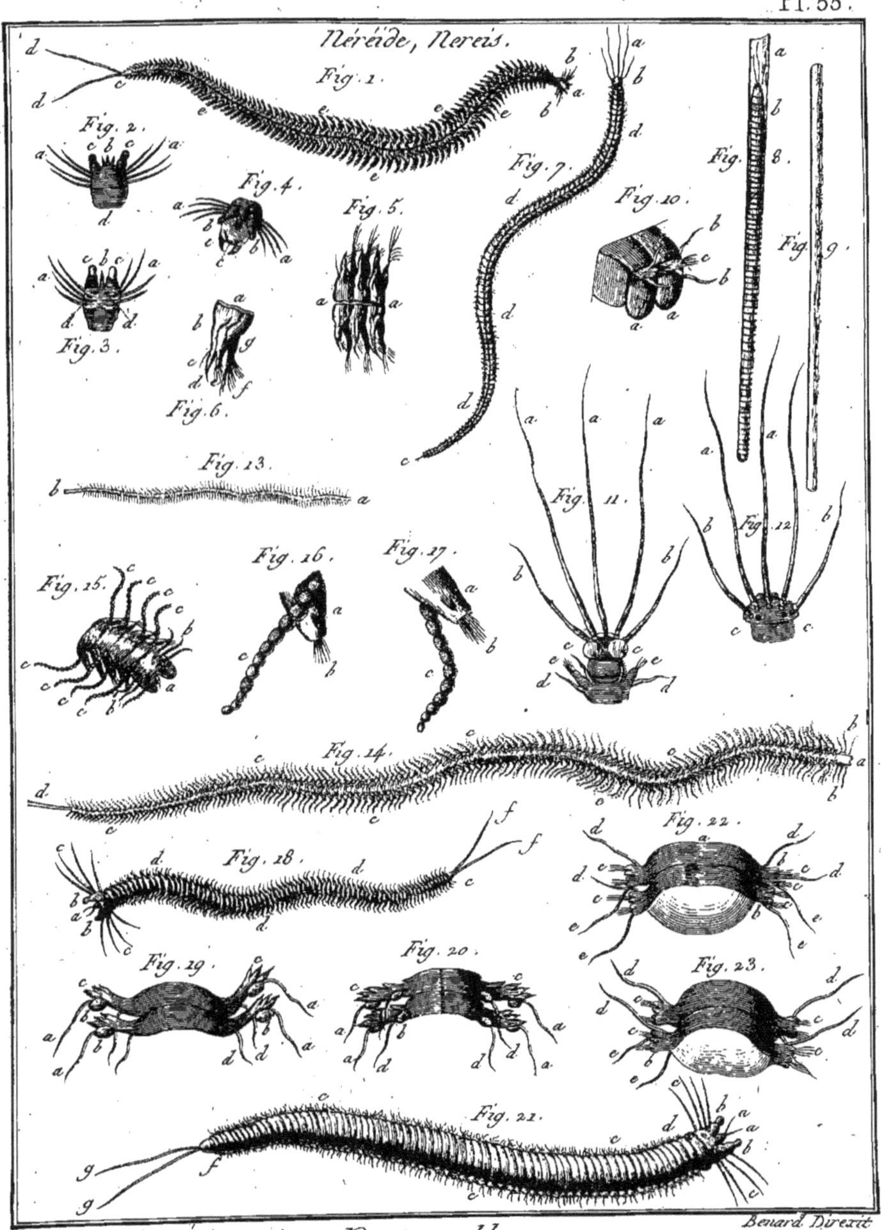

Histoire Naturelle, *Vers intestins.*

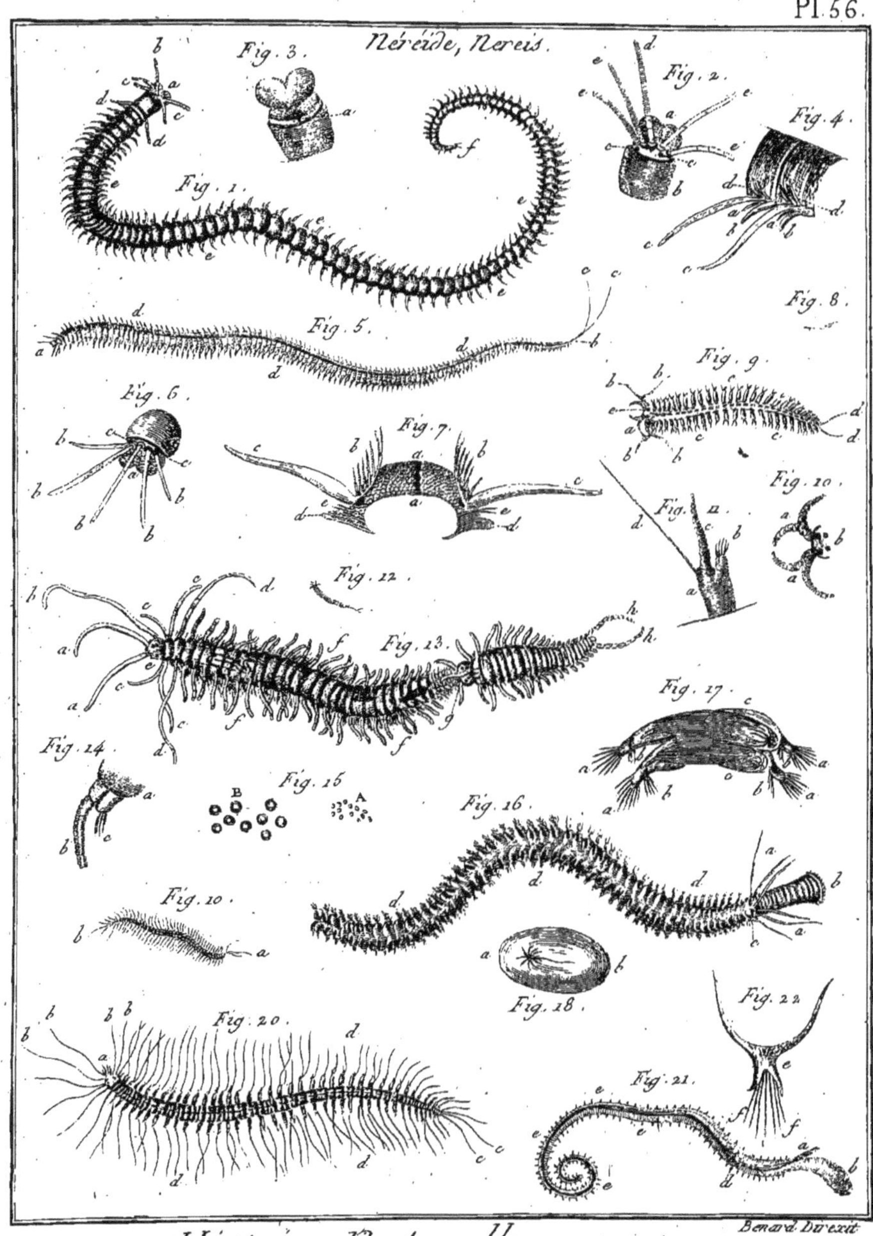

Histoire Naturelle, Vers intestins.

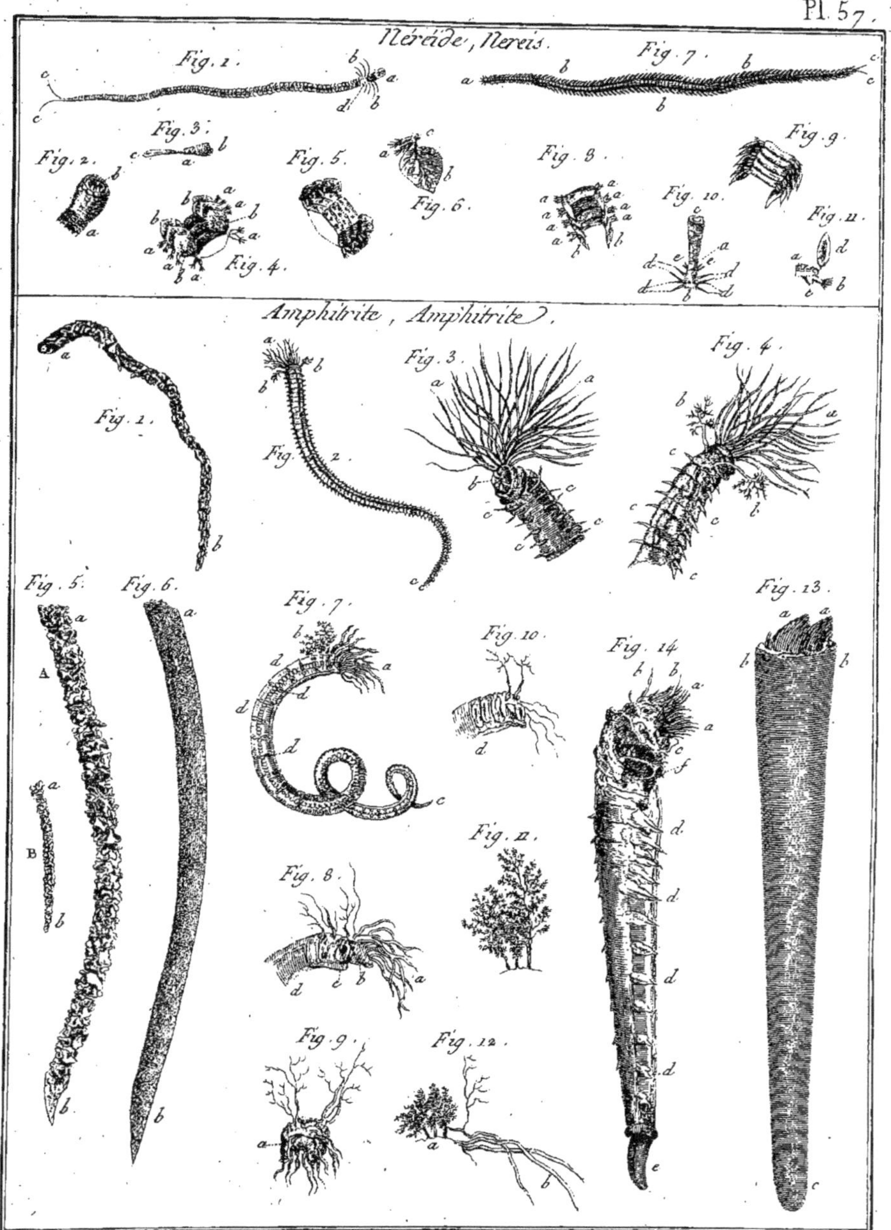

Histoire Naturelle, Vers intestins.

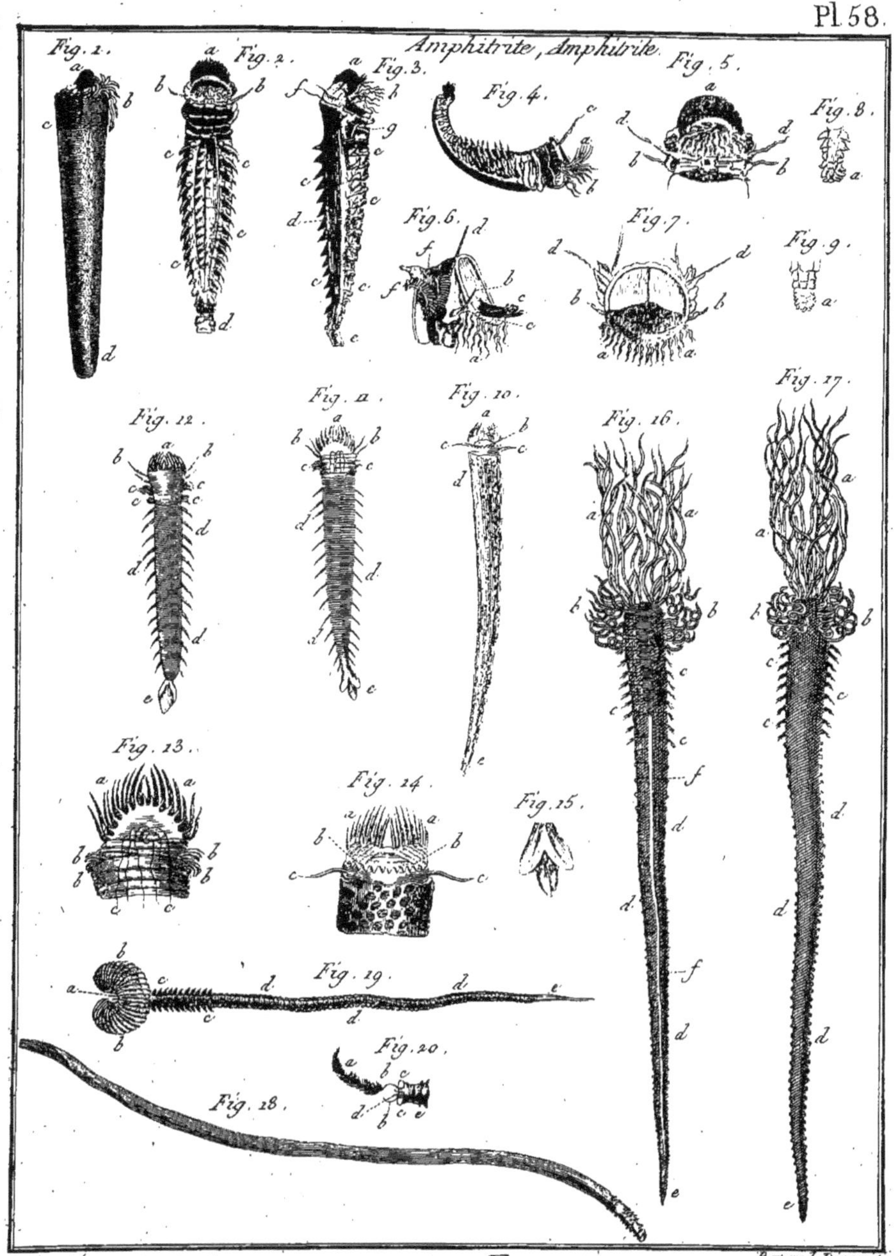

Histoire Naturelle, Vers intestins

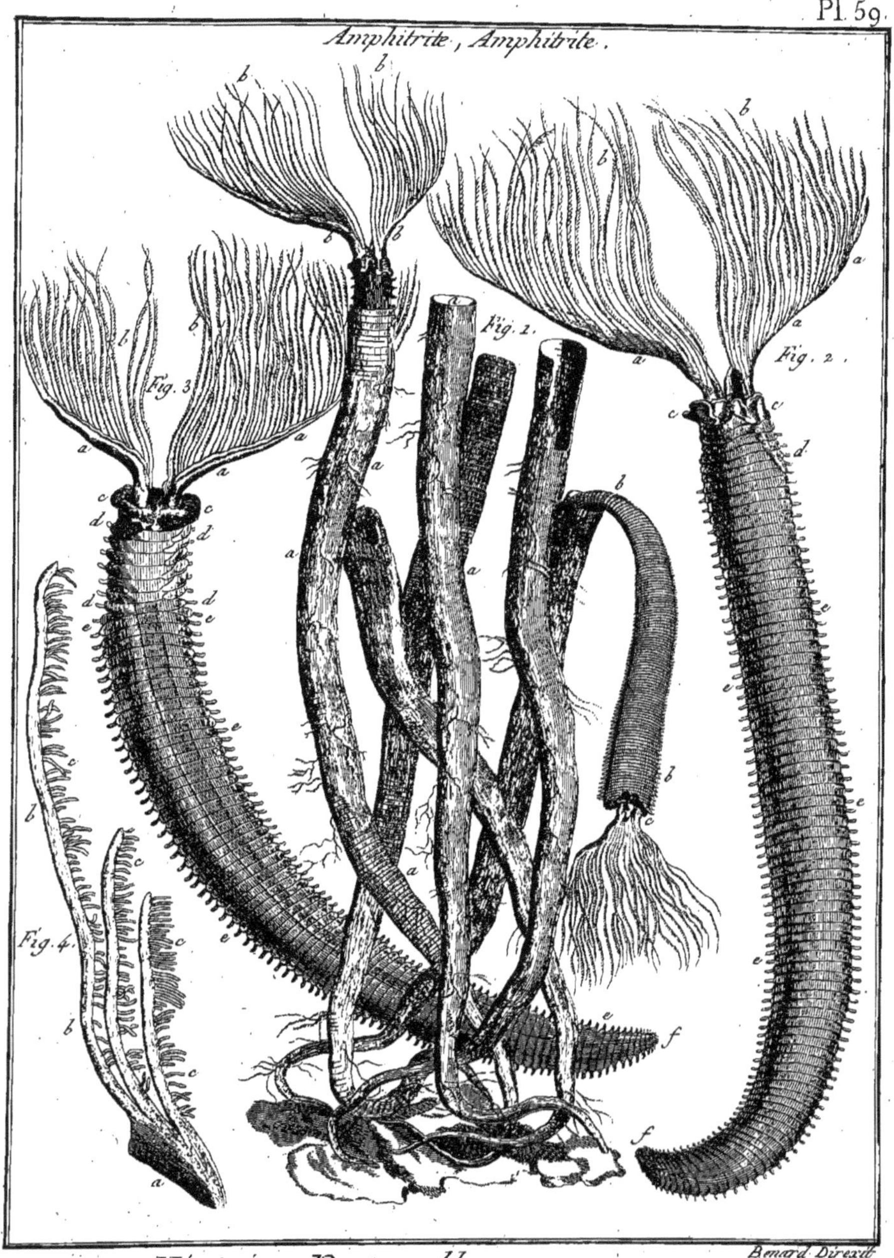

Histoire Naturelle, Vers intestins.

Benard Direxit

29.

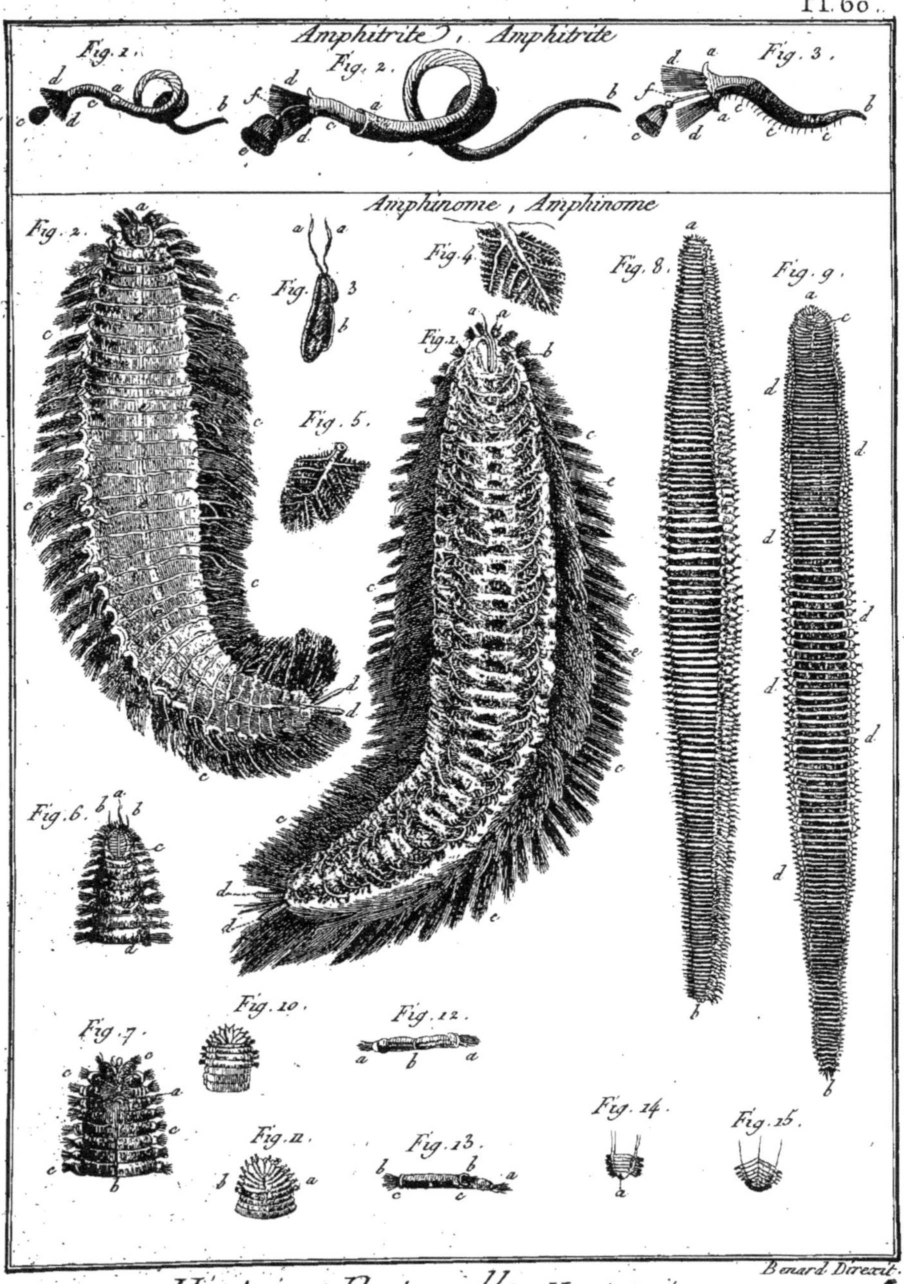

Histoire Naturelle, Vers intestins.

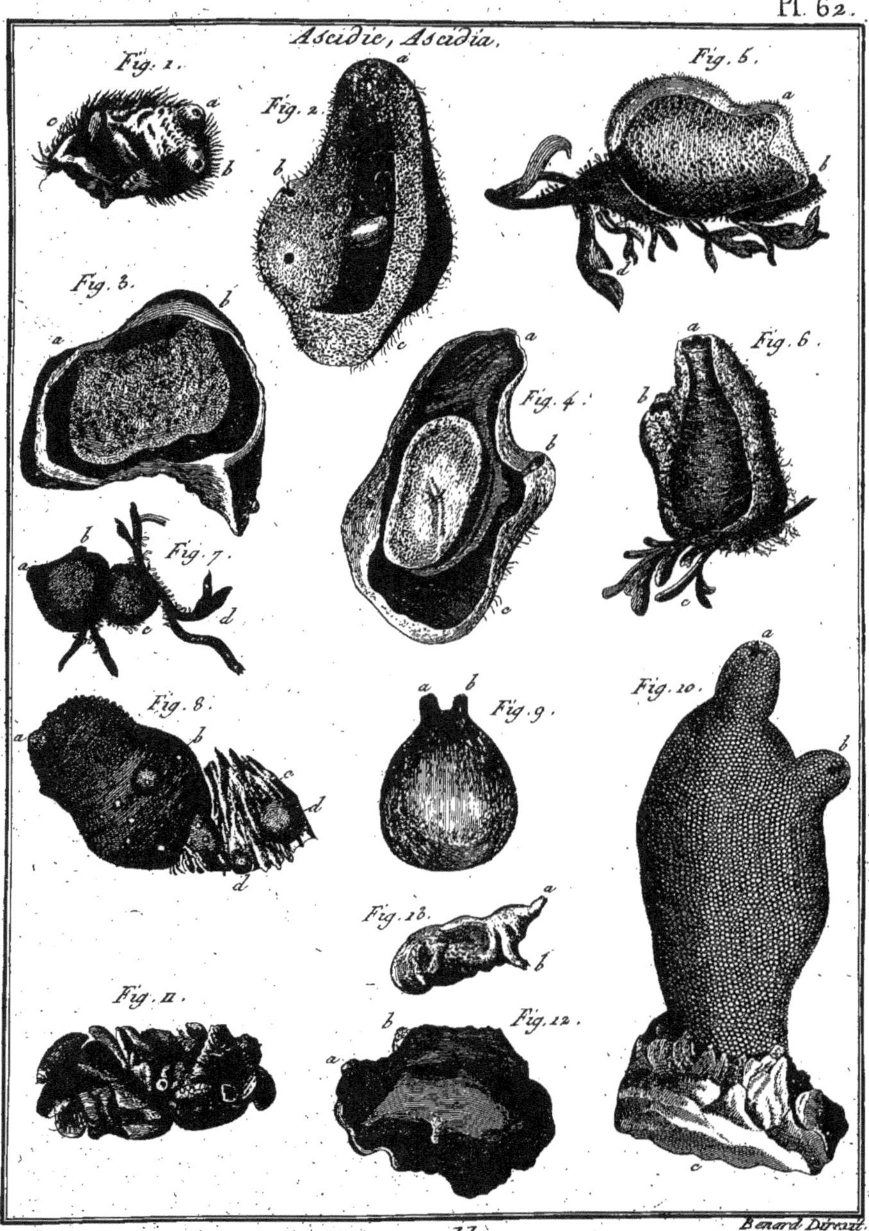

Histoire Naturelle, Vers Mollusques

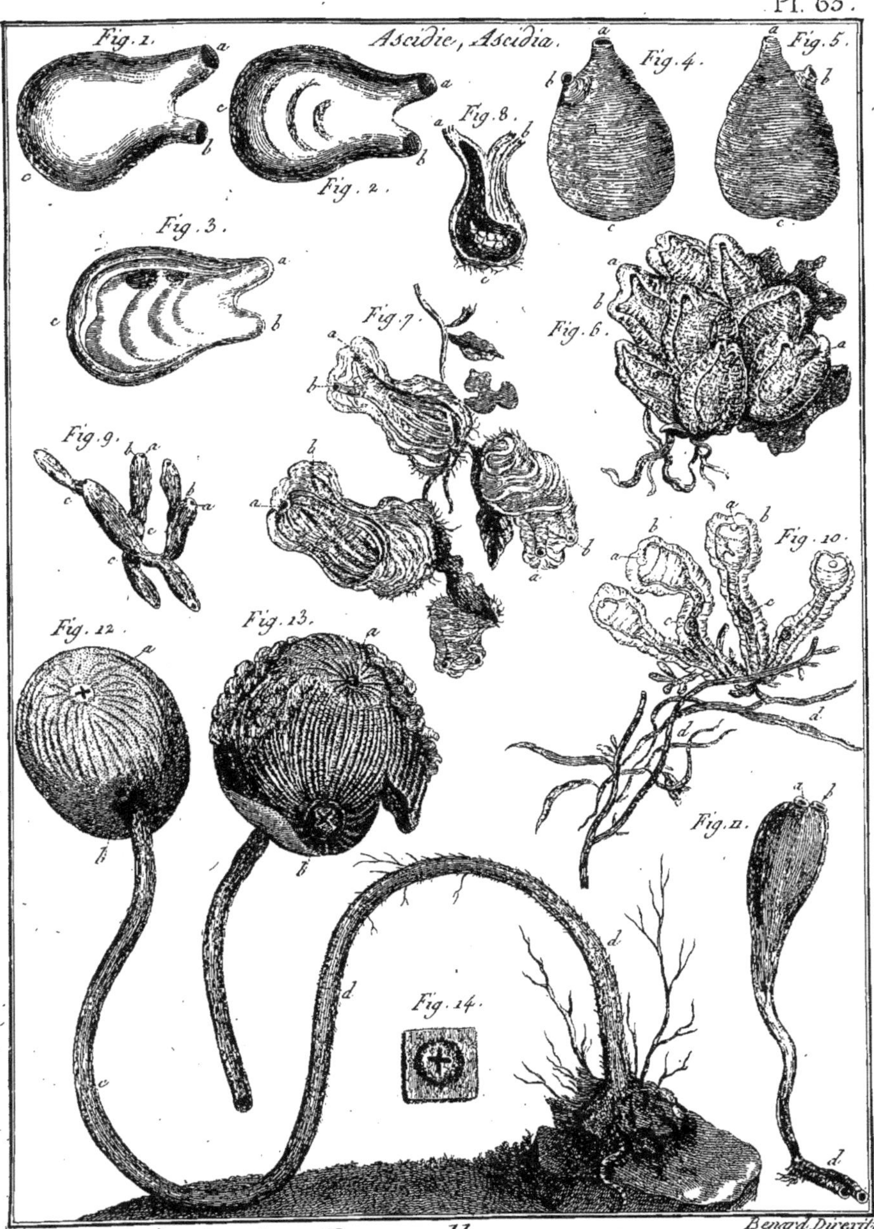

Histoire Naturelle, Vers Mollusques.

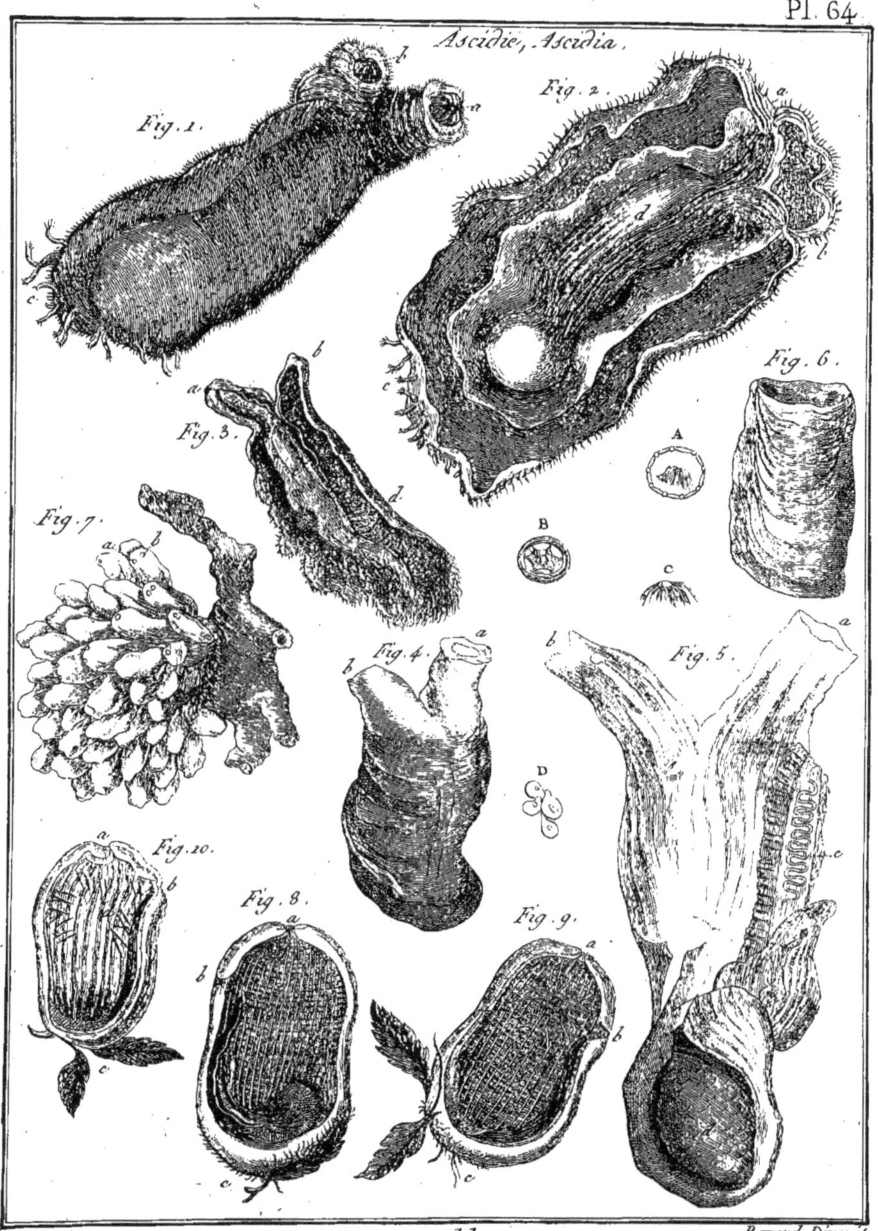

Histoire Naturelle, Vers Mollusques.

Benard Direxit.

32.

Ascidie, Ascidia.

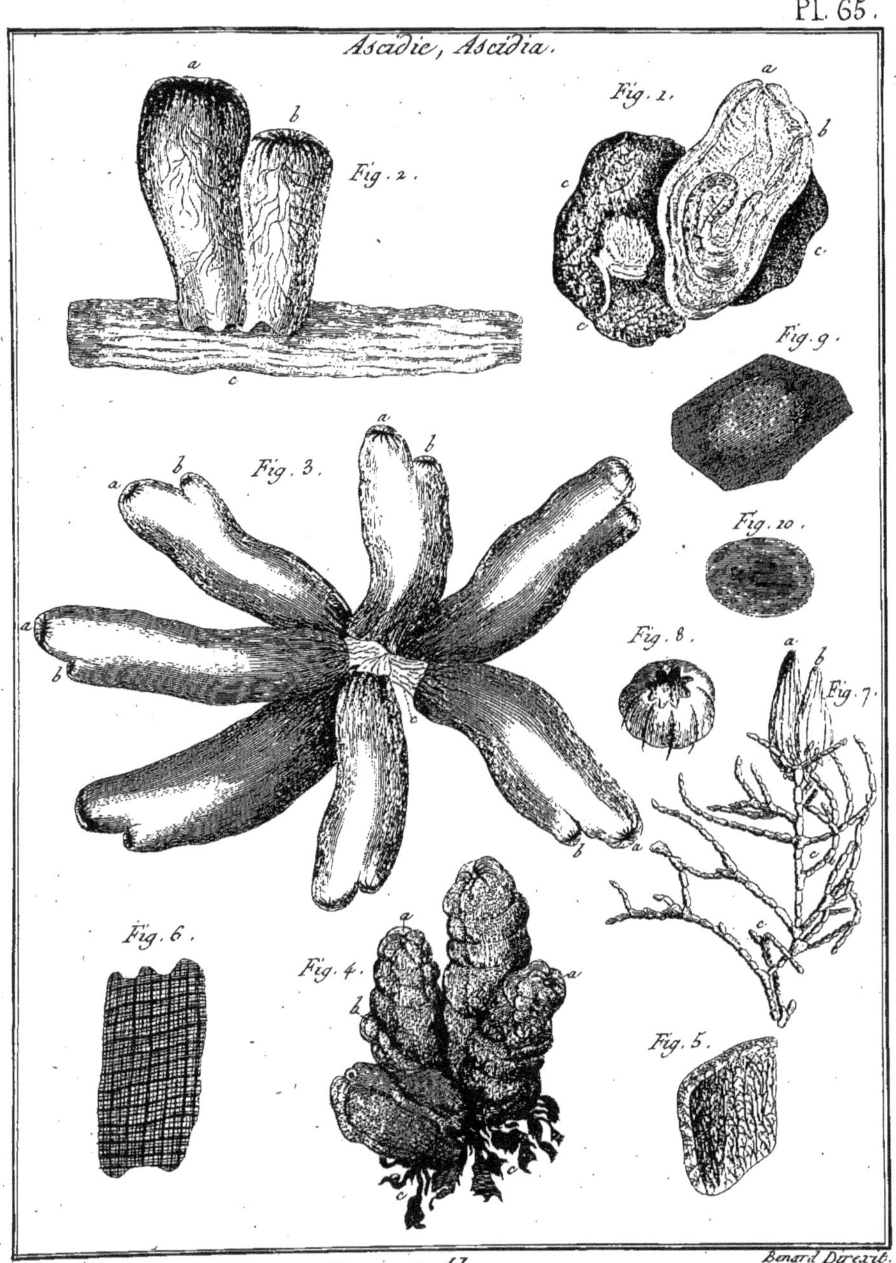

Histoire Naturelle, Vers Mollusques.

Benard Direxit.

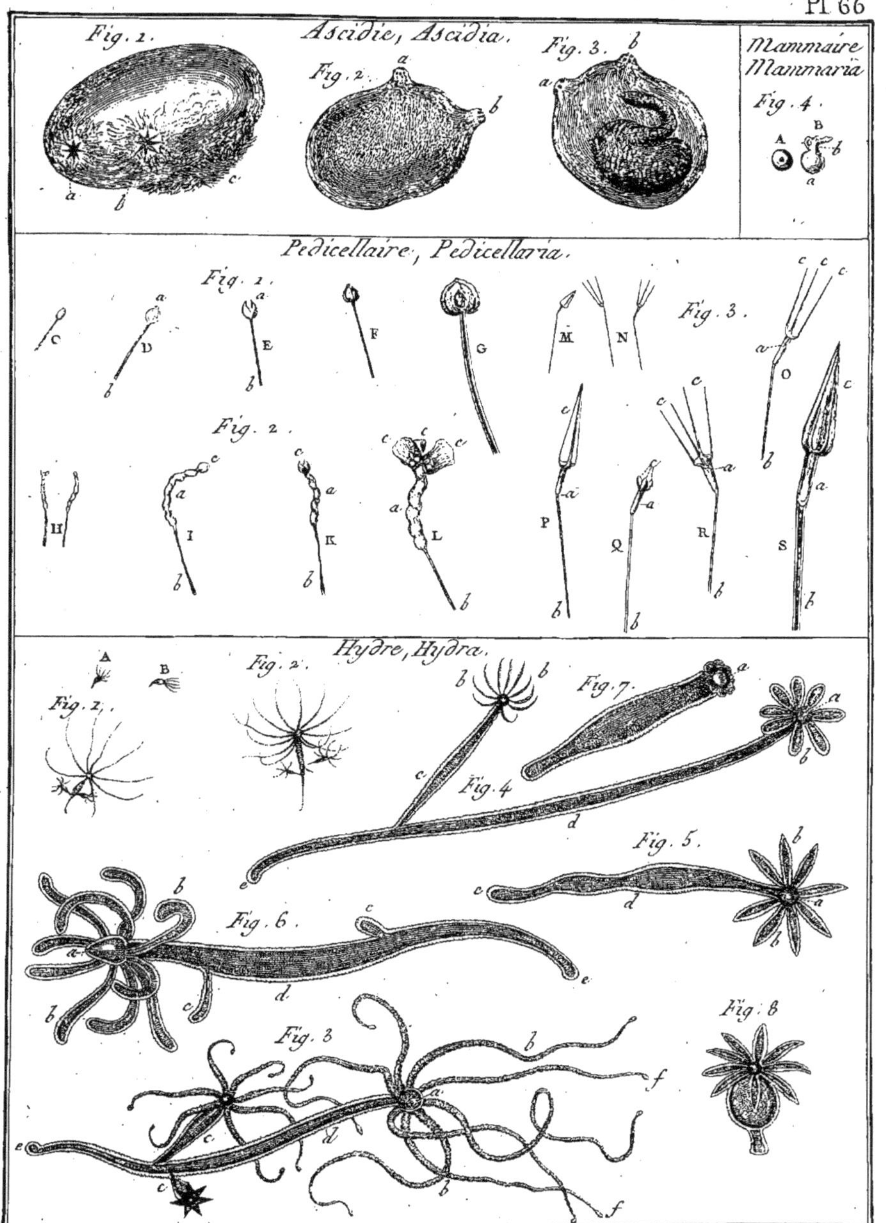
Fig. 1.
Ascidie, Ascidia.
Fig. 2.
a
b
Fig. 3.
b
a
c
a
b
Mammaire
Mammaria
Fig. 4.
A B
a
b
Pedicellaire, Pedicellaria.
Fig. 1.
a
a
a
C
D
E
F
G
b
b
M N
Fig. 3.
c c c
a
O
b
c
Fig. 2.
c
c c
c
a
a
a
H
I
K
L
P
Q
R
S
b
b
a
a
a
a
b
b
b
b
Hydre, Hydra.
A
B
Fig. 1.
Fig. 2.
b
b
Fig. 7.
a
a
b
c
Fig. 4.
d
Fig. 5.
b
e
d
b
b
Fig. 6.
c
a
d
e
b
c
Fig. 3.
b
f
a
Fig. 8.
c
d
e
c
b
f

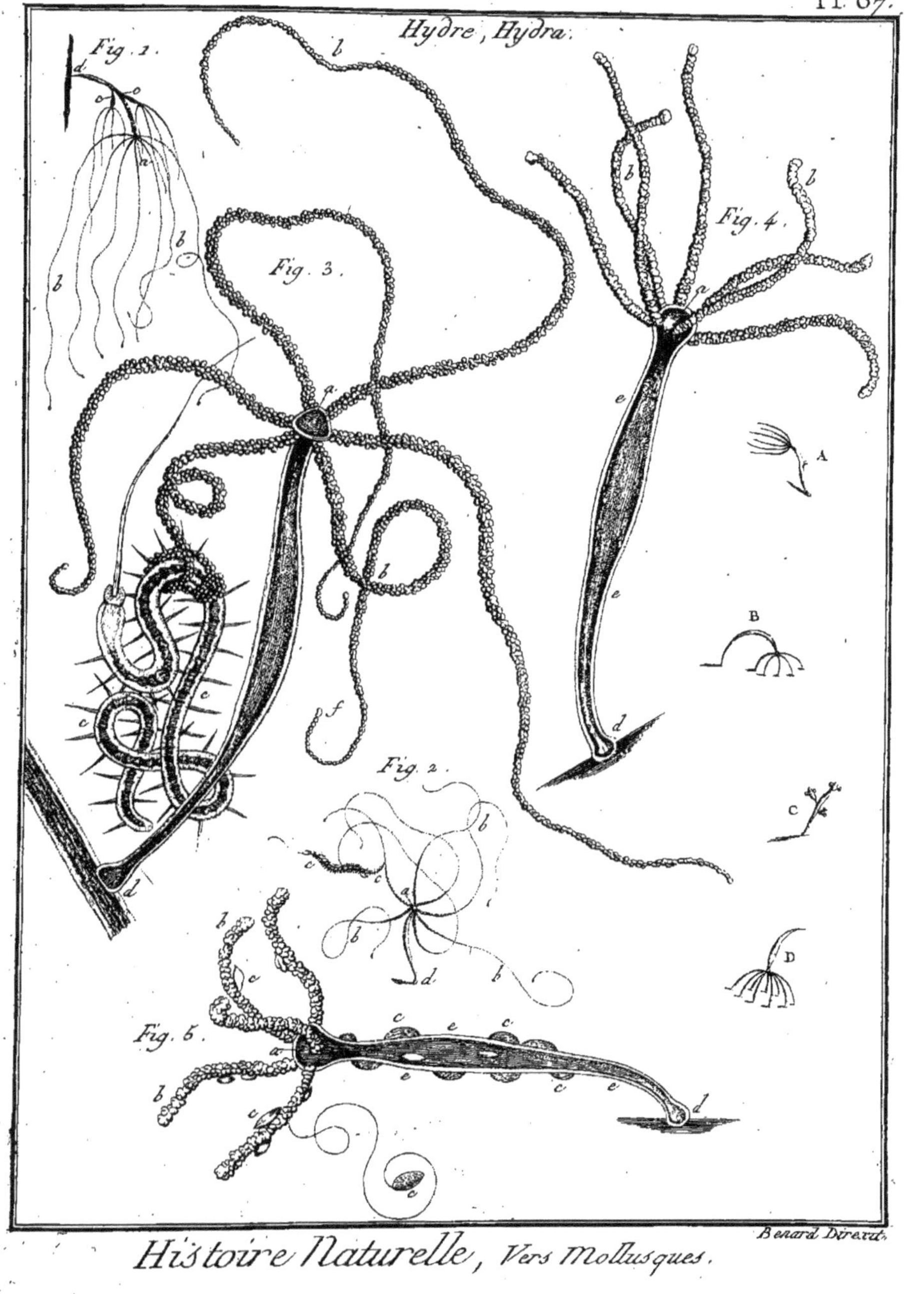

Histoire Naturelle, Vers Mollusques.

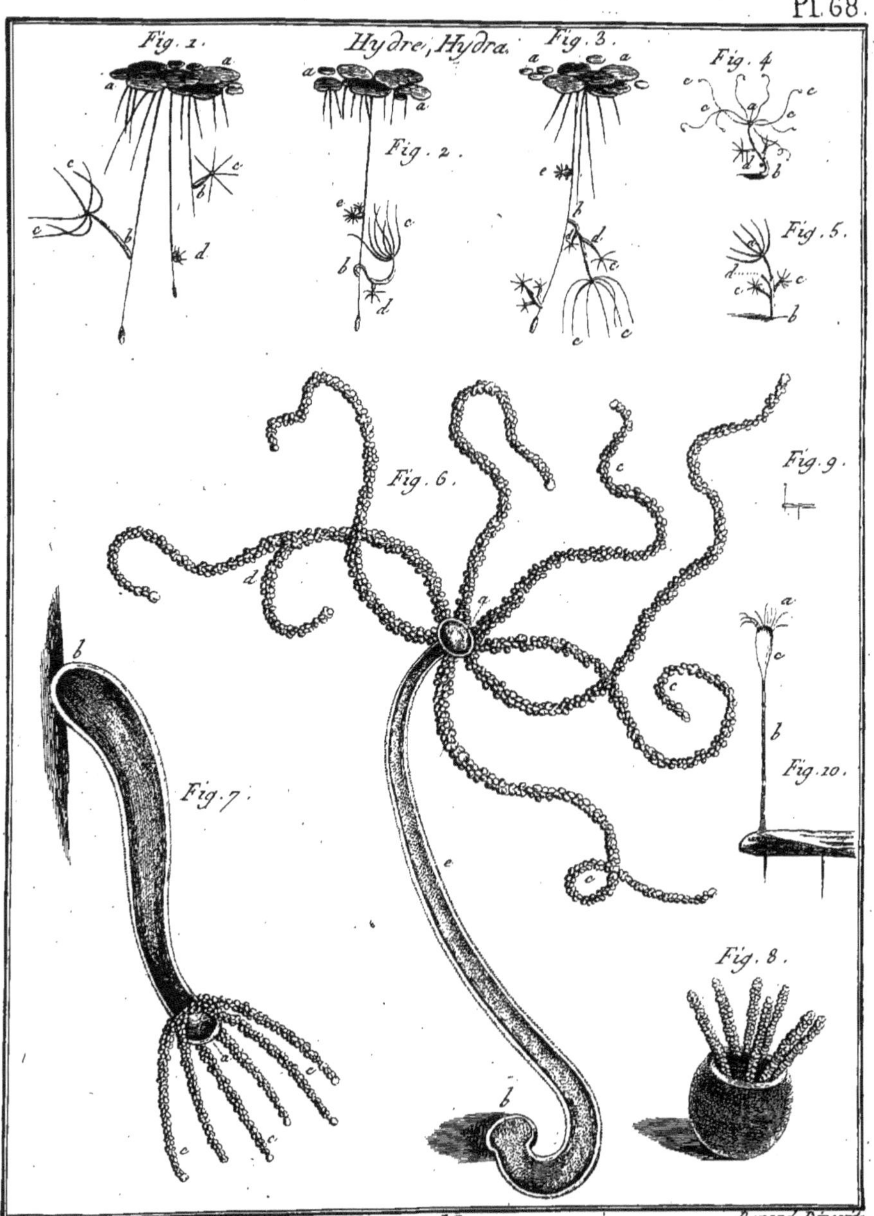

Histoire Naturelle, Vers Mollusques.

Benard. Direxit.

Histoire Naturelle, Vers Mollusques.

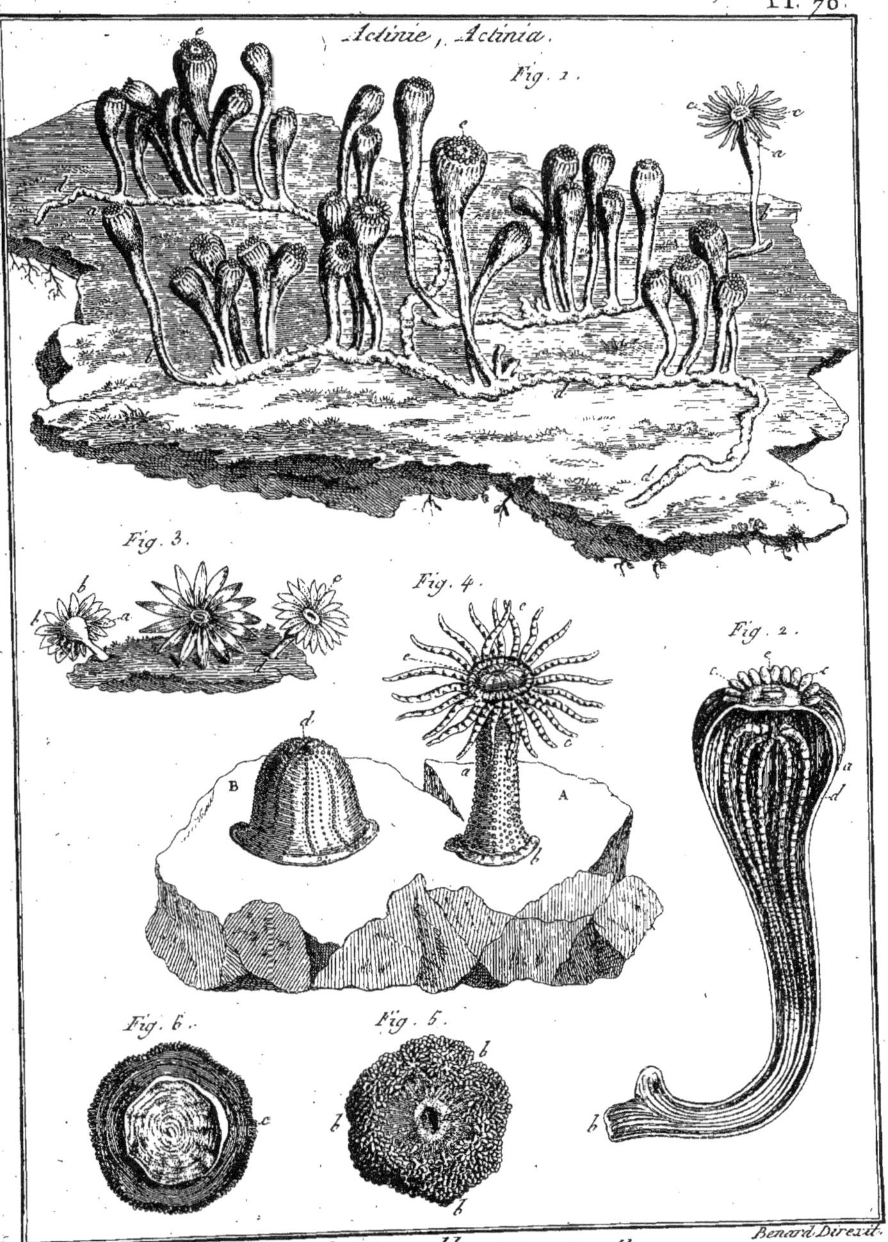

Histoire Naturelle, Vers Mollusques.

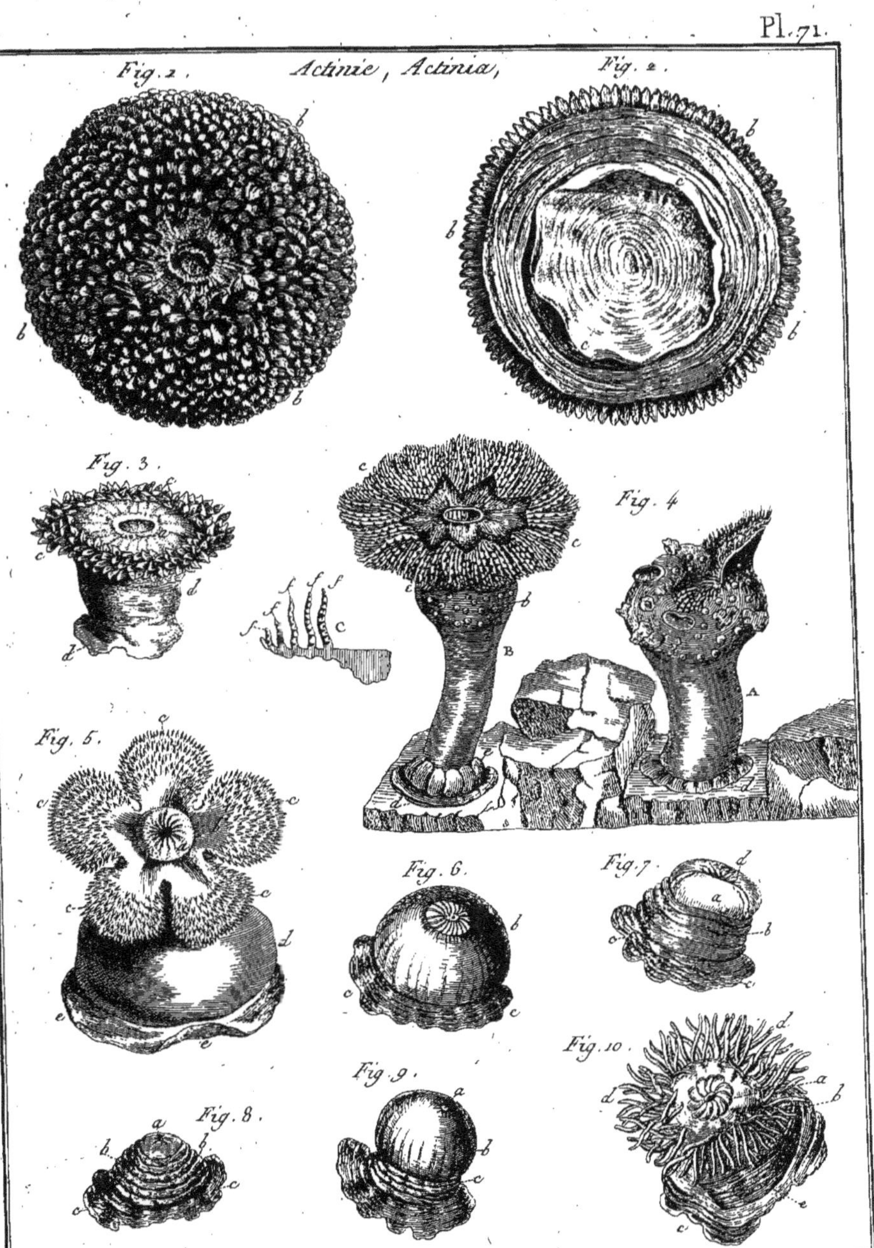

Histoire Naturelle, Vers Mollusques.

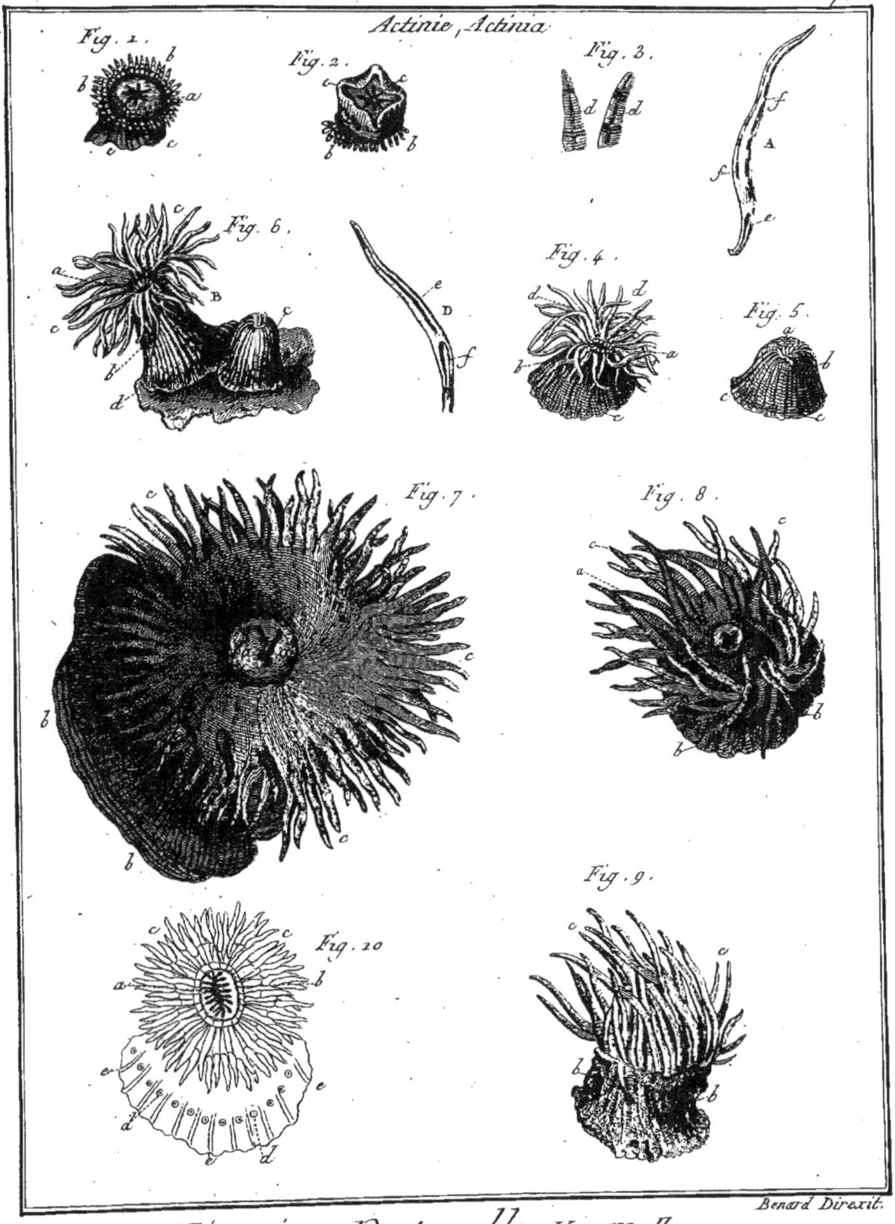

Histoire Naturelle, Vers Mollusques.

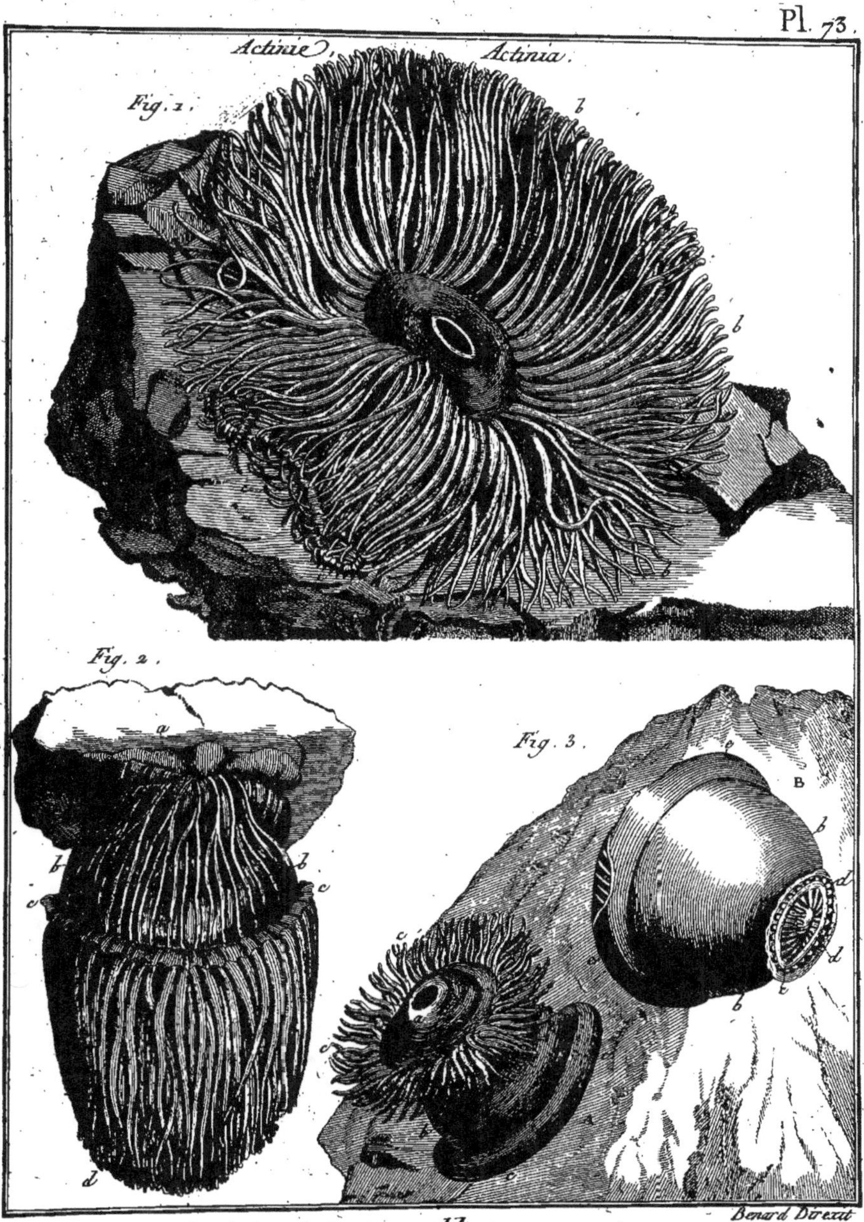

Histoire Naturelle, Vers Mollusques.

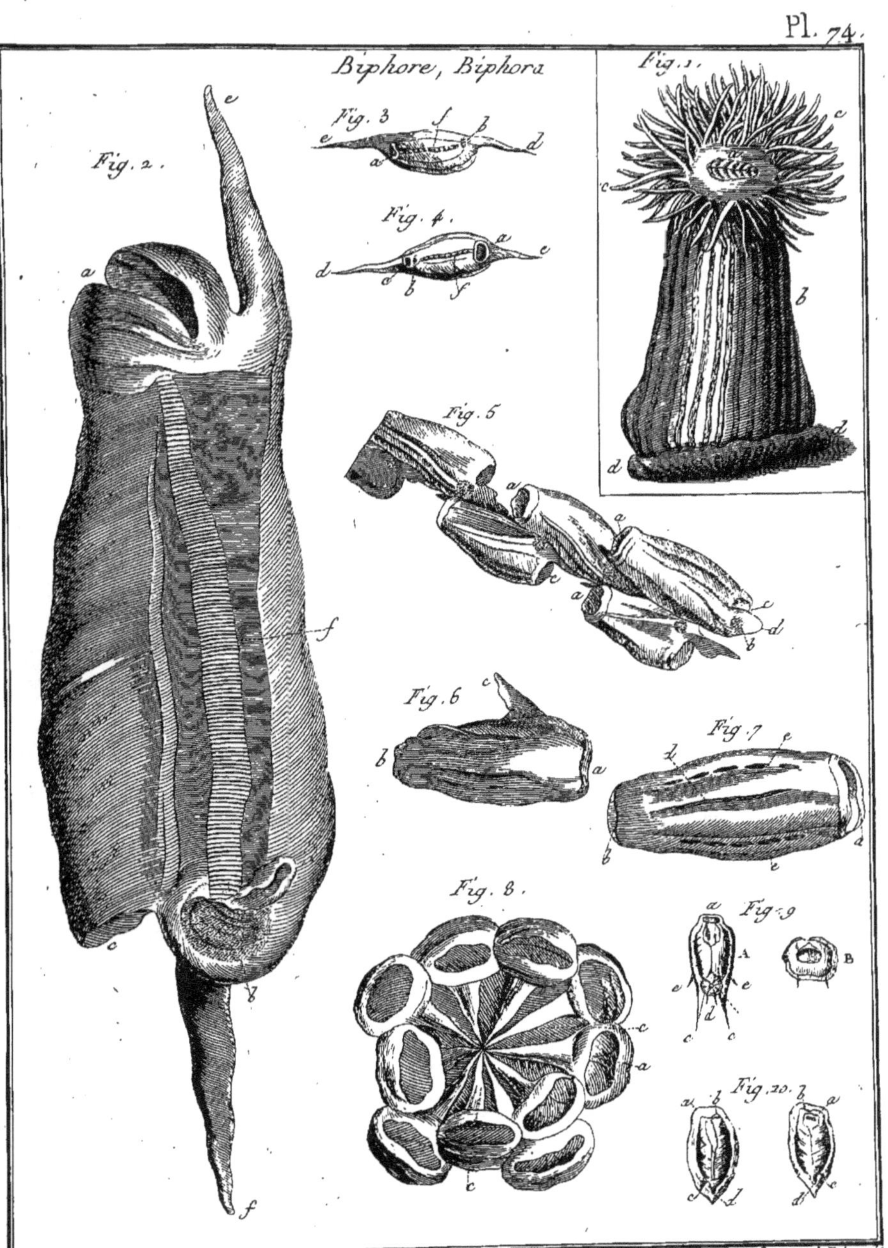

Histoire Naturelle, Vers Mollusques.

Benard Direxit.

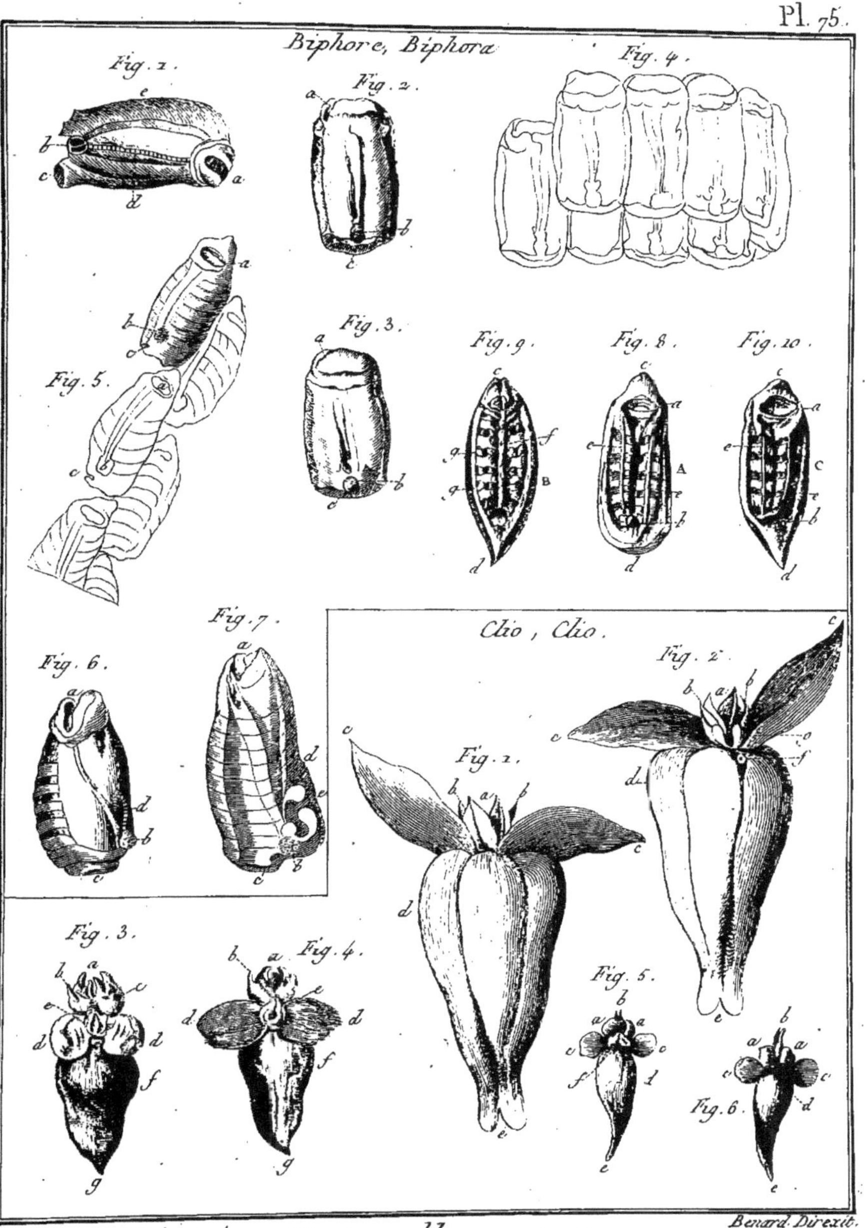

Histoire Naturelle, Vers Mollusques.

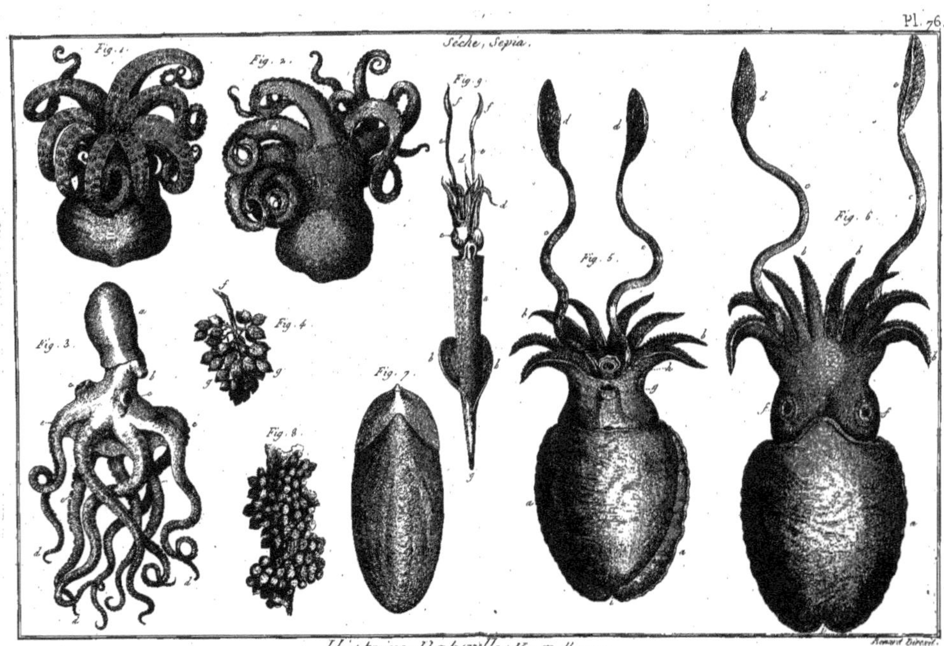

Histoire Naturelle, Vers Mollusques.

Histoire Naturelle, Vers Mollusques.

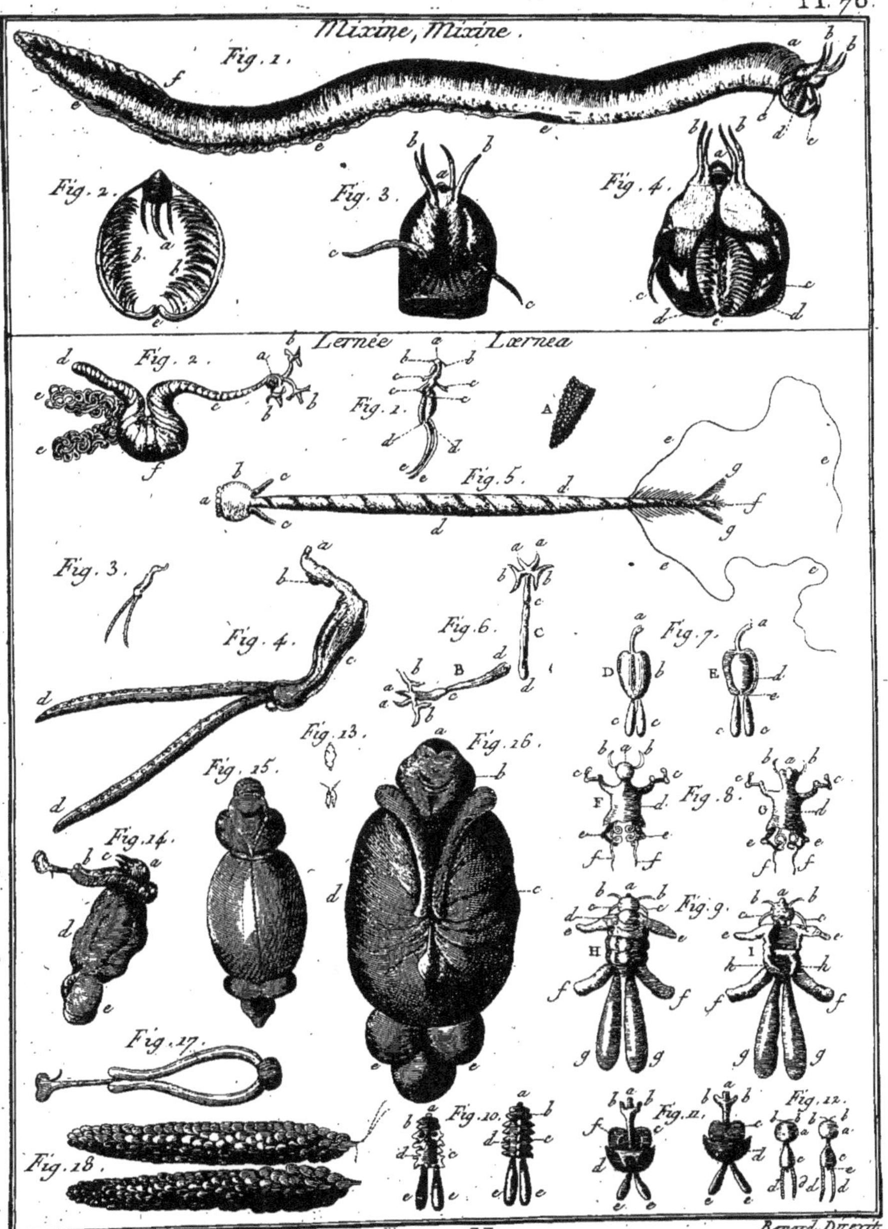

Benard Direxit.

Histoire Naturelle, Vers Mollusques.

40.

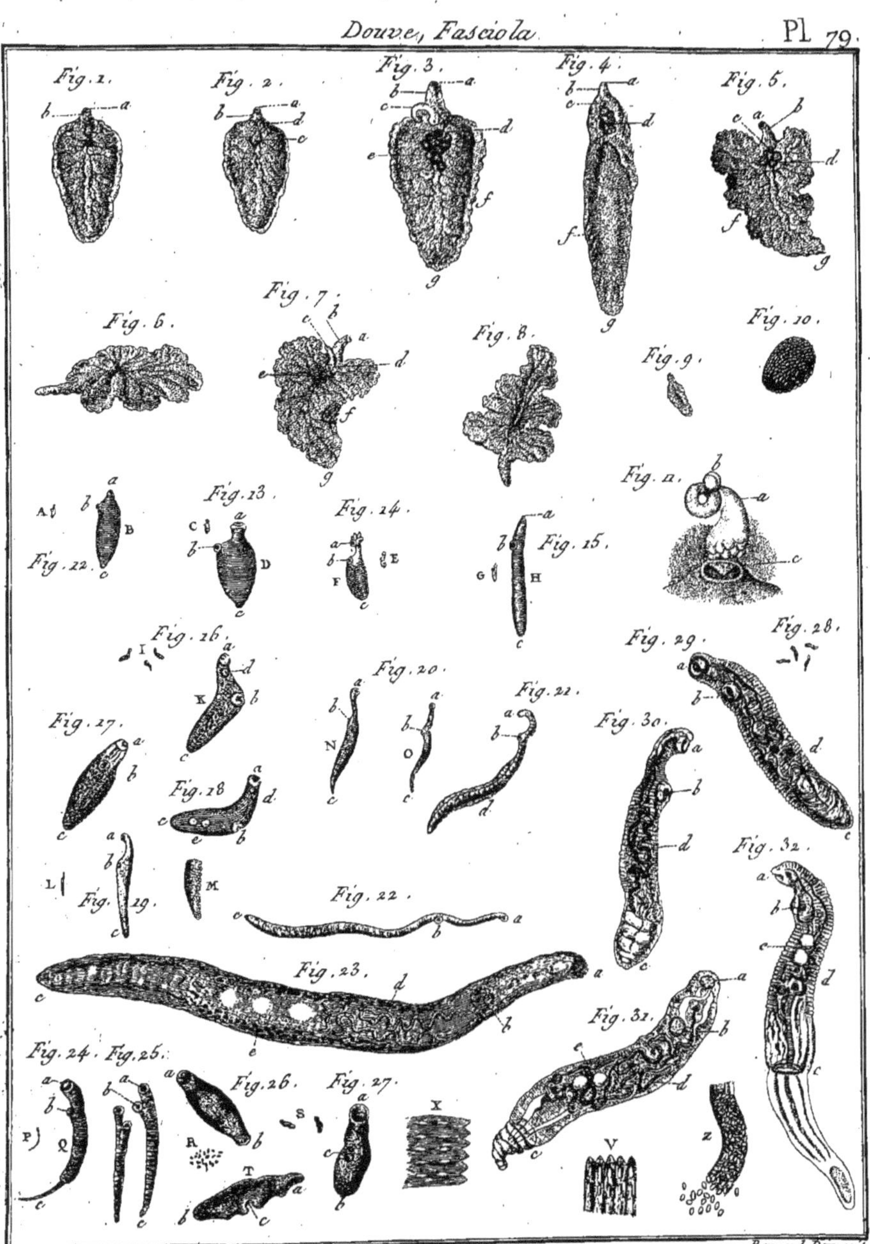

Histoire Naturelle, Vers Mollusques.

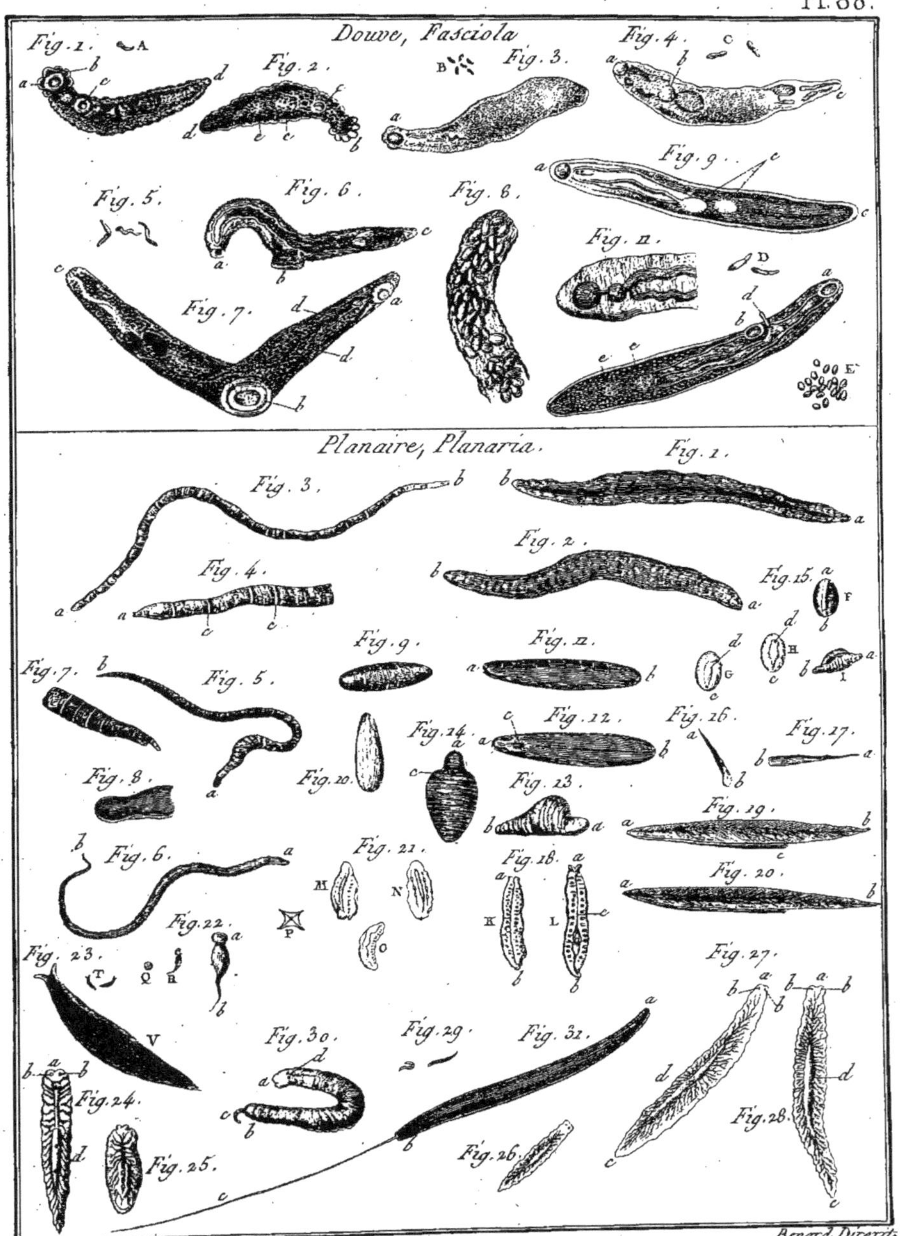

Histoire Naturelle, Vers Mollusques.

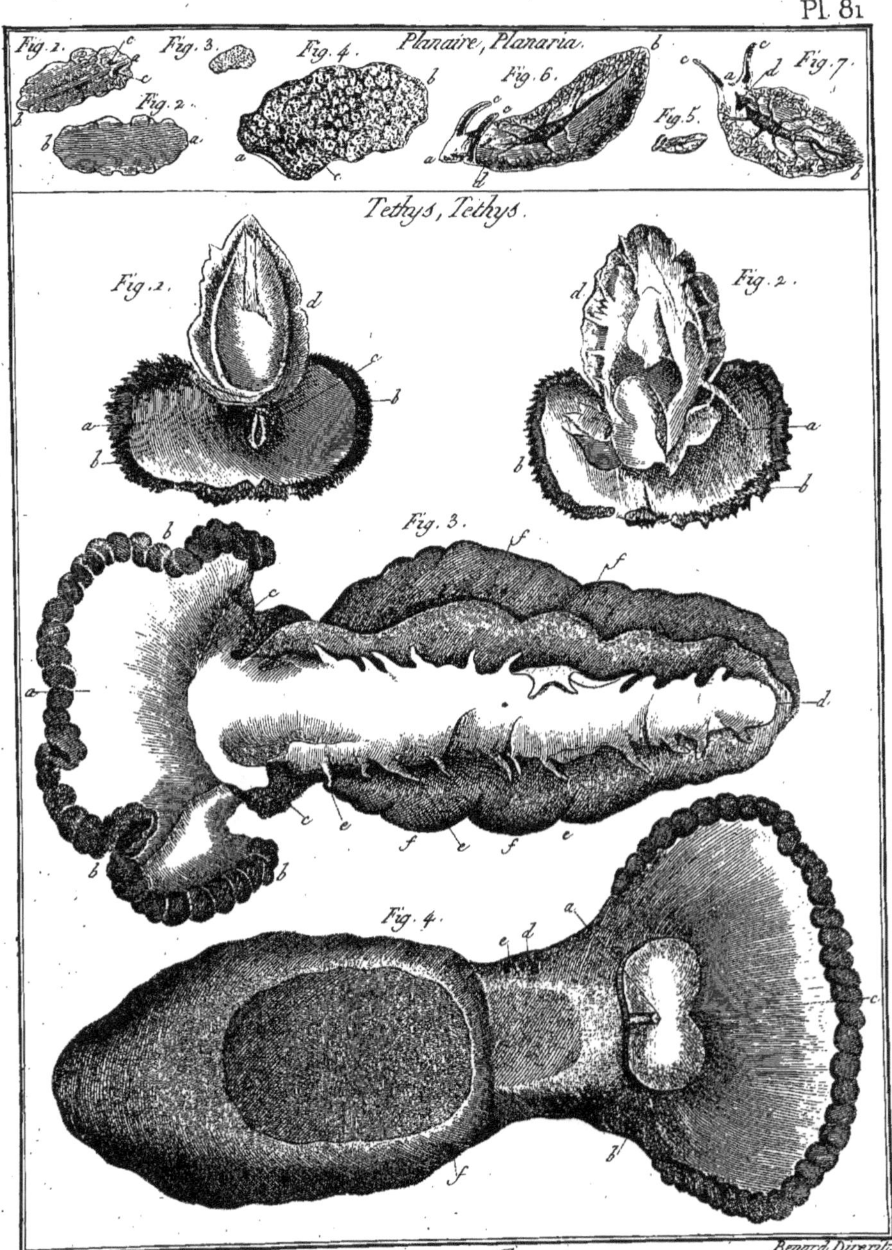

Histoire Naturelle, Vers Mollusques.

Benard Direxit.

Doris, Doris.

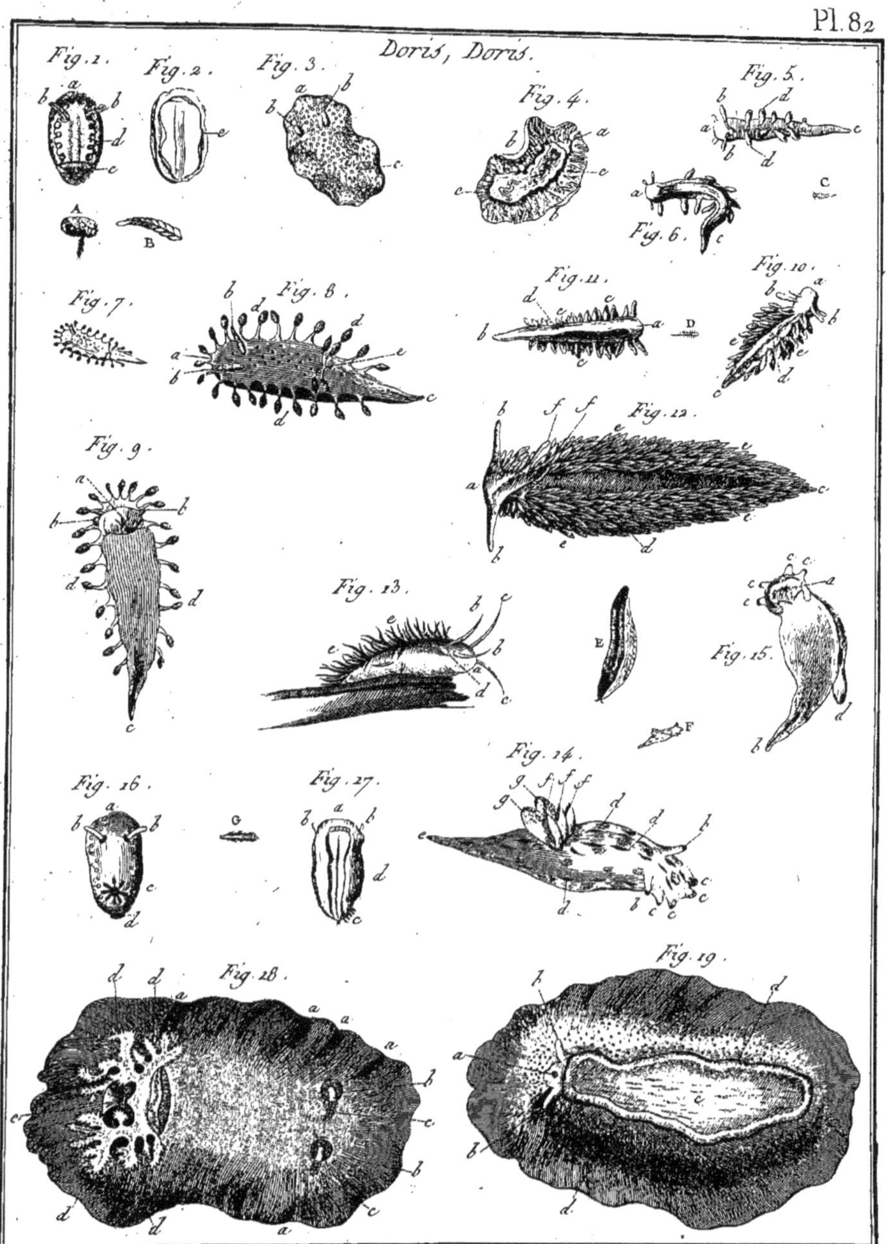

Histoire Naturelle, Vers Mollusques.

Benard Direxit.

42.

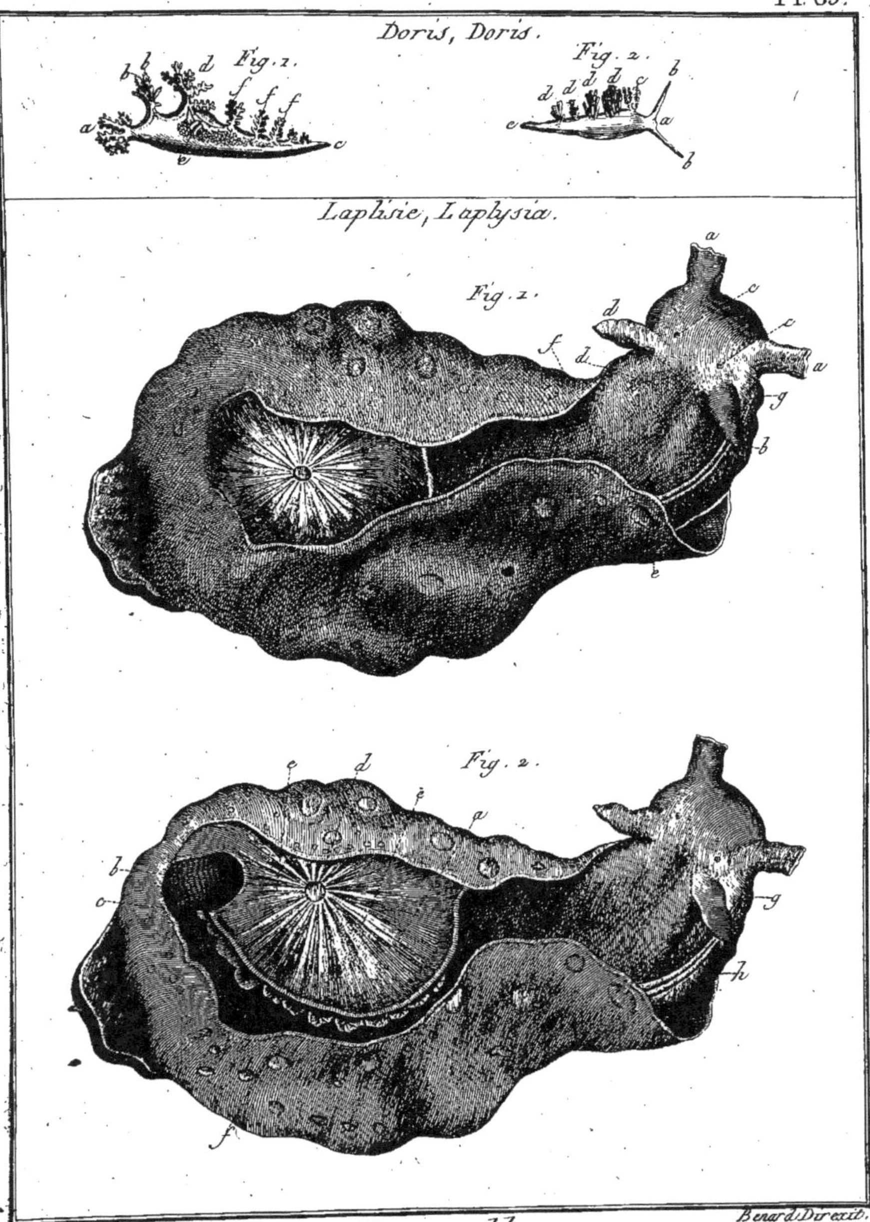

Histoire Naturelle, Vers Mollusques.

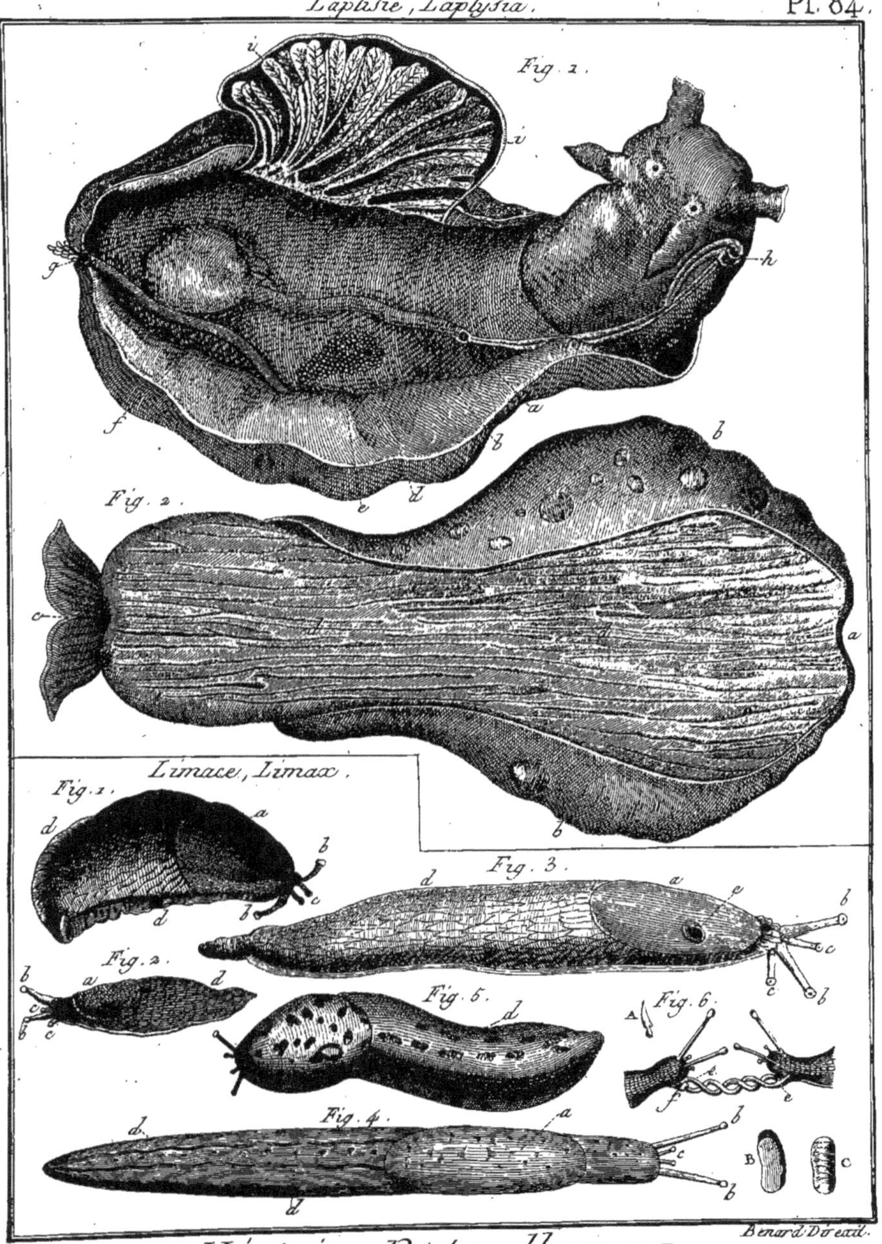
Laplisie, Laplysia.
Fig. 1.
Limace, Limax.
Fig. 1.
Fig. 2.
Fig. 2.
Fig. 3.
Fig. 5.
Fig. 6.
A
B
C
Fig. 4.
Benard Direxit

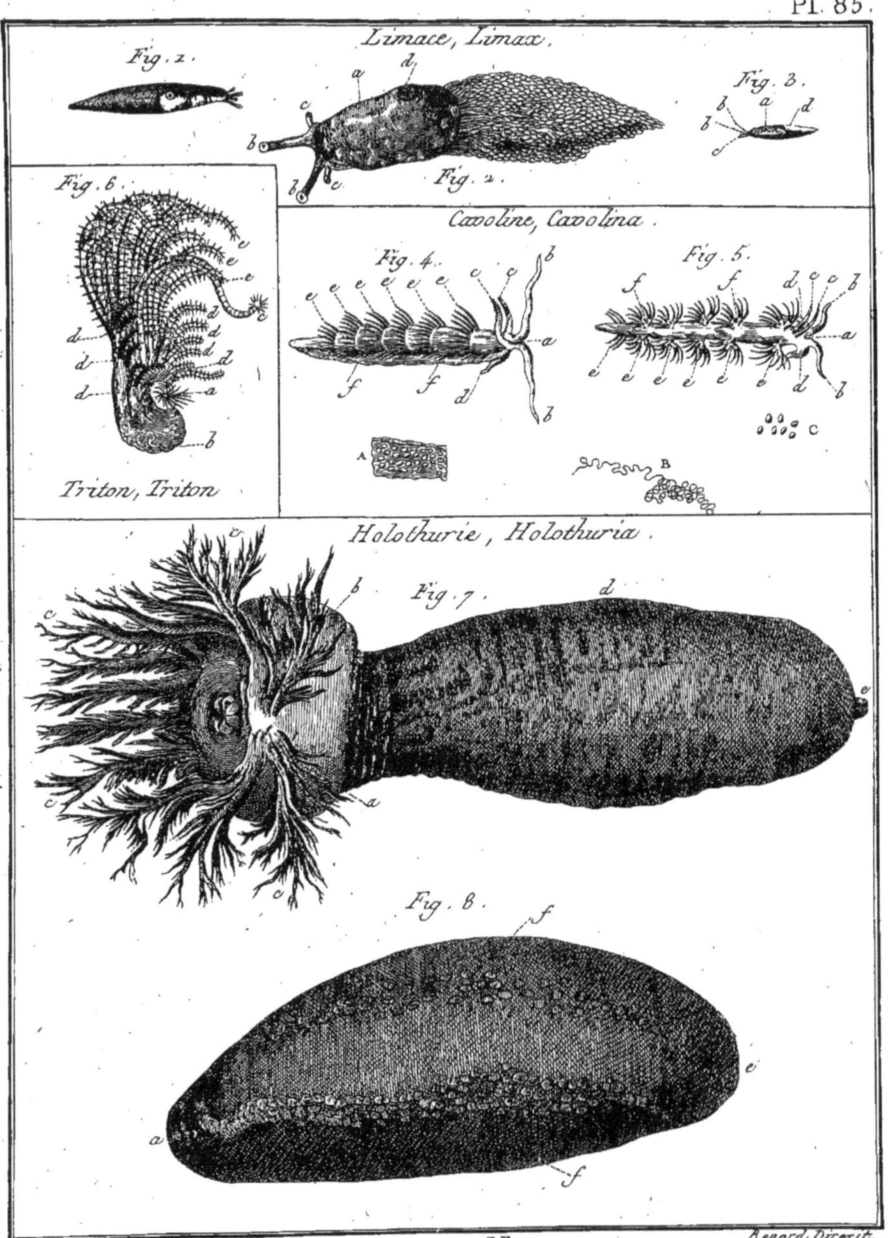

Histoire Naturelle, Vers Mollusques.

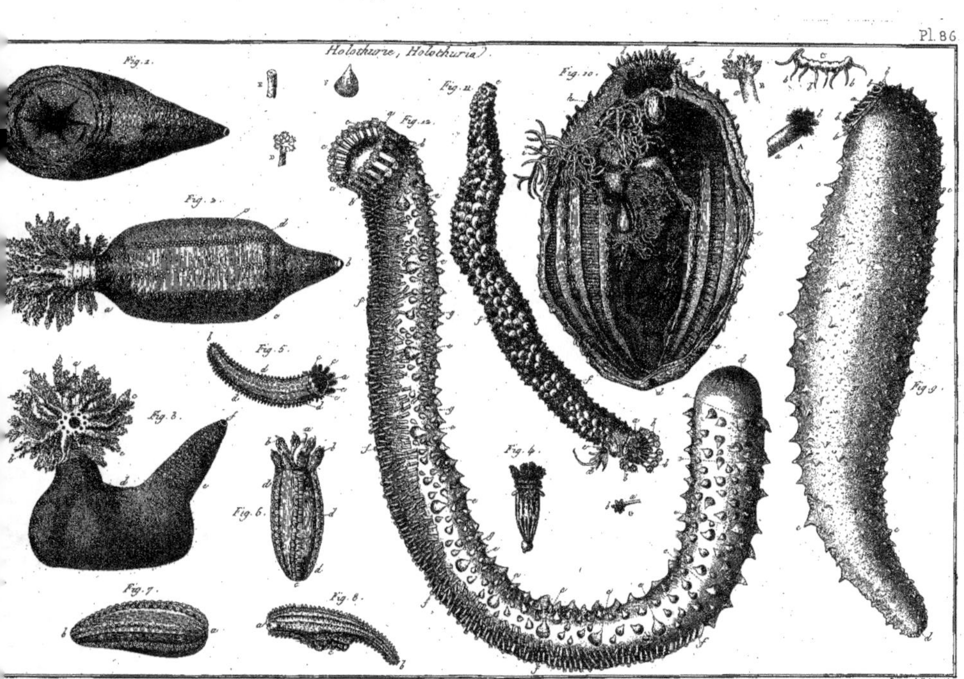

Histoire Naturelle, Vers Mollusques.

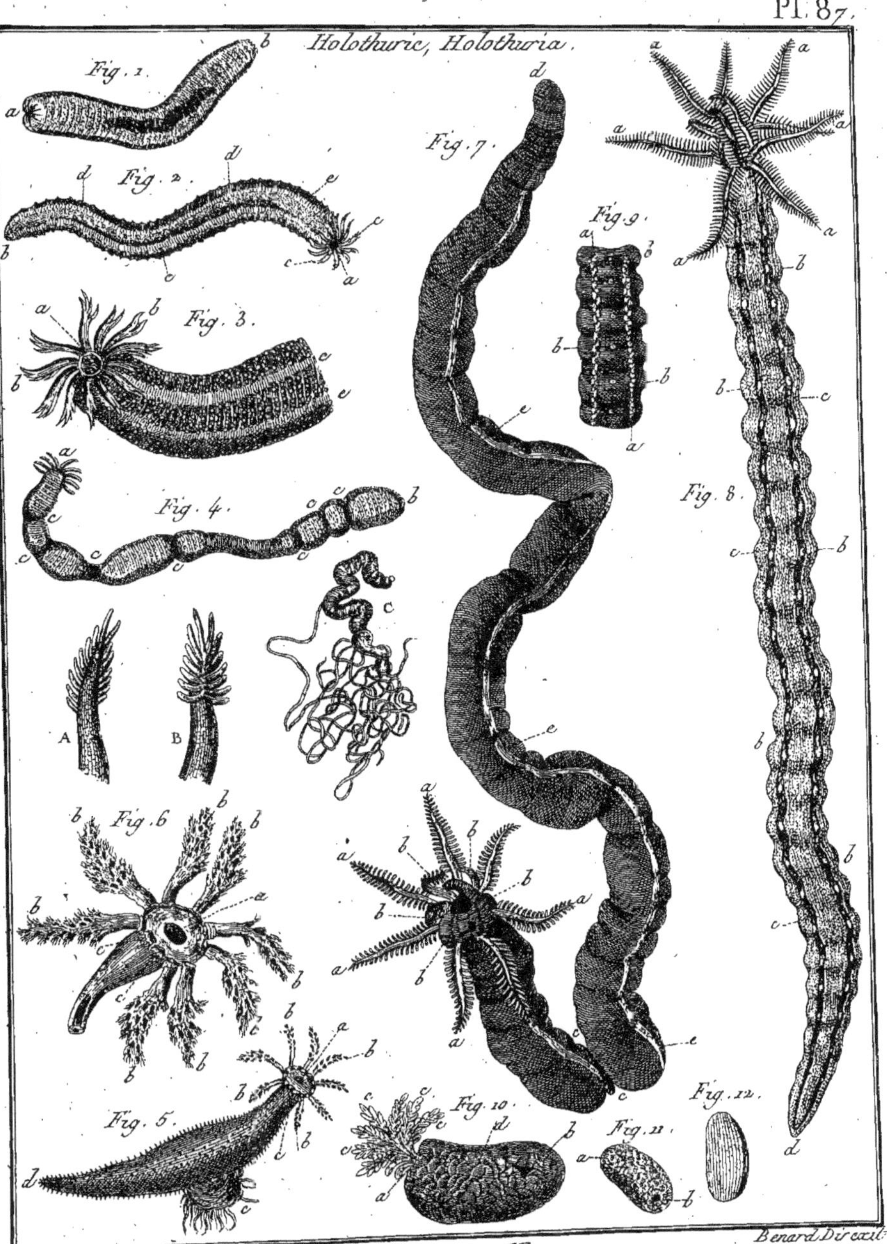

Histoire Naturelle, Vers Mollusques.

Benard Direxit.

44

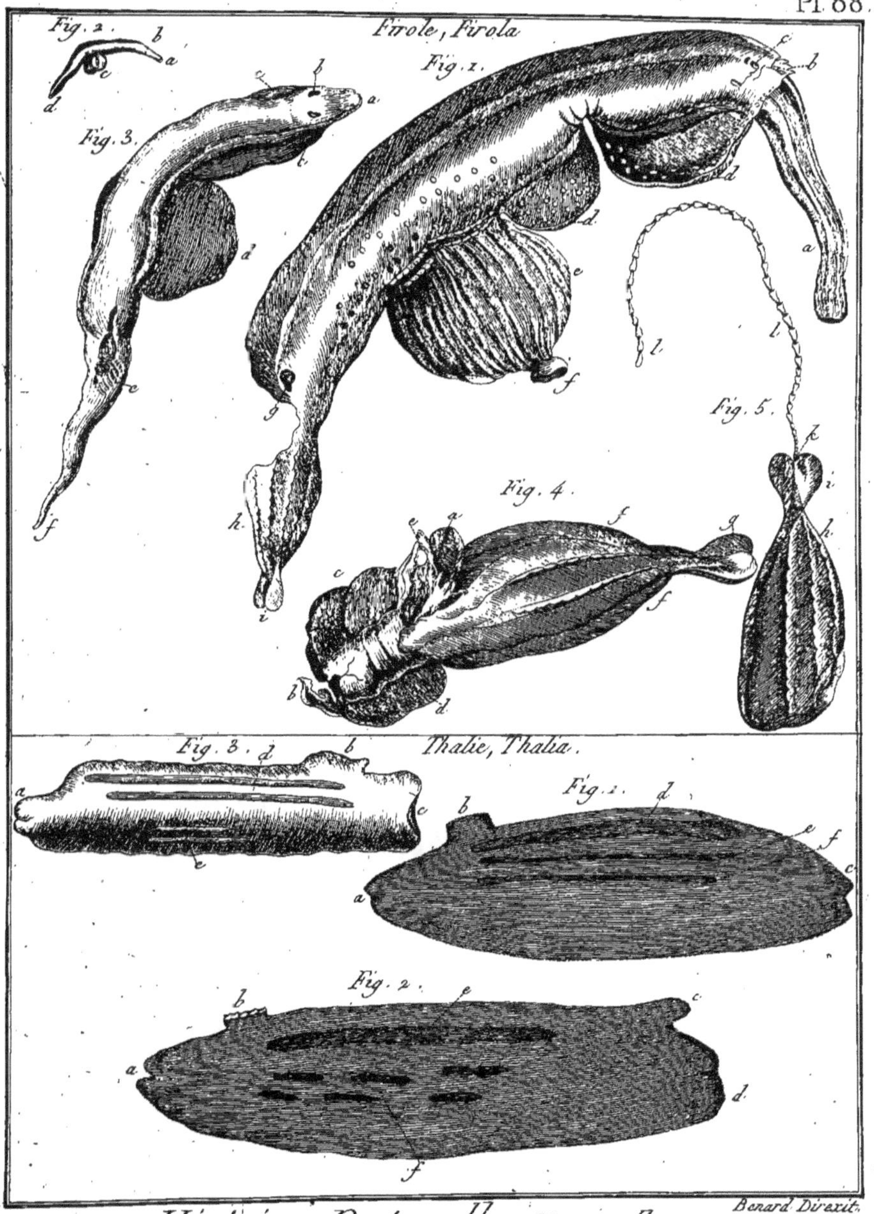

Histoire Naturelle, Vers Mollusques.

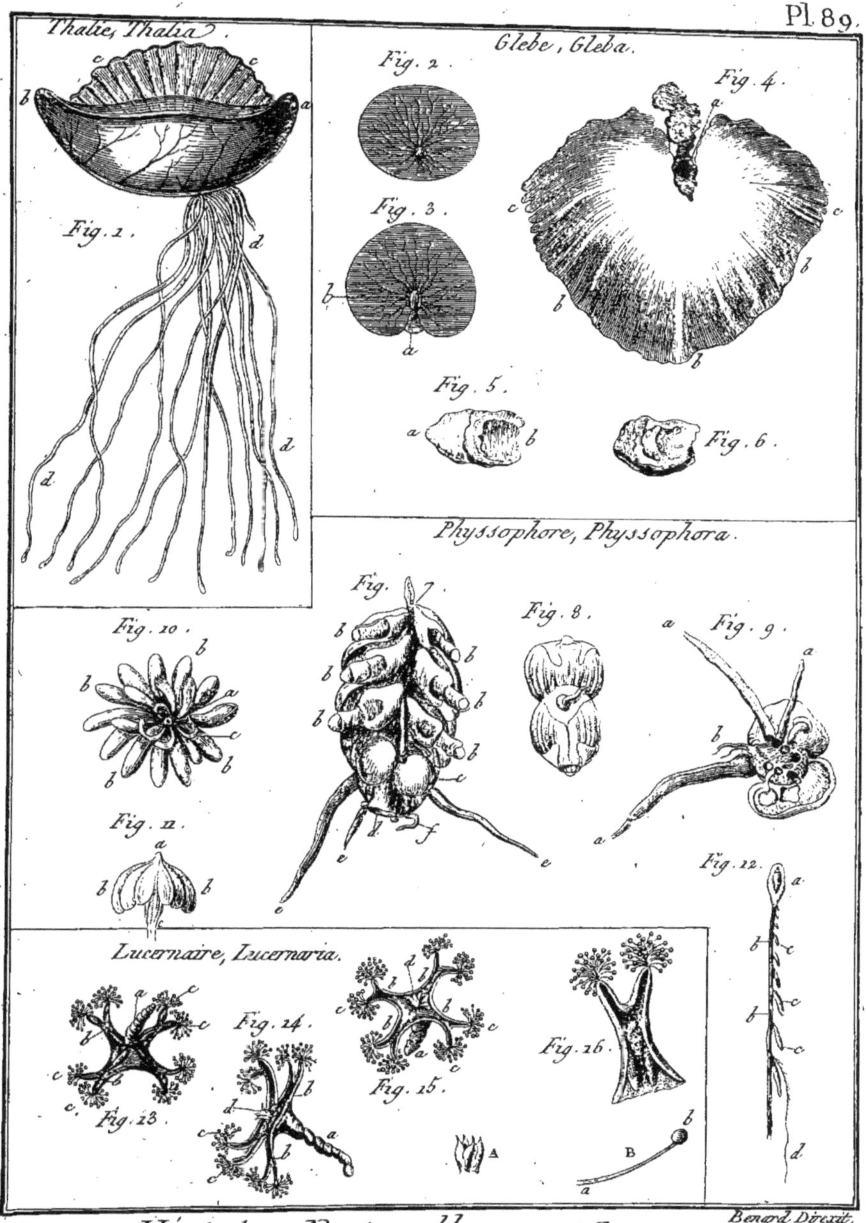

Benard Direxit.

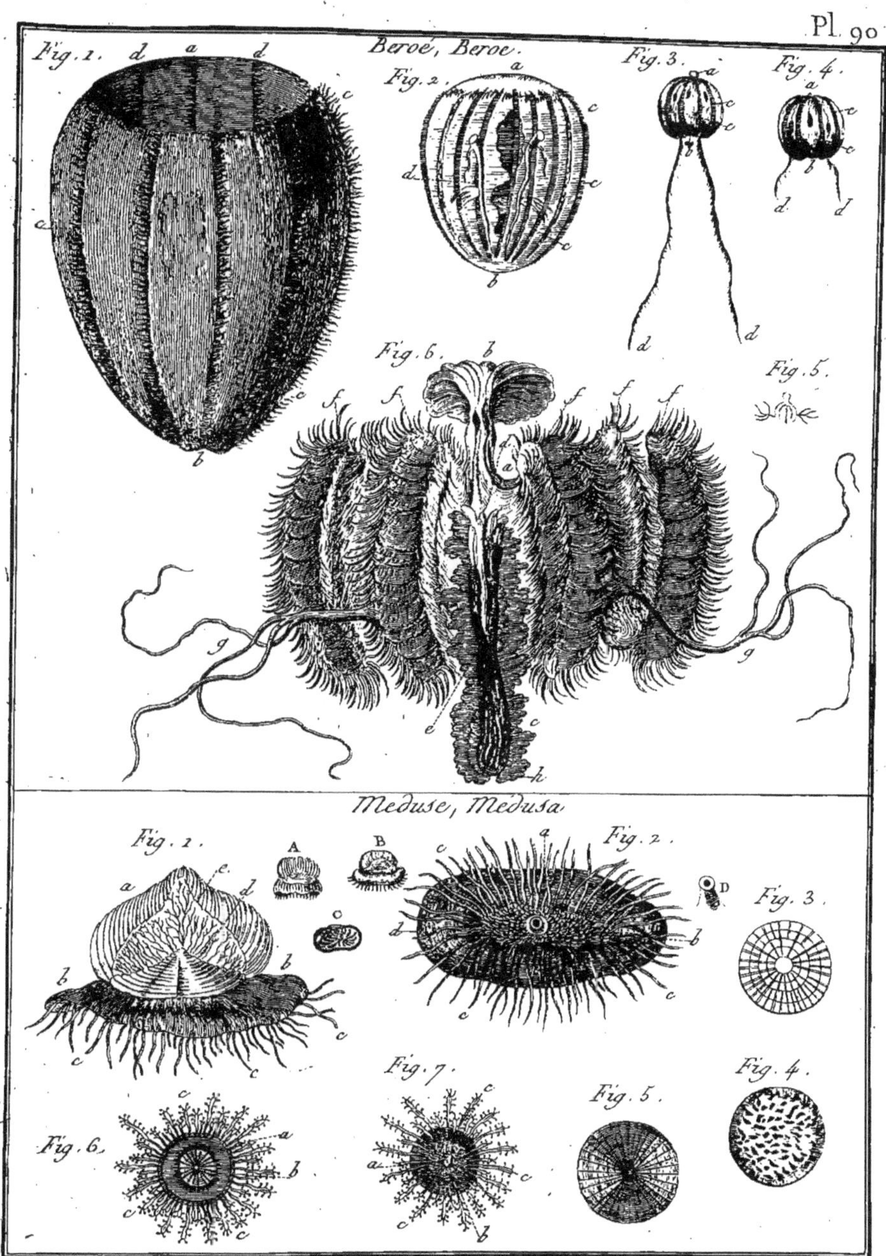

Histoire Naturelle, Vers Mollusques.

Benard Direxit.

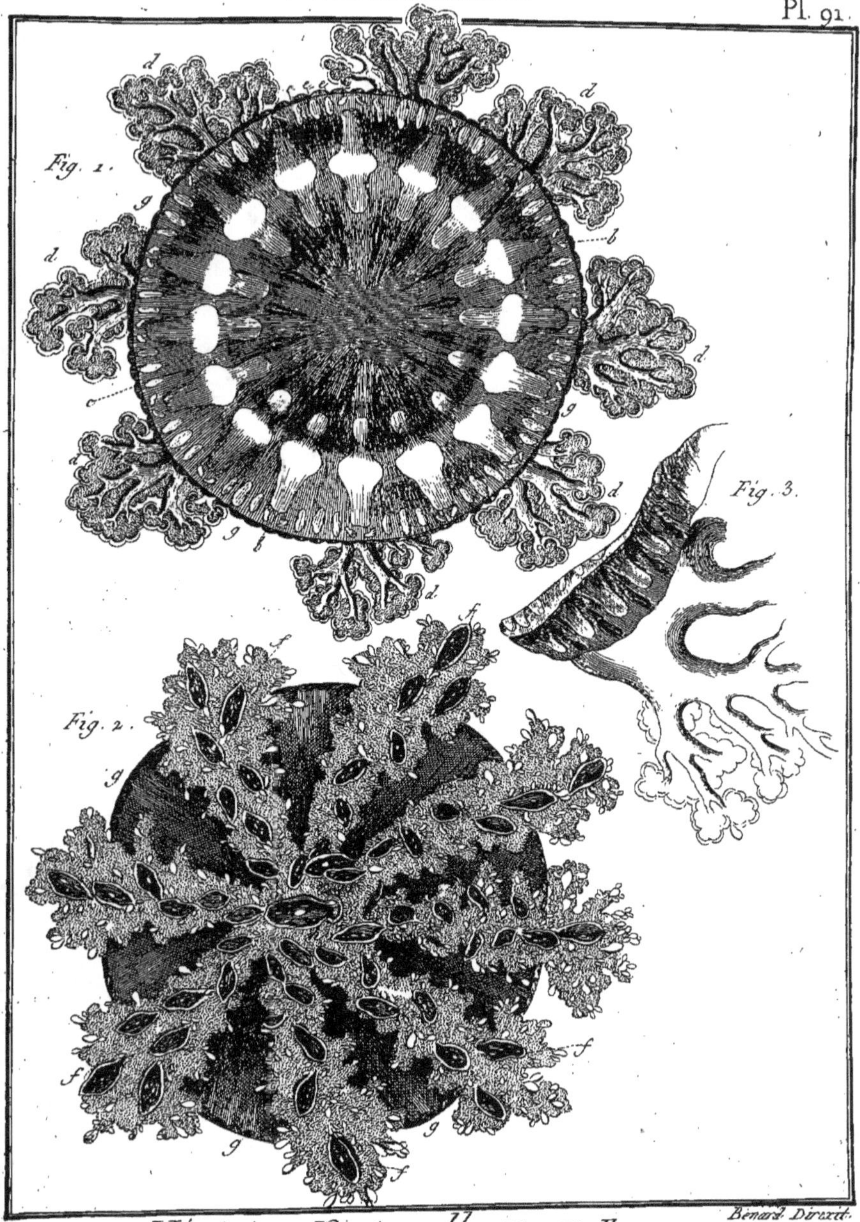

Histoire Naturelle, Vers Mollusques.

Benard Direxit.

47.

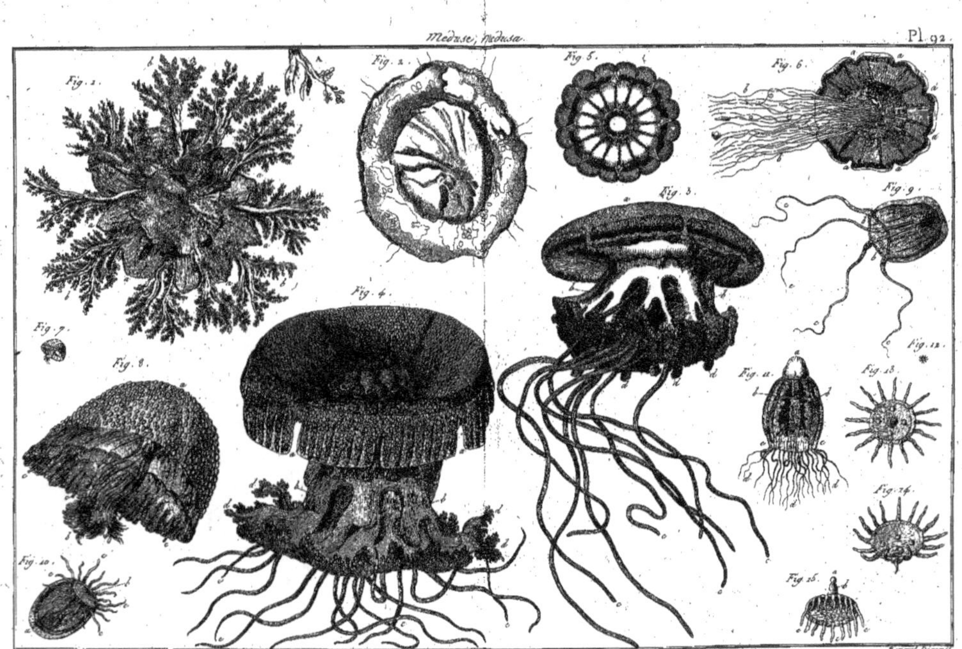

Histoire Naturelle, Vers Mollusques.

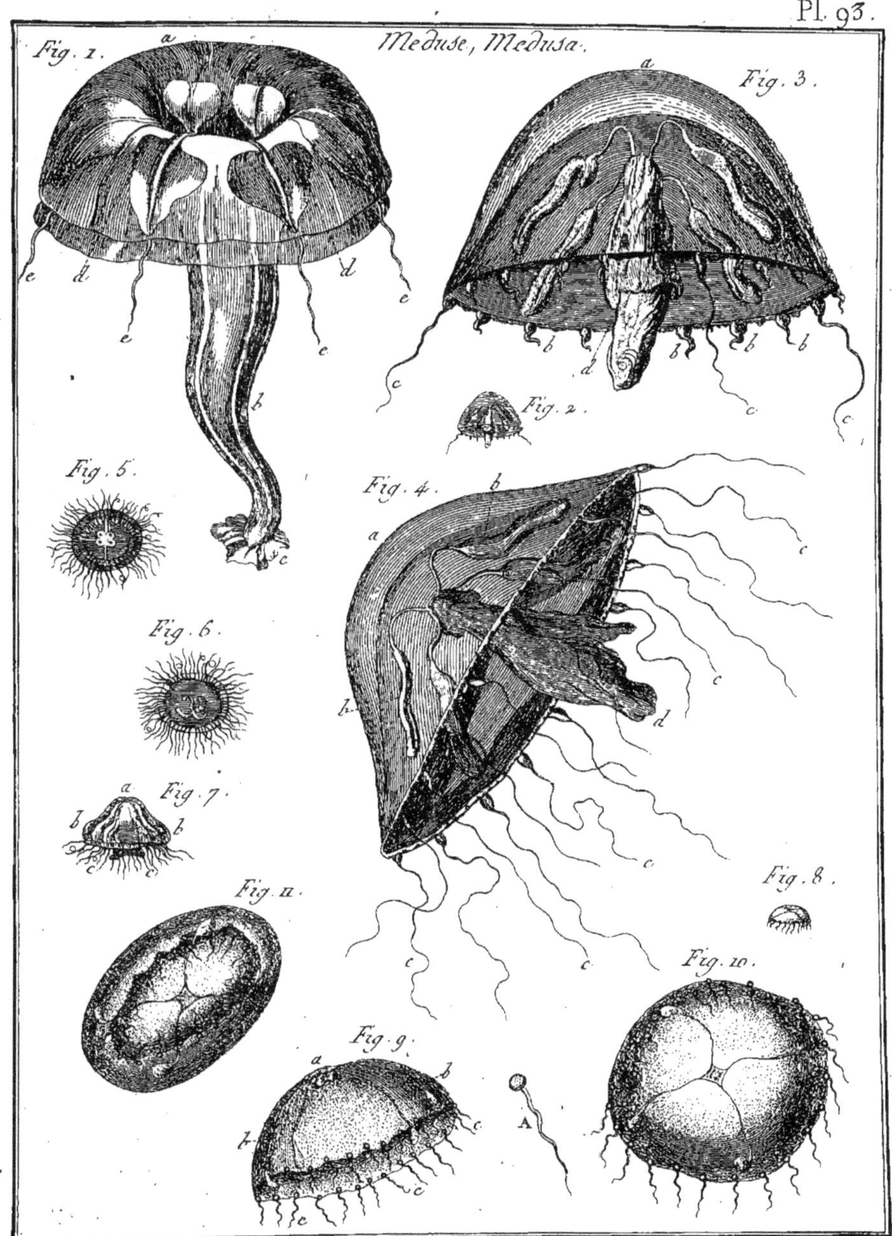

Histoire Naturelle, Vers Mollusques.

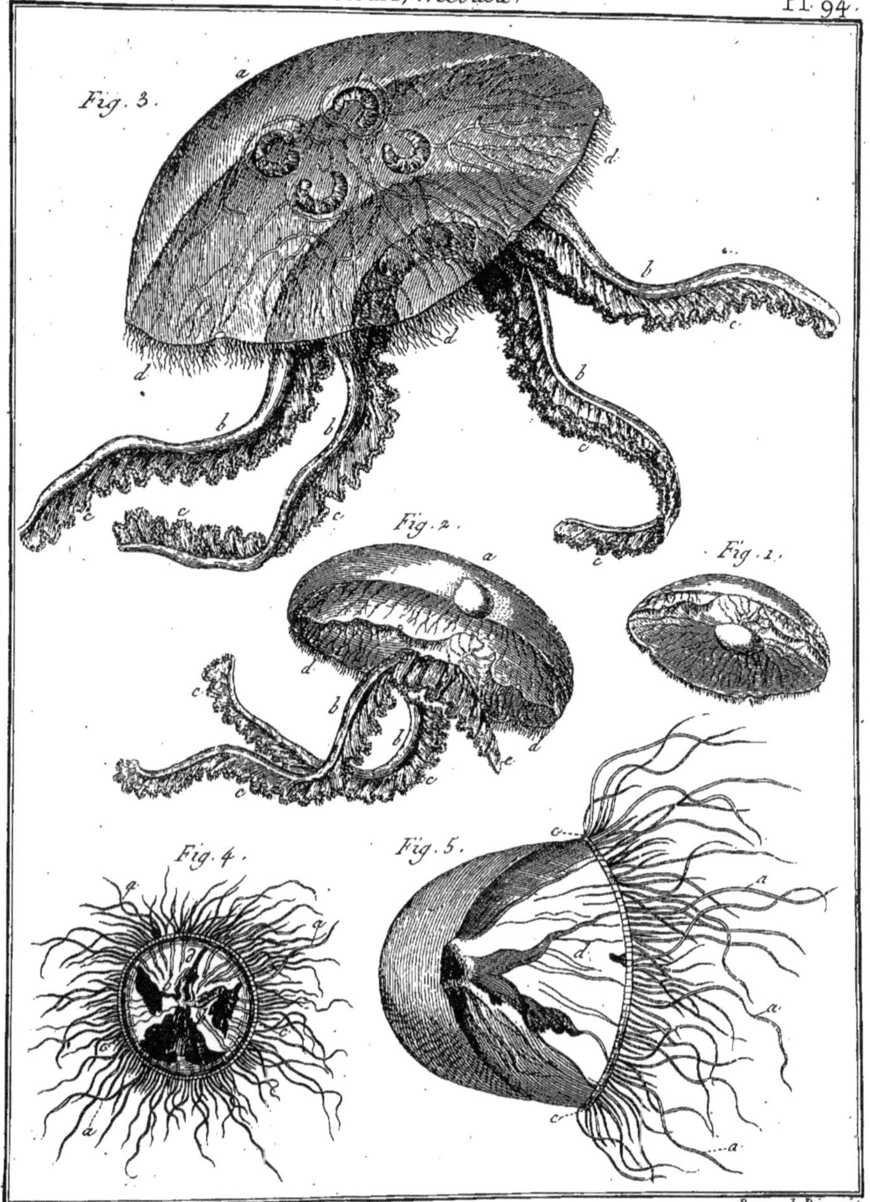

Benard Direxit.

Histoire Naturelle, Vers Mollusques.

49

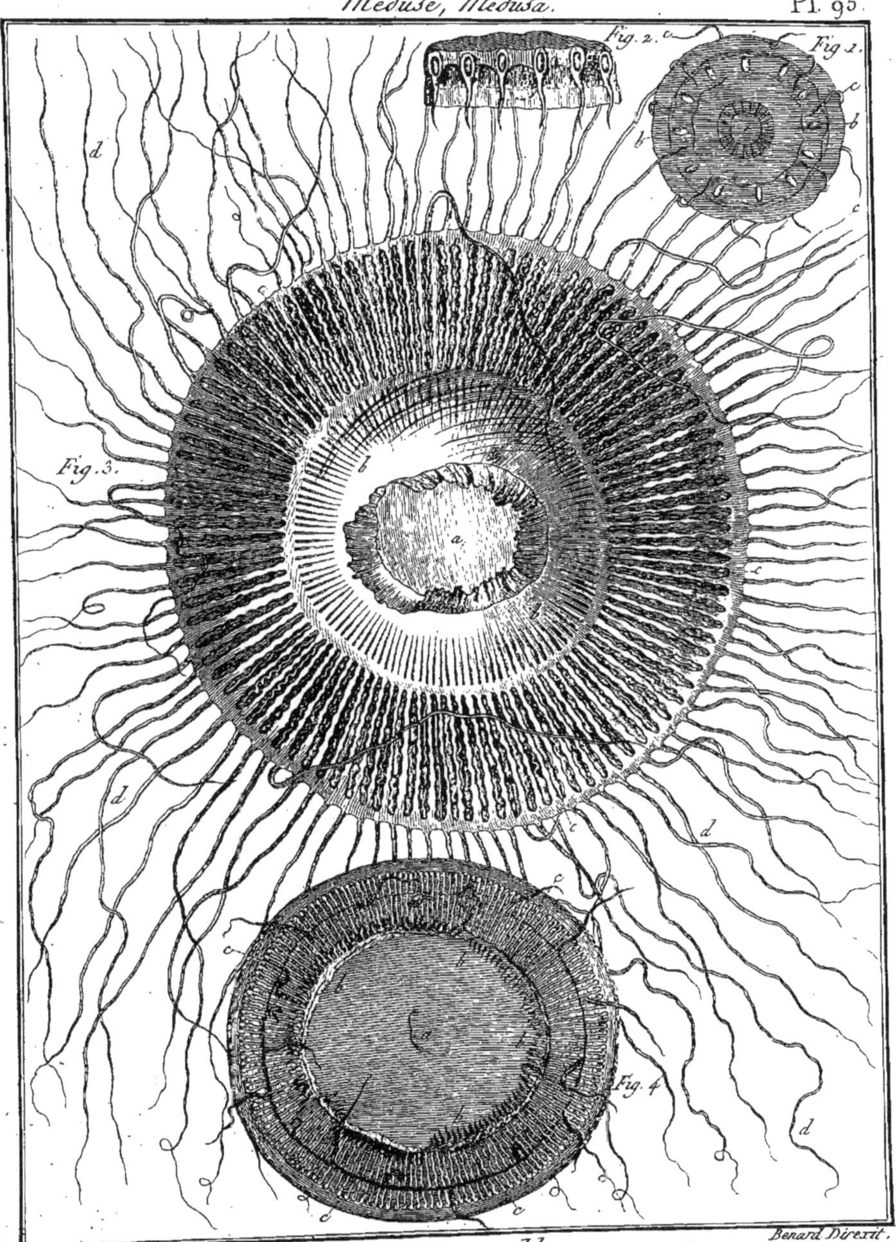

Histoire Naturelle, Vers Mollusques.

www.ingramcontent.com/pod-product-compliance
Lightning Source LLC
LaVergne TN
LVHW021636060726
842527LV00003B/685